气候:历史的推手 II
——"小冰期"气候与清代历史

李 威 巢清尘 编著

气象出版社
China Meteorological Press

内 容 简 介

气候是自然生态系统中最活跃的因素，它不仅是四季轮换和自然规律的重现，也是人类文明演化和历史朝代更迭的重要推手，更是人类社会赖以生存和发展的基础。中华上下五千年，孕育了璀璨绚烂的华夏文明，伴随着的是气候温暖期与寒冷期的交替波动振荡。

本书以距离现代中国最近的一段寒冷气候时期——"明清小冰期"为背景，甄选了具有代表性的重大历史事件，结合其间气候的寒冷与回暖，分析明末至清代历史兴衰。从"冷抑暖扬"的视角纵观明清历史，不难发现气候变化仿佛扮演了"无形推手"的重要角色，它推动着"明清易代""康乾盛世""道光萧条""光绪衰落"的历史进程，是影响历史走向的重要自然因素之一。

图书在版编目（CIP）数据

气候：历史的推手. II，"小冰期"气候与清代历史 / 李威，巢清尘编著. —北京：气象出版社，2021.8（2022.10 重印）

ISBN 978-7-5029-7540-1

I. ①气⋯ II. ①李⋯ ②巢⋯ III. ①气候变化—影响—中国历史—研究 IV. ① K207

中国版本图书馆 CIP 数据核字（2021）第 176170 号

气候：历史的推手 II——"小冰期"气候与清代历史
QIHOU: LISHI DE TUISHOU II ——"XIAOBINGQI" QIHOU YU QINGDAILISHI
李 威　巢清尘　编著

出版发行：气象出版社

地　　址：北京市海淀区中关村南大街 46 号　　　邮政编码：100081
电　　话：010-68407112（总编室）　　010-68408042（发行部）
网　　址：http//www.qxcbs.com　　　　**E-mail**：qxcbs@cma.gov.cn
责任编辑：张锐锐　郝　汉　　　　　　　**终　审**：吴晓鹏
设　　计：楠竹文化　　　　　　　　　　　**责任技编**：赵相宁
印　　刷：北京地大彩印有限公司
开　　本：710 mm×1000 mm　1/16　　　**印　张**：17.5
字　　数：270 千字
版　　次：2021 年 8 月第 1 版　　　　　　　**印　次**：2022 年 10 月第 2 次印刷
定　　价：68.00 元

序

　　地球是人类赖以生存的家园，气候作为大自然构成要素中的重要一员，对人类社会和文明发展具有巨大的影响力。而作为跷跷板的另一端，人类既是大自然的居民，也是大自然的改造者，人类活动也给气候带来明显的影响，两者彼此相连，互生因果。

　　2019年全球地表温度较1750年工业化前水平升高约1.1℃；近100年来，全球海平面约上升了0.2米，但最近十多年的上升速率高于之前时期；近40年来，全球山地冰川以每年约2260亿吨的数量在减少；近半个世纪以来，全球极端天气、气候事件的强度和频率发生了明显变化，高温热浪更加频繁发生，持续时间更长；强降水事件增多；欧洲南部和非洲西部的干旱变得更强更持久；同样，在中国区域性高温、暴雨、干旱等事件均有增多，登陆的台风强度也明显增大。造成这些变化的主要原因是现代人类的工业化活动排放出大量温室气体导致了全球变暖。

　　今天，我们生活在有史以来人类文明的最高峰，享受着科技带来的各种便利。与此同时，这些便利也造成了生态环境的恶化：每天都有物种从地球上灭绝，每年都有森林从地球上消失，或许再过几十年，地球上曾历经亿万年才形成的石油和煤炭——支撑人类文明的重要能源，将被人类消耗殆尽。

　　由于人类活动而导致的以气候变暖为主要特征的全球变化，已经成为当今社会普遍认可的事实。作为评估气候变化的国际权威组织——联合国政府间气候变化专门委员会（IPCC）从2021年起将完成并陆续发布第六次评估系列报告，可以预见，辅以更加可靠的数据和结论来佐证气候系统的变化以及气候变化对自然生态系统和社会经济系统带来的影响。

　　而在第一次工业革命浪潮来临之前，如果往前追溯，越是在文明相对落后的时代，人类活动对气候的干扰越小（不是没有影响）。如果将人类社会回归到自然的大背景下，研究人与自然相互塑造并由此产生的历史，是很好的审视并解读历史事件的思路和方法。比如人类的起源在哪里？民族的大迁移与气候变化存在什么样的关系？气候在王朝的更替过程中发挥了怎样的作用？等等，这些问题，相信读者通过阅读两年前出版的著作《气候：历史的推手——从气候变化看历史变迁》（以下简称《推手Ⅰ》），可以从中找到答案。

我欣然了解到，作者在完成《推手Ⅰ》之后的两年多时间内，又编著完成了该系列的第二部著作《气候：历史的推手Ⅱ——"小冰期"气候与清代历史》（以下简称《推手Ⅱ》）。在中国历史上，从16世纪中叶到19世纪中后期，曾发生大规模的极寒天气，被称为"明清小冰期"，这应该是距今最近的一次持续时间较长的寒冷期，中国不少学者在这方面的研究卓有成果。而清朝作为距离现代中国最近的一个封建王朝，是一段相对容易被还原和回看的历史。在这本书中，作者以时间为脉络，梳理了清代近300年时间中所发生的众多历史事件，并分析了当时的气候背景及其与历史事件的相互影响，我认为这是一个很有趣的话题。

气候学是一门自然科学，其背后是以地理、数学、物理、化学等基础学科研究为支撑。同时，气候又与我们的社会生活息息相关，当气候学与经济学、历史学、社会学等人文学科进行融合研究，就衍生出气候经济学、环境历史学、环境社会学等交叉学科。"以史为鉴可以知兴替"，作者以科普的视角，多维度来解读清代"小冰期"气候以及对清代历史的影响，相信广大读者通过阅读本书可从气候的视角了解历史的兴衰。

丁一汇

2020年10月19日

丁一汇，中国工程院院士，现任中国气象局气候变化特别顾问，国家气候变化专家委员会副主任，中国气象学会《气象学报》主编，香港天文台科学顾问。

前言

在本书问世之前，作者已于2018年推出了该系列的第一部作品：《气候：历史的推手——从气候变化看历史变迁》（以下简称《推手》）。《推手》以气象学家竺可桢先生对中国历史时期（四个温暖期和四个寒冷期）的划分为主要轴线，讲述了在各时期发生的重要历史事件与气候背景的对应关系：气候与气候变化恰似一双无形的大手，或是推动历史事件发生的重要导火索之一，或是对事件发展起到了推波助澜的作用。譬如，大禹治水的成功可能得益于气候变暖；气候变冷促使北方游牧民族南下入侵农耕社会，五胡乱华、安史之乱、北宋灭亡等都与之有关；历史上很多次农民起义的动力来自大自然的压力，即气候变冷导致粮食歉收，进而引发社会动荡等。

气候无时无刻不在影响着人类社会的方方面面，它不仅是四季轮换和自然规律的重现，也是人类文明演化和历史朝代更迭的重要推手。在古代社会，气候的影响总体上表现为"冷抑暖扬"的文明韵律，即温暖的气候总体上有利于文明的繁荣和发展，而变冷的气候往往会抑制文明的发展甚至产生毁灭性的冲击。

《推手》中的历史事件，时间跨越了从人类起源一直到明朝末年。明朝处于第四个寒冷期（1300—1900年）的前半期，于1644年被清朝取代，史称"明清易代"。因此，《推手》一书并未涉及第四个寒冷期的后半期，也就是将近300年历史的清代。作者在最近两年多的时间里完成了《推手》的第二部作品，这本书聚焦于清代历史事件，描绘了300年"小冰期"气候对清代政治、经济、军事、文化、人文等各领域的影响，这就是《气候：历史的推手Ⅱ——"小冰期"气候与清代历史》。

清朝，中国的最后一个封建王朝，也是为数不多的、由少数民族统治的封建王朝，处于中国第四个寒冷期的后半期，也就是科学界提出的"小冰期"的主要时期。清代中国的年平均气温较现代明显偏低，并经历了阶段性的冷暖波动。由于气候系统在这段历史时期表现出不稳定的特质，导致气象灾害多发频发，其中以水旱灾害尤为明显，且相对集中于最寒冷阶段（17世纪中后期的清初和19世纪的晚清），这为当时人类社会应对气候变化带来巨大挑战。

从清太祖努尔哈赤建立大金政权（1616年）开始，到末代皇帝溥仪颁布退位诏书（1912年），清代在将近300年的时间里基本处于"小冰期"的鼎盛期，几乎是中国历代封建王朝中最寒冷的一个朝代。气候曾对明清社会产生了深远的影响，明朝灭亡、满清入关、道光萧条、光绪衰落等重大历史事件都发生在小冰期鼎盛期。清代唯一一次闯入皇宫的农民起义、京杭大运河漕运的兴衰、太平天国运动的爆发与失败等，这些在历史岁月中刻下印记的曾经，都与气候变冷有关。

当然，清代的气候并非一直持续异常偏冷，其间也呈现波动的变化。例如，从17世纪末到19世纪初处于气候回暖期，这100余年正是中国封建王朝的最后一个盛世——康乾盛世；在气候回暖期，北方开始较大规模种植水稻，诞生了著名的御稻——"京西稻"；乾隆时代的华北地区曾出现过"中国历史最热的夏天"等，本书对上述提及的事件均有详细介绍。

清代，这个距离现代中国最近的古代中国封建社会，为后人留下了大量形式多样、内容翔实、可以借鉴的文献资料，为研究清代历史、人文、自然、地理等提供了蕴含丰富的宝藏，让我们有幸可以从多个角度探寻线索，演绎过程，推断结论。

"气候的波动是全球性的，不同地区的最冷年和最暖年可以出现在不同的年代，但彼此是先后呼应的。"在本书的附录中，不仅梳理了清代主要历史事件，也收录了同期的国外重大历史事件，读者可以尝试去建立这样的联系：当气候与气候变化正在影响着清代社会的同时，地球的另一处也正在悄然酝酿着、或是轰轰烈烈地发生着某些重大事件。

历史是了解过去、把握现在和预测未来的一把钥匙，过去的气候变化曾经对当时的人类社会发展产生过哪些影响，有助于我们更好地认识今天的气候问题，并为如何应对未来的气候挑战提供了更加周全的思考。

本书的附录2（清代主要历史事件）和附录3（同期国外主要历史事件）由李潇潇整理完成。书中部分照片和图片由王夷、汪瑛、陈鲜艳、李修仓、崔童、黄子立、吴琼、方雪砚、张永宁等提供或绘制。本书获"第四次气候变化国家评估报告"项目资助，在此一并表示感谢！

作者：李威　巢清尘

2020年10月

目录

❄ 什么是明清小冰期

现代科学家通过实地勘探考察发现，从 15 世纪中叶到 19 世纪末，全球许多地区的冰川都发生过明显的扩展和前进，新鲜和完整的冰碛物及其构成的地貌，能够证明其规模和范围比现今的冰川要大得多。根据对历史文献分析和与气象观测数据对比，那段时间的年平均温度比现在大致低 1 ～ 2 ℃。1939 年，美国气象学家 Marthes 首次把该时期描述为"全新世最暖期之后冰川中等规模复活的寒冷时期"，这是"小冰期"名词最早的由来，英文名为 Little Ice Age。

在中国，这一时期恰好是明、清时期，因此也被称为"明清小冰期"。

明清小冰期的鼎盛时期出现在 16 世纪中叶到 19 世纪后期，期间气候波动剧烈，曾出现大范围的饥馑和严重的社会动乱。其中，1630—1700 年和 1830—1890 年这两个时期的气候尤为寒冷，特别是 1630—1700 年，正好是明朝崇祯年间至清朝康熙年间，中国和欧洲都出现了极寒气候，中国有些地区的极端最低气温可能比近代最低气温还要低 5 ～ 7 ℃。

❄ 明清小冰期究竟有多冷

明清小冰期并非一年四季都很冷或一直在降温，而是这期间的气温波动起伏明显，有些年份也会出现暖冬，但寒冷是主体趋势。主要气候特征是寒热失常，水灾与旱灾频发，鱼米之乡的江南常出现旱灾，而易旱的北方则时有洪涝。

这段时期大概有多冷呢？举几个例子。

第一个例子。17 世纪下半叶，我国地处亚热带的广东省和福建省的沿海地区出现了罕见冰雪天气。顺治十一年（1654 年）冬天，福州市连续 50 多天出现霜冻，人畜冻死无数（《中国南方过去 400 年的极端冷冬变化》一文引用了清代海外散人《榕城记闻》中的记载）。康熙二十二年（1683 年）冬天，气候温暖少有霜雪的台湾省出现了冰雪，"冰坚厚寸余"（清·康熙《台湾府志》）。同年，海南省也遭遇雪灾，槟榔树和椰树尽枯。

第二个例子。如果我们把目光往北抬一些，投向"人间天堂"杭州市，这座位于钱塘江口的城市，从康熙九年十二月立春起，"大雪盈尺"（雪深超过一尺①了），一直到来年的四月初六（1671 年 5 月 4 日），雪才融化殆尽（清·康熙《杭州府志》）。

第三个例子。我国江淮流域（长江中下游至淮河一带）的年降水量通常在 1000 ～ 1200 毫米，正常情况下大概比北边的海河流域的年降水量（500 ～ 600 毫米）多出 1 倍。但是，据谈迁的《北游录》记载，康熙九年至十四年（1670—1675 年）北方的降雨量多于南方，且雨季提前。在我国西北和东北地区则遭受了更严重的冷害，如康熙三年春末，陕南一带出现了严重的霜冻害，麦、豆等作物均枯萎，果树也十枯八九（清·乾隆《雒南（洛南）县志》）。

第四个例子。自唐朝以来，江西省的橘园和柑园每年都向朝廷进贡，但在公元 1654 年和 1676 年的两次寒潮中，橘园和柑园被完全毁灭（叶梦

————————
① 1 尺 ≈ 0.3333 米。

珠等《阅世编》，叶静渊《中国农学遗产选集》）。在这 50 年间，太湖、汉水和淮河均结冰 4 次，洞庭湖也结冰 3 次。鄱阳湖面积广大，位置靠南，也曾经结了冰。华南地区在这半世纪中雪冰也极为频发。

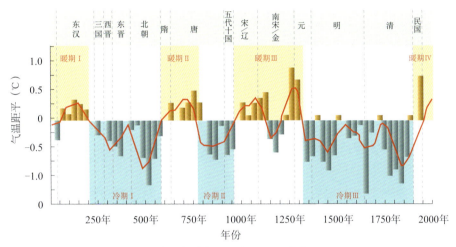

公元初年至 2000 年中国东部冬半年平均气温距平变化（郑国光 等《中国气候》）
（气温距平代表气温偏离平均状况的程度，蓝色柱状表示偏冷，
黄色柱状表示偏暖；红色曲线表示气温波动的情况。）

　　竺可桢先生曾在《中国近五千年来气候变迁的初步研究》中提到，17世纪中叶冬季的北京气温比现在约低 2 ℃。当时京津地区最寒冷年代的冬季气温大概比有器测记录以来的寒冷年代（1893—1895 年，1956—1957年和 1969 年）还要低 1～2 ℃，其中 1 月平均气温下降到 -9 ℃以下，2月达到 -7 ℃左右。但是，夏季的气温并不比现在低，说明当时气温波动幅度比现在大。

　　与现在相比，中国 17 世纪小冰期最寒冷地区在纬度上至少向南推进5 度。打个比方，如果以地理位置进行换算，相当于把浙江省的杭州市南移到福建省的厦门市，或是把黑龙江省的哈尔滨市南移到北京。

　　气候的波动是全世界性的，不同地区的最冷年和最暖年可以出现在不同的年份，但彼此是先后呼应的。

同处北半球的欧洲气候与中国气候息息相关。因为这两个区域的寒冷冬天，在大气环流上都受西伯利亚冷高压的控制。当西伯利亚高气压向东扩展，中国北部西北风强，则中国严寒而欧洲温暖。相反，当西伯利亚高气压倾向欧洲，欧洲东北风强，则北欧寒冷而中国温暖。当西伯利亚高压控制全部欧亚大陆上空时，中国和欧洲就会同时出现严寒。

再看欧洲的小冰期。

欧洲是"上帝最眷顾的地方"，受惠于北大西洋暖流，在欧洲特别是欧洲西部，比起北半球同纬度的其他地区，气候更加温和湿润，降水均匀地分布在一年四季，气温波动小。相对于全球其他地区，发生在欧洲的气象灾害（如高温热浪、暴雨洪涝、寒潮强降温等）频次和强度都要来得小。

在欧洲小冰期来临之前，粮食作物可生长在欧洲高纬度地区的冰岛，甚至格陵兰岛（位于北极圈内）。北欧渔业繁荣，盛产鲱鱼、鲭鱼、鲑鱼等。欧洲大陆葡萄园的最北位置比现在偏北了大约 4.5 个纬距（约 500 千米）。

但在小冰期来临之后，欧洲的气温开始下降，情况开始发生变化。在欧洲大陆北部、斯堪的纳维亚半岛地区（以挪威和瑞典为主，在人文上则包含丹麦、芬兰、冰岛和法罗群岛等北欧国家）和高山区都普遍出现了冰川膨胀和冰舌前进，它们毁坏了农田，倾覆了山村。到了夏半年，冰川融水量增大，河流水位上涨较快，导致经常出现灾害性洪水，并伴随着山体滑坡和崩坍。

北方冰岛的气候不再适合粮食生长，北大西洋的鱼群因为冬季变冷而改变了迁移路径，受生存环境影响的北欧海盗开始南下谋生。

在相对靠近南方的欧洲大陆，由于气候变冷致使作物的耕种范围不断缩小。根据历史记录，1500—1650 年，英格兰中部冬天的温度比现今低约 1.5 ℃，17 世纪最后 10 年尤其寒冷，连英国的泰晤士河都出现了冰冻。人们还发现，葡萄开始变酸了（这与气候变冷有关系，由于日照减少，温差缩小，导致葡萄里的糖分含量降低）。

伴随着小冰期的到来，人们的生活越来越艰难。有一位英国牧师在日记中记载了因气候严寒导致人们生活的困顿："季节寒冷，日子艰难，玉米和商品的价格上涨，找不到工作。"

由于连年饥荒，欧洲人口在小冰期出现明显减少。17 世纪末的一次大饥荒消灭了法国全国人口的 10%；1635—1660 年的 25 年，法国人民起义超过 150 次。同时代的德国科隆，每 5 万人中就有 2 万人在大街上行乞。1696—1697 年的芬兰特大饥荒曾被视为欧洲历史上最恐怖的事件，全国人口消失了近 1/3。

❄ 明清小冰期对中国历史的影响

古代社会的文明演化和朝代更迭基本遵循"冷抑暖扬"的文明韵律。

例如，玛雅文明因干旱而迅速衰落（10 世纪）；罗马帝国的覆灭与 3—5 世纪的气候变冷有关，因为气候影响粮食产量，进而影响帝国的经济基础和军队的粮食供给；同样因为气候变冷，阿提拉带领匈奴骑兵屡次深入欧洲，给欧洲人民带来无穷苦难，被称为"上帝之鞭"。

又例如，中国学者通过对中国过去 2000 多年的历史资料分析发现，在 31 个盛世、大治和中兴事件中，有 21 个发生在温暖或相对偏暖时段，而在 15 次王朝更替中，有 11 次出现在冷期或相对寒冷时期。

简言之，暖期气候能够为社会更快速发展提供更为优越的物质条件，而冷期气候易增加社会的不稳定因素，并使得社会应对危机的能力降低。这就是"冷抑暖扬"的本质原因。

小冰期是距离现代最近的全球性典型寒冷气候期，曾对人类社会产生了深刻的影响。对应在中国，元朝覆灭、明朝灭亡、满清入关、道光萧条和光绪衰落等重大历史事件都恰好发生在小冰期鼎盛期。

明朝灭亡与气候变冷有关，也与明末出现的罕见天灾——一场持续 5 年以上的特大旱灾有密切关系，这场大旱被历史学家称为"300 年未有之奇荒"。因气候变冷导致降水减少，从而造成全国各地出现严重干旱，加上大范围的蝗灾，造成了大饥荒，导致粮价高涨，老百姓无粮可食，甚至出现人吃人的惨剧。在苛政和天灾的双重压迫下，李自成在陕北起义，在西安建立大顺政权后，一路攻入北京城，拉开明末清初"风云激荡"的时代序幕。

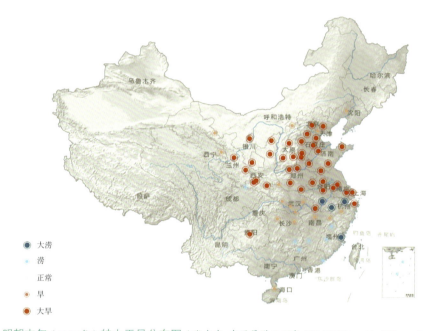

明朝末年（1640年）特大干旱分布图（张永宁 中国旱涝五百年 [EB/OL].http://tq121.weather.com.cn/sciname/modules/datanew/pc/index.html, 2019-06-24）

满清入关也与气候变冷有关。明末时期，低温冻害等极端事件发生频率增加，北方农牧带的降水量异常减少，旱灾逐年增多，生态环境被破坏，黄河中下游地区农业经济呈现衰落的态势，沙漠化进一步向南推进。

由于政治腐败，加上农业歉收，大量牲畜死亡，百姓生活日益窘迫，为求生存的女真族逐渐向南迁徙。1644年，明朝将领吴三桂打开了山海关城门，清兵（女真族）杀入关内，占据中原，史称"满清入关"，它标志着清王朝由地方政权转变为统治全国的中央王朝，明朝在史册上宣告灭亡。

小冰期带来的影响也不全部都是负面的。比如，历史上音色最好的小提琴的诞生可能就得益于气候变冷。

斯特拉迪瓦里小提琴是以制琴大师的名字命名的顶级古董级小提琴，堪称无价之宝。斯特拉迪瓦里（1644—1737 年）被誉为迄今最伟大的小提琴制作家，出生于意大利北部的克雷莫纳，这里是音乐之乡。他生活的这段时期，正好是小冰期鼎盛期，对应中国则是清代皇帝顺治、康熙和雍正时期。

在斯特拉迪瓦里诞生之前，小提琴的制作已经有一百多年的历史。斯特拉迪瓦里的伟大之处在于对琴身的比例进行了创新，还设计了琴马（一块桥型的小木片，站立在琴面板的中间，上面压着四条琴弦。它是提琴上一个非常重要的部件，也被称为提琴的心脏）。

斯特拉迪瓦里小提琴音色优美，具有极强的穿透力。世界著名小提琴家伊萨克·斯特恩这样形容："这种琴的不凡之处，在于其声音极其悦耳动听，而且无论在多么宽广的空间都能如此。琴声悠扬柔和，可是也似乎有个坚定有力而威严的声音在对你说：'我容许你使用我，但你一定要学会怎样用我奏出美妙的乐韵。'"

斯特拉迪瓦里一生中共制作了大约 1100 件各种各样的弦乐器，其中流传至今的约有 650 件，每一把琴都价格不菲。

很多顶级音乐演奏家都以能拥有一把斯特拉迪瓦里提琴为傲。匈牙利小提琴家 Edvin Marton 在 2007 年时发布了一张专辑 Stradivarius（专辑名字翻译成中文即《斯特拉迪瓦里》）。他演奏专辑曲子用的便是斯特拉迪瓦里小提琴，这把琴当时的估值是 400 万美元。

不少学者从不同角度分析了为何斯特拉迪瓦里小提琴的音色冠绝天下。其中包括了两位气象学家，他们提出了一个观点：琴的声音好听，最重要的影响因素是用来做琴的木材，因为木材的纹理、弹性和密度等物理性质决定了琴弦的振动在共鸣箱里发出的共鸣的音色。

这两位气象学家认为，从斯特拉迪瓦里出生的第二年开始，地球正好进入了小冰期的鼎盛期，并延续了 70 年。

气候变冷导致树木生长速度变缓，这段时期树木的生长速度是过去 500 年来最慢的。这样长出来的树木密度和强度都大，是制作顶级乐器的最理想材料。斯特拉迪瓦里正好是在这个小冰期开始后的 20 多年启用当地的云杉来制作提琴。

大师的制琴水平固然非常高，而最终帮助他更上一层楼的或许是当时降临的小冰期寒冷气候。

❄ 满清为何要入关

一、满族的由来

女真族，中国古代生活在东北地区的古老民族，公元 6—7 世纪称"黑水靺鞨（音 mòhé）"，公元 9 世纪后更名为女真。

北宋末期（12 世纪初），完颜阿骨打统一了女真各部落，建立了金朝。随着金兵南下消灭北宋，部分女真人迁入中原，逐渐与汉族融合。留居东北的女真人在明朝初期分为三部，即建州女真、海西（扈伦）女真和东海（野人）女真。建州女真分布在牡丹江、绥芬河及长白山一带，海西女真分布在松花江流域，东海女真分布在黑龙江省和库页岛等地。

1583 年（万历十一年），建州女真部的爱新觉罗·努尔哈赤袭封为建州左卫指挥使，之后相继兼并了海西女真部和东海女真部，统一了女真各部。

努尔哈赤筑城池，设大臣，定法律，理诉讼，建立八旗制度。八旗制度按军事组织形式，把女真人编制起来，在贵族控制下进行战争和生产活动，形成兵民合一的社会组织。

1616年，努尔哈赤在赫图阿拉（今辽宁省抚顺市新宾满族自治县）称汗，定国号大金，年号"天命"，建立了自己的政权。后来，史学家为了区别它与历史上的金朝，将其称之为"后金"。努尔哈赤是后金开国之君，八旗制度的创建者，清朝的主要奠基者，后世称他为清太祖。

1626年，努尔哈赤重伤去世，其子皇太极受推举袭承汗位，史称清太宗。

1635年，皇太极废除"女真"族号，改称"满洲"，将居住在中国东北地区的女真、汉族、蒙古、朝鲜、呼尔哈、索伦等多个民族纳入同一族名之下，"满族"自此形成。

1636年，皇太极改国号为"大清"，蒙古语"Daicing"，意为"战士"，中文音译为"代青"或"大清"。

二、关于八旗

建州女真崛起于山林，世代以畜牧渔猎为生，精于骑射，他们在东北长白山林间以"牛录"为单位进行集体狩猎活动。

牛录系满语，汉译为"备御"，每1牛录辖10人，打猎包围某一地区时，从四面向内攻击，这样就把猎物困在包围圈内。

努尔哈赤崛起并统一女真各部后，满洲牛录已有了很大发展，1牛录扩充至300壮丁，野战攻坚能力大幅度增强，每个牛录设统领官1人，称"牛录额真"。

努尔哈赤以牛录为基层组织，创立了一种独特的社会政治、军事组织体制——八旗制度。万历二十九年（1601年），努尔哈赤建立了黄、白、红、蓝四旗，称为正黄、正白、正红、正蓝，旗皆纯色。1615年，又增设了镶黄、镶白、镶红、镶蓝四旗（镶，俗写亦作厢），旗帜除四正色旗外，黄、白、蓝均镶以红，红镶以白。八旗之制自此确立。

努尔哈赤把管辖下的所有人都编在旗内。其制规定：每300人为1牛录，设统领官牛录额真1人；5牛录为1甲喇，设统领官甲喇额真1人；5甲喇为1固山，设统领官固山额真1人。固山在汉语里就是"旗"的意思。

满洲（女真）社会由此实行八旗制度，丁壮战时皆兵，平时皆民，军队具有极强的战斗力。八旗铁骑大军在战斗时能集合起数倍于敌军的兵力，用他们在长白山林地区围猎的方法先令铁骑纵击，将某一地区包围，然后从四面向内攻击：先用强弓硬弩将敌军像射野兽猎物一样射死射伤，然后铁骑纵击近战，围歼受伤的敌兵。

八旗大军从山林中走出来，在广阔的辽沈平原地区纵横驰骋，打破了汉人对他们的围困，充分发挥了铁骑强军的战斗优势，展示出空前的凌厉剽悍。

八旗盔甲（图片来自视觉中国）

（上图为北京故宫博物院收藏的八旗盔甲，为上衣下裳式。上衣通长74厘米，圆领、对襟，带左右护肩、左右护腋、前裆与左裆。下裳长76厘米，分左右两片。八旗甲以绸为地，其表面有规则地满布等距之铜镀金帽钉，月白布里，内敷以薄丝棉。
八旗盔以牛皮为胎，髹以黑漆。其上植缨管，用以安插盔缨。
图中盔甲顺序由左到右分别为：镶蓝旗盔甲、镶红旗盔甲、镶白旗盔甲、镶黄旗盔甲、正蓝旗盔甲、正红旗盔甲、正白旗盔甲、正黄旗盔甲。）

三、气候变冷是满清入关的重要原因之一

大自然降灾时，从来都不会去考虑政治格局。

1644年，是载入中国史册的重要一年。这一年是明朝崇祯十七年，也

是清朝顺治（顺治是皇太极的儿子）元年，摄政王多尔衮率领八旗兵，在明朝总兵吴三桂的引领下，于四月（农历）冲过山海关，杀入并占据中原，史称"满清入关"。

同年五月，清军占领京师（北京城）。十月，顺治在天坛祭天，在紫禁城举行登基大典，再次即皇帝位。此举标志着清王朝由地方政权转为统治全国的中央王朝，明朝在史册上被宣告灭亡。

明清易代，开启了中国最后一个，而且是由少数民族统治的封建王朝。

这个少数民族离开号称"龙兴之地"的东北黑土地，成功地入主中原，拉开了此后统治中国 260 多年的序幕，并一度把中国的疆域扩大了1倍。满清入关的原因是多方面的，气候变冷是促使其入关的一个不容忽视的因素，因为多种频发的自然灾害成为气候变冷后的衍生品。

明代的灾荒是空前的，无论从灾荒的总数，还是成灾的频率，或是灾害的破坏力，皆是如此。

到了明代后期，自然灾害发生频率虽然有所降低，但其破坏力却异常强烈，尤其是北方地区。北方的天灾以洪涝、干旱、寒潮和蝗灾为主，加之北方以粗放式农业为主，长期的开垦耕种，土地得不到有效养护，导致水土流失严重，生态环境遭到破坏，一旦遭遇灾害，便易致重荒。政治败坏已使民不聊生，而灾害频发犹如雪上加霜。明朝的灭亡，与当时发生的全国大范围干旱有着直接关系（李威和巢清尘《气候：历史的推手——从气候变化看历史变迁》）。

明末时期，我国北方游牧民族一直处于这种高压状态。低温冷冻使得极端气候发生频率增大，北方农牧带的降雨量异常偏少，风沙壅积日甚，旱灾逐年增多，黄河中下游地区农业经济呈现衰落的态势，沙漠化进一步向南推进。

以游牧业为主的女真族因农业歉收，大量牲畜死亡，百姓生活窘迫，饥荒四起。为求生存的女真族呈现出向南迁徙的趋势。

而努尔哈赤正是借助"饥馑"迫使周边各部归附，使自己的队伍日益壮大。他度过灾荒的办法是：与明朝开通贸易，打压朝鲜并"借粮"，对未归附的部落进行掠夺和征服，同时还多次发动了对明朝的战争并趋于南下入关。例如：

万历四十六年（1618年），发动抚顺之战；

万历四十七年（1619年），发动萨尔浒之战；

天启一年至二年（1621—1622年）的辽沈之战和西平堡之战；

从1603—1625年，先后四次迁都（赫图阿拉—界凡—辽阳—沈阳），每一次迁都都是迁往人口相对较多、经济相对发达、土地更加肥沃、地理位置更加优越的地方；

天启六年至七年（1626—1627年），发动广宁之战和锦宁之战；

崇祯十二年至十五年（1639—1642年），发动松锦之战。

上述军事行动都与女真族为渡过饥荒、防止人心瓦解，而主动寻求对明朝用兵和进行经济掠夺有一定关系。另外，明朝统治者为防止东北女真族势力扩张，长期对其实行高压政策，动辄以闭市相要挟，女真族人生计时常不保，双方矛盾不断激化，战事频频发生。

此外，战乱与严寒气候使得东北和华北地区人口损失严重并向南迁移，北方的社会生产严重受阻，也加速了女真族南下，进入关内。

从气候的角度看明清易代（方雪砚／绘制）

（明清小冰期气候寒冷、灾害频发，气候宛如一双大手，推动着明清易代的历史进程。）

四、如何看待满清入关

1644 年的明朝政权摇摇欲坠，中国处于四分五裂的状态，明将吴三桂打开了抵御关外清军的最后一道大门——山海关，满清骑兵在吴三桂的引领下，顺利杀入中原，取代了明朝，建立了清朝。在清代初期的康乾时期，中国实现了统一，为中国现今的版图奠定了基础，也促进了中华民族的大融合。从这种意义上说，明清易代是一种历史进步。

清朝的每一任皇帝也都是勤政的皇帝，例如，康熙每天都上三大殿，雍正批的奏章数量超过了历代皇帝。康熙执政 61 年、乾隆执政 60 年（不算当太上皇的 3 年），创造了"康乾盛世"的局面。

但从其他一些方面看，清朝开启了中国最后一个封建王朝的统治，同时也转动了历史倒退的车轮。

明代的商业和手工业已经有了较大发展，顾炎武、黄宗羲等思想家提出的反专制、反传统思想，已具有很大的启蒙意义，为传统的中国社会结构进化带来了新的生机，这包含着"资本主义萌芽"的因素。可惜的是，清兵入关以后，新建的王朝把一个已经有了资本主义萌芽的中国重新拉回到了一个专制色彩浓烈的社会，政治上的高度集权，文字狱等文化专制，都是历史的倒退。

清代的中国，在思想文化和科学技术领域对世界没有做出重大的贡献。在近 300 年的时间里，全球科学界诞生了数千条定理、定律，当时占世界人口不到 1% 的犹太人，约贡献了其中的 15%；而清代中国人占世界人口的 20% 左右，其贡献率却不足 1%。

清代初期，中国经济得以迅速恢复和发展，创造了康乾盛世，康乾时代的国民生产总值约占世界 1/3。但是，经济发展并不代表思想文化领域占有优势，更代表不了强大的综合实力。一个经济发达的地区，它可能同时也是一个文化沙漠。因为正是在康乾时代，西方出现了牛顿（万有引力定律）、孟德斯鸠（三权分立学说）、洛克（政府论）、亚当斯密（国富论）、穆勒（代议制）、卢梭（社会契约论）和门捷列夫（化学元素周期表创立者）等一大批对后世影响深远的科学家和思想家。西方在思想文化和科技领域快速发展，已经把经济总量排名第一的中国远远抛在后面。

一个民族要想获得全世界的尊重，不在于多么富有，而是在于对人类文明的贡献，因为"只有精神和文化，才是人类永续发展的基石"。

❄ 大雪贻误的萨尔浒生死战

1619 年，是明朝皇帝明神宗朱翊钧（即万历帝）即位后的第 47 个年头。这一年冬、春之交，明朝集结 11 万大军，向盘踞于东北地区的女真族开战。由努尔哈赤率领的女真军队，以 6 万精兵，在辽宁萨尔浒一带（今辽宁抚顺东大伙房水库附近）迎战明军，短短 5 天时间，女真部集中兵力，分别击破了明军的四路人马，以少胜多，赢得胜利，史称萨尔浒之战。

明朝为准备这场战争，耗费了大量的人力、物力和财力，意图凭借绝对优势兵力，一举歼灭努尔哈赤的后金政权，可惜一场败仗使其元气大伤。对明军而言，萨尔浒之战是被一场大雪耽误的战争，经此一战，明帝国与后金国的实力格局发生了根本性变化。翌年，明神宗驾崩，此时，距离明朝覆灭、清军入关，只剩下不足 25 年。

17 世纪初，女真人努尔哈赤在统一了建州女真各部后，又收服了东海女真、海西女真多部，基本结束了东北地区女真族各部之间长期混战的局面。1616 年，努尔哈赤在赫图阿拉称汗，定国号大金，史称"后金"。

后金政权的建立激化了努尔哈赤与明朝的矛盾，为了限制努尔哈赤的疯狂扩展，明朝改变了之前的安抚政策，开始进行经济封锁，禁止汉人进入女真地区贸易。

禁止通商使得东北人参等土产失去了销售渠道，给后金造成了严重经济损失。同时，明朝廷还从人力、财力等方面支持叶赫部女真与努尔哈赤对抗，牵制后金的发展。明朝廷的制裁极大地刺激了努尔哈赤，促使他下定决心与明朝彻底决裂。为了营造声势，取得舆论支持，努尔哈赤在1618年发布了"七大恨"宣言书，宣告正式起兵反明。所谓的"七大恨"，就是下面这七条。

一大恨：明朝廷无故杀害努尔哈赤的父亲和祖父。

二大恨：明朝廷偏袒叶赫女真、哈达女真，欺压建州女真。

三大恨：明朝廷违反双方划定的范围约定，强令努尔哈赤抵偿所杀越境人命。

四大恨：明朝廷派兵保卫叶赫，抗拒建州。

五大恨：叶赫由于得到明朝廷的支持，背弃盟誓，将其"老女"（年长未嫁的女孩）转嫁蒙古。

六大恨：明朝廷逼迫努尔哈赤退出已垦种的柴河、三岔、抚安之地，不许收获庄稼。

七大恨：明朝廷辽东当局派遣守备尚伯芝赴建州，作威作福。

发布"七大恨"后，努尔哈赤乘着士气正盛，很快攻下了抚顺城和清河城，这让明朝廷认识到了问题的严重性，决定出兵征服后金。但是，此时的明朝廷已是日暮帝国，国力衰落，一时无力调集大军进剿，所以只能先做战前准备，从各省征调军队、征集粮饷。

1619年初，明朝廷举全国之力完成备战工作后，任命兵部侍郎（相当于国防部副部长）杨镐为总指挥，调集各省精兵8万，再辅以朝鲜、叶赫女真等友军，合计11万人左右。大军浩浩荡荡奔赴辽东，生死攸关的萨尔浒之战一触即发。

杨镐是进士出身，虽非军事内行，但也在朝鲜战场上指挥过战斗，是经历过大战的人。至于他手下的将领们，那就更厉害了，个个身经百战，称为明星豪华阵容也不为过。

山海关总兵杜松，勇猛善战，曾与蒙军进行过大小百余场战争，从无败绩，被蒙古人称为"杜太师"。其部将领赵梦麟、刘遇节、王宣、桂海龙、王浩等皆是勇猛善战之人。

辽东总兵李如柏，一代名将李成梁之子。李如柏从小就跟随父亲镇守辽东，行军打仗，他的大哥李如松也是明朝名将，骁勇善战，深谙兵法，曾平定哱拜之战，扬名西北；后又在万历"抗倭援朝"战争中大破日军，名震宇内。

辽阳总兵刘綎，是明朝杰出的抗倭将领，大将军都督刘显之子，万历年间的武状元。刘綎有"晚明第一猛将"之称，擅用大刀，一把镔铁大刀重百余斤，马上轮转如飞，世称"刘大刀"。刘綎经历了朝鲜对日战争，平息边疆叛乱等，罕有敌手。

开原总兵马林，是明朝名将马芳次子，所率部队为明军辽东精锐火枪骑兵。

万历四十七年二月十一日，明军在辽阳演武场召开誓师大会。誓师之后，杨镐急于出师，下令路途最远的东路军即日出师，不料天不作美，辽东普降大雪，不得已才将出师日期后推至二十五日。此时天寒地冻，冰雪塞路，明军对地形不熟，杜松和刘綎都向杨镐建议不宜匆忙兴兵，但杨镐一意孤行，提出"违令者军法从事"。

气候条件往往会影响战局，甚至在关键时刻起到决定性作用。萨尔浒位于辽宁省抚顺地区，抚顺市东与吉林省接壤，西与沈阳市邻界，北与铁岭市毗邻，南与本溪市相望。从气候特征上看，这里地处中温带，属东亚大陆性季风气候，冬季在蒙古高压控制之下，盛行干冷的极地大陆气团，气温甚低；夏季受大陆低压和太平洋副高压影响，易受暖湿的太平洋气团影响，炎热多雨；春、秋两季是过渡季节，春季易出现倒春寒天气，而秋季受西伯利亚冷空气的影响，9月下旬就出现早霜。也就是说，这里的主要气候特点就是夏热多雨，冬寒漫长，温差较大，四季分明。其中，3月平均气温 -0.28 ℃，平均最低气温 -16.66 ℃（1951—2020 年的平均值），由此估算，处于明清小冰期中的极寒期的 17 世纪初，3月平均气温明显会低于 0 ℃，冬末春初之际依然是风雪频繁。

从地理条件上看，抚顺市属长白山脉西南延续区，境内山峦连绵起伏，水源充沛，森林茂密，平均海拔 80 米，其地貌特征是：以山地为基础，以浑河谷为贯穿全区的骨架，众多的山间沟谷将山地、河床等自然景观交织其中，形成了东南高、西北低、中间地带起伏不平的低山丘陵与狭长的河谷平原相接的地貌。简单说，就是多崇山峻岭、地势不平坦。

因此，选择在冬季的抚顺开战，谁熟悉地形且适应严寒气候，谁就向胜利先跨近了一大步。

辽宁省抚顺地区各月气温状况对比（1951—2020 年平均值）

杨镐仗着人多势众，制定的作战方略是：兵分四路，以赫图阿拉（后金政权都城，今抚顺市新宾县）为目标，派杜松、刘綖、马林、李如柏各领一路人马，分进合击，并限令四路兵马于三月初二会攻围歼后金。就这样，11 万大军被切割成了四路人马。后面的战争实践证明，在大雪封山、地形复杂的辽东山区，明军各路行军速度不一，路程长短不一，很难保证在统一的时间会师，这就给努尔哈赤创造了各个击破的绝好机会。面对能攻善战、骑射精湛的女真骑兵，明军将兵力分解是一个错误的作战方案。

一场选择在错误季节、错误地点展开厮杀的战役拉开了序幕。

接下来，就是明军四路人马均以惨败收局。

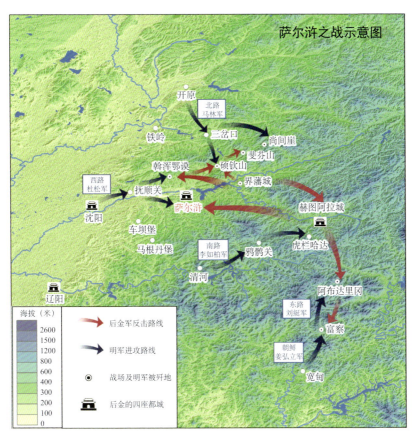

萨尔浒之战路线图（李修仓、吴琼／绘制）

西路军杜松部率领的是明军主力部队，兵将 3 万余人，由沈阳市出抚顺关入苏子河谷，从西面进攻。此时寒风彻骨，大雪纷飞，杜松力图速战速决，冒雪急行军百余里，于三月初一抵至距离赫图阿拉仅有百里路程的萨尔浒。杜松得知后金正在加紧赶修"形势险要，扼锁阳之咽喉"的界凡城以阻挡东路明军后，决定进攻界凡城。他将兵力一分为二，以一部在萨尔浒山下结营驻守，自己亲率另一部渡过界凡渡口，准备从界凡城下的吉林崖攻入。

努尔哈赤将主力集中起来迎战杜松，他派遣大贝勒代善率两旗兵力增援吉林崖，截击杜松，使得杜松两部不能互援；自己亲率八旗兵进攻萨尔浒的杜松军主力。后金铁甲骑兵集中一点，拼死冲击，突破了明军萨尔浒大营，明军被击溃，伤亡十分惨重。而后，努尔哈赤又驰兵与代善会师，进攻吉林崖的杜松军另一部。

后金军占据地形优势，杜松率兵和八旗兵打了一天，待到天黑女真族山林间游牧的特长发挥出来，此时又突然大风扬尘，无法辨认方向，杜松军点燃火炬照明，以便进行炮击，后金军则利用了杜松军点燃的火炬，由暗击明，强弓放箭，明军死伤大半。随后，后金军以数倍于杜松军的兵力四面围攻，杜松和他手下的参将全部战死，西路军全军覆没。

北路明军由马林率领出开原，经三岔儿堡（在今辽宁省铁岭市东南），入浑河上游地区，从北面进攻。三月初一夜间，马林行进至尚间崖（在萨尔浒东北），震惊于杜松军战败消息，决定转攻为守，分驻三处就地防御。明军环营挖掘三层堑壕，将火器部队列于壕外，骑兵继后。又命部将潘宗颜、龚念遂各率万人，分屯大营数里之外，以成掎角之势。

努尔哈赤在歼灭杜松军后，随即将八旗主力转锋北上，去尚间崖方向迎击马林军。三月初二，后金军先派一部骑兵横冲明将龚念遂营阵，接着以步兵正面冲击，攻破明军车阵，击败龚军。中午时分，努尔哈赤赶到马林驻扎大营外，满州兵射箭冲击，从东、南两路夹攻，大明军队抵挡不住进攻势头，大败而逃，满州军兵乘势追杀，明军大部分被歼，马林的两个儿子马燃、马

知识点 "红衣"大炮

16世纪初，欧洲制造出红夷大炮，明代后期传入中国。明朝官员喜欢在这些巨炮上盖上红布，所以谐音为"红衣"。红夷大炮的炮管长，管壁厚，从炮口到炮尾逐渐加粗，符合火药燃烧时的原理，依照抛物线计算弹道，精度高，射程远。萨尔浒之战，明军大量"红衣"大炮落入后金之手，这是后金掌握西式火器的开始，对之后的战争进程产生了重大影响。

熠皆战死，马林仅带数人逃走，包括"红衣"大炮在内的许多军用物资被丢弃。

（a）

（b）

"红衣"大炮（a来自视觉中国；b来自VSI美好景象（Creative），作者是View Stock）

东路军由"晚明第一猛将"刘綎率领，在会合朝鲜军后，经宽甸沿董家江（今吉林省浑江）北上，从南面进攻，因山路崎岖，行动困难，未能按期进兵至赫图阿拉。由于刘綎不知西路、北路已经失利，仍按原定计划向北开进。努尔哈赤击败马林军后，立即移兵，迎击刘军。

三月初三，努尔哈赤采取诱其速进，设伏聚歼的打法，事先以主力在阿布达里岗（赫图阿拉南）布置埋伏，另以少数士兵冒充明军，持着杜松令箭，诈称杜松军已迫近赫图阿拉，只等刘綎会师攻城。刘綎信以为真，下令轻装急进，这样就进入了努尔哈赤设置好的埋伏圈。一时间喊杀声四起，刘綎不愧是猛将，在八旗兵占据自上打下的优势下，还能令全军全身而退。但是，明军退至旷野时，后金伏兵用强弓射死了大量人马，然后再向明军发起猛攻。刘綎力战而死，他的两个儿子和义子也都阵亡。此后，努尔哈赤乘胜进攻后续的浙江兵，此时狂风大作，风向刚好吹向明军，后金骑兵顺着风势，箭簇更加强劲，这支戚继光时期调教出来的戚家军经此一战全部覆灭。

南路李如柏军行动迟缓，三月初五才至虎拦岗（清河堡东），此地距离赫图阿拉还有近百里，这时杨镐已收到其他几路兵败的消息，连忙传令李如柏回师。明军在撤退时被后金哨探发现，哨探在山上鸣锣发出冲击信号，大声呼噪，李如柏军以为是后金主力发起进攻，惊恐溃逃，自相践踏，死伤千余人。幸亏李如柏撤出战斗，为大明保存了一支精锐部队。此后，李如柏被言官弹劾还京，因无法承受世人非议，于宅中自杀。

萨尔浒之战是以少胜多的著名战役，短短数日，明军被后金歼灭约 5 万人，将领战死 300 余人，对明朝的武将体系结构产生了巨大冲击。此外，明军损失骡马 2.8 万匹，火炮鸟铳 2 万多支。已经暮气沉沉的明朝廷经此打击，犹如雪上加霜，元气大伤。

明军战败的原因是多方面的。其中，最关键的是明朝行政机构的治理已经塌陷，对女真等边疆事务疏于管理，情报工作极其不力，对敌军的作战能力估计严重不足，准备不充分，盲目行动。反观努尔哈赤这边，由于明军内部腐朽和晋商出卖情报，使他轻易掌握了明军的作战计划和行军动向，导致作战双方掌握的信息严重不对称，一个是在盲打，一个是在精准打击。

第二个原因是明军主力部队孤军深入，得不到有效的补给，随着全军覆没，打乱了整个战局的部署，使得后来南北两路军队均陷入被动境地。

第三是与自然条件有关。辽东气候严寒、地形复杂等自然因素削弱了明军的作战力。明军中许多人是从南方或关内调来的，难以适应辽东的寒冷，行军作战中"风雪大作，三军不得开眼，山谷晦冥，咫尺不能辨"。而八旗兵穿梭在崇山峻岭里，将山林间游牧的战斗优势发挥得淋漓尽致。明军大败，实违天时。

经萨尔浒一战，努尔哈赤夺取了辽东战场的主动权，使其政权更趋稳固。明朝自此从进攻转为防御，后金则由防御转为进攻，随着辽阳、沈阳、广宁等重镇相继失守，明朝退守辽西，完全陷入被动，山海关以外仅余少部分土地，如锦州、宁远、杏山和塔山等地。直到1644年，吴三桂降清，清军入关，明朝覆灭。

明朝灭亡始于万历，这句话是有道理的。

后金克星袁崇焕

一、金榜题名

上一篇已经提到，万历四十七年（1619年）是明朝元气大伤的一年，明廷以举国之力，凑齐11万大军集结于辽东，由总指挥杨镐兵分四路，分进合击以努尔哈赤为首的后金军。结果萨尔浒一战，4位总兵战死2员，自杀1员，300余名将领战死，5万人马被歼，明军在大雪纷飞中以惨败收兵。

国家完败，自是不幸，但不幸中的万幸是迎来了一位考生的完胜：广西人袁崇焕金榜题名，高中进士，殿试位列三甲第40名。

明代的进士录取名额，每次大约是100人，按成绩高低录取，排到三

甲第40名，说明他差一点就落榜了。除了有实力，他的运气也确实不错。

1619年的袁崇焕已经35岁了。由于殿试排名并不靠前，考选结果也不突出，他没有机会留在中央，而是一年后被派到福建邵武当了七品县令。

邵武，即今天的福建省邵武市，位于闽西北，地处武夷山南麓，濒临闽江支流富屯溪，有"八闽屏障"之称，就算是现在，也属于福建省各市、县中经济发展相对落后的地区。

但这对胸怀大志的袁崇焕而言根本不是问题。他身在邵武，心系辽东。主持县里的童子试时，他曾"日呼一老兵习辽事者，与之谈兵，绝不阅卷"。

清·乾隆《邵武府志》形容袁崇焕是"明决有胆略，尽心民事，冤抑无不伸"。他还曾经爬上房梁，帮老百姓救火，作为一个县太爷，这在封建社会实属难得。

二、单骑阅塞

三年任职期满后，袁崇焕奉命进京述职，接受政绩考核。机会总是留给有准备的人，由于得到御史侯恂的赏识，袁崇焕被推荐留京任职，得以破格留用，出任兵部职方司六品主事。

侯恂虽然在历史上并不知名，却是一位慧眼识千里马的伯乐，因为他推荐过不少人才，其中就包括两位名留青史的将帅：袁崇焕和左良玉。此外，侯恂还有一个著名的儿媳妇，她就是与陈圆圆、柳如是齐名的"秦淮八艳"之一李香君。

明朝的兵部设有四个司，分别是兵部司、职方司、驾部司、库部司。职方司的职责是判断军事形势、拟定军事计划、测绘军事地图等，类似于军事参谋的角色。赴任兵部不久的袁崇焕便做了一件后来被史学界津津乐道的事情，那就是他突然神秘地消失了。

由于袁崇焕连续旷工多日，兵部派人寻找也没有发现线索。后来大家才知道，原来袁主事是千里走单骑，独自跑到山海关去实地考察军事地形。掌握到第一手资料后，他重新出现在朝堂，并拍下胸脯："予我军马钱谷，我一人足守此！"此言一出，四座皆惊。

萨尔浒一战之后，努尔哈赤由守转攻，掌握了明、金战争的主动权，开原、铁岭等辽北重镇相继失陷。天启元年（1621年），包括辽阳、沈阳在内的辽东70余城失陷。1622年，重镇广宁也被努尔哈赤攻占。后金军队一路势如破竹，明朝上下大为震动，明军士气低落，多数官员认定辽东必然丢掉、山海关迟早失守。所以袁崇焕当着大家的面许下重诺时，犹如一股强有力的清醒剂扑面而来，瞬间让他们看到了黑暗中一缕似乎能被捕捉的光明，也唤醒了行将放弃的对胜利的一丝希望。

于是袁崇焕再度被火箭提拔，升任正五品山东按察司佥事，赴山海关任监军。他在履新之前，特意拜访了前任辽东经略熊廷弼，就辽东战事向对方寻计问策。

此时的熊廷弼刚被朝廷革职回京，在家等候处理发落。当熊廷弼向袁崇焕问起对辽东战局的看法时，袁崇焕用简短的五个字做了回答："主守而后战。"熊廷弼听到后兴奋异常，他认为，这个操着南方口音的广西人，已经找到了制胜辽东的办法。这确实是一个致胜的战术，4年后的宁远之战，努尔哈赤就败在了这个战术之上。

但在辽东，袁崇焕与他的顶头上司王在晋发生了意见分歧。

明朝末年，正值小冰期鼎盛期，北方干旱，天灾多发，粮食大规模减产，引发了许多社会问题，同时后金也在辽东叛乱渐盛，导致边患频发，这些都是明朝必须解决的问题。但是，这些问题最后非但没有解决，而且还越发严重，最终导致明朝走向灭亡。

关于明朝灭亡有许多观点，比如崇祯的问题、三饷（明末加派的辽饷、剿饷和练饷三项赋税的合称）的问题、李自成的问题、后金的问题以及气候变冷引发社会动荡的问题等。其实还有一个很关键的问题，就是策略问题，主要就是明朝应对辽东战场的策略问题。

三、孙袁首会

1622 年（天启二年），王在晋取代熊廷弼任兵部尚书兼右副都御史，经略辽东等地。王在晋对辽东的基本判断是，辽东已无恢复可能，只能以山海关作为防御重心。

但满腔热血的袁崇焕无法认同王在晋的策略，丢疆弃土，不收复山河故地，岂是臣子所为？他毫不顾忌长官的面子，不惜公开矛盾，直接上书首辅叶向高，陈述己见。

袁崇焕的"举报信"引起了朝廷的高度重视，皇帝的老师、东阁大学士孙承宗主动请缨，决定前往实地查看，再断取舍。

孙承宗在山海关召集大家一同商议。袁崇焕主张深入敌军、筑守宁远（今辽宁省兴城市，位于山海关东北方向约距 118 千米），蓟辽总督阎明泰则主张守觉华岛（今菊花岛，位于渤海近海，宁远的东南方）。最终孙承宗决定，营筑宁远，与觉华岛形成犄角互相支援。但王在晋还是不同意，他认为觉华岛存在先天不足：辽东冬季严寒，渤海冰封之后，觉华岛与陆地相连，无法抵挡后金骑兵的侵袭。而在夏季，岛上水师也无法直接增援宁远，因为一旦水师登陆，陆战毫无优势，而且能否登岸，很大程度上取决于气象条件，如果风向不对，或许只能"隔岸观火"。

后来的局势演变证明，王在晋的担忧是有远见的。但是，袁崇焕主张筑守宁远的策略也同样正确，辽西地区多为山坳，辽西走廊是连结华北地区和东北地区的一条狭窄通道，宁远一城正好位于辽西走廊的中部，对于控制辽西走廊具有极其重要的军事战略意义。

换脑筋不行，那就换人。由于王在晋固守己见，孙承宗给天启皇帝写了封信，自请督师，王在晋则调任南京兵部尚书。

这是孙承宗与袁崇焕的第一次见面。两人一见如故，彻夜长谈，孙承宗极为欣赏袁崇焕的才华和勇气，袁崇焕则视孙承宗为可信赖和依靠的上司。

宁远古城（图片来自视觉中国）

做了一辈子老师的孙承宗把袁崇焕当做自己的学生来培养，将宁远筑城的重任交给他，巡察、练兵、甚至机密决策都让他参与。宁远城本是破墙烂砖，一片荒芜，袁崇焕把修筑城墙的任务进行指标量化，明文规定城墙的高度与厚度。到了天启四年（1624 年），一座坚强堡垒——崭新的宁远城问世：这是一座方形卫城，城墙高约 8.8 米，周长约 3200 米，设有东、南、西、北四门，城内正中有钟鼓楼一座。宁远城巍然屹立于山海关外，成为关外的一大屏障。孙承宗随即上疏朝廷，称"宁远可战可守"。皇帝看过奏报大喜，升袁崇焕为辽东右参政（正四品）。

四、柳河之败

在孙承宗的支持下，袁崇焕训练出了一支劲旅。这是一支令努尔哈赤、皇太极父子终其一生，直至明朝灭亡也未能彻底战胜的军队，它在历史上有一个响亮的名字：关宁铁骑。

遗憾的是，一年之后，孙承宗就要被迫离开辽东了。孙承宗的退离与

一场小型战役有关，这场战役的胜败关键与当时的气候条件有关。

1625年，孙承宗出镇辽东，推荐宁夏人马世龙担任山海关总兵，统领关内外军马。当年9月，马世龙得到一份情报，称后金贝勒皇太极在耀州（今辽宁省大石桥市，位于三岔河东岸），手上兵马不足300人。马世龙大喜，便派鲁之甲、李承先两位将领率领前锋营前往，计划渡三岔河去偷袭耀州，自己带大队随后。为了让前锋营顺利渡过三岔河，马世龙调遣觉华岛的水师游击将军（游击是武将官职，游击将军上面还有参将、副总兵、总兵等）金冠、姚与贤等以舟船来接应，约定22日渡河，27日攻耀州。

鲁、李二将从右屯出发很快到达三岔河，但觉华岛的水师却迟迟未到，等到25日舟船仍然未至，于是李、鲁二人决定搭浮桥强渡三岔河。由于这批关宁军多为没上过战场的新兵，花了三四天才搭好浮桥，同时也暴露了行踪，让后金有所准备，连夜埋伏在官道两旁。

等明军入夜到达时，已是人马疲乏，后金骑兵突然从两侧杀出，因为黑暗中无法分辨敌军数量，明军在慌乱中崩溃了，逃跑在先的骑兵为了防止敌人追击，竟然扒断了浮桥，导致更大伤亡。火把照亮柳河夜空，战马嘶鸣、战斗喊杀、士卒落水，主将副总兵鲁之甲、副将参将李承先均战死，400多将士死伤，辎重、装备、战马大量被弃，史称"柳河之败"。

柳河之败的根源在于觉华岛水师没有如期会师，而没有如期会师的主要原因在于气象条件的不确定。帆船在渤海湾穿行，必须借助于风力，如果无风或者风向不对，行程一定会耽误，所以水师不能约定死日期，这是常识，可是马世龙作为来自内陆的总兵，并不熟知海面风向变化的复杂性。9月下旬，正是夏、秋交替之时，从气候上讲，是北方沿海地区由夏季风向冬季风转换的季节，风向更是捉摸不定。马世龙命令水、陆两军在27日会合，协同进攻，这是他犯了一个低级错误。

也有历史资料提到，金冠率领的水师之所以没有按期抵达柳河，是因为金冠和鲁之甲有矛盾，两人结过私仇，所以压根就没打算正点来。不过笔者对这种看法持保留意见，违抗军令、逾期不至，那是要论军法严惩的，不管恩怨多深，总抵不过保住项上一颗脑袋重要。当然，如果金冠以风向变化为借口，故意拖延行军倒是很有可能。

柳河之战本是一场无关大局的小型战役，但战事传到朝廷后，以魏忠贤为首的宫廷太监竟上疏渲染"柳河大败""精锐十万尽矣"，借攻击马世龙来打击孙承宗。不久之后，孙承宗告老还乡，马世龙称病离任，袁崇焕的顶头上司换成了高第。

五、宁远大捷

努尔哈赤和皇太极父子二人都是军事天才，一生胜仗无数。在明末众多名将中，既打败过皇太极和又打死了努尔哈赤的，唯有袁崇焕一人。

自孙承宗守辽之后，努尔哈赤4年内很少敢出兵侵扰，在得知孙承宗被罢官后，努尔哈赤认为出兵的时机到了。1626年初，努尔哈赤亲自率领6万八旗兵，号称30万大军，渡过辽河，穿越抚顺，包围了宁远，打算南下入关，向明朝京城逼进。

此时的辽东经略高第和总兵杨麒守在山海关，拥兵不救。驻守宁远的袁崇焕是后无援军，前临强敌：八旗军已连克右屯、大凌河、锦州、小凌河、松山、杏山、塔山和连山八座城堡。原驻守的明军都早已撤到关内，后金兵如入无人之境，未遇抵抗，直奔宁远。

孙承宗早已离开辽东战场，得不到上级支援的袁崇焕，他脚下的宁远已成汪洋大海中的一座孤城，城中士卒不足2万人，旁边只有孤零零的觉华岛还未插上敌军的旗帜。

袁崇焕传令将士整顿部伍，立誓死守宁远城。他一面命令宁远城外守军进城，同时又派出一支军队守住宁远与山海关之间的通道，作为外援。

正月二十六日，努尔哈赤在劝降袁崇焕无果后下令攻城。后金骑兵铺天盖地地杀来，漫山遍野，但此时的骑兵优势已成劣势，因为没有一匹马能跳上城头。袁崇焕采取"凭坚城，用大炮"的防守策略，充分发挥明军火器优势，用火炮弓箭猛烈还击，战况空前激烈。

明代是中国战争史上由冷兵器向火器转型的关键时期，天启年间（1620—1627年），明朝考虑到对后金作战的需要，曾先后派人赴澳门购买了 30 门红夷大炮。宁远城为方形城池，筑城之初就在城的四角修筑了用于架炮的方形敌台，敌台三面伸出城外，一面与城郭衔接，红夷大炮就架设在敌台之上，可以三面射击，即使敌兵冲至城下也可用门角两台进行横击，避免了火力死角。后金骑兵长于野战短于攻坚，加上宁远城上配有红夷大炮更是其所始料不及，大量八旗兵在战斗中被红夷大炮杀伤。

努尔哈赤围城三日久攻不下且伤亡惨重，于是想到了挖城墙脚。时值隆冬，气候苦寒，墙角冻得比石头还硬，城坚不堕，挖土工具无法派不上用场。无奈之下，努尔哈赤分兵进攻觉华岛。

严寒气候帮助袁崇焕守住了宁远城，而不远处的觉华岛却因严寒气候吃了大亏。

觉华岛是渤海辽东湾中最大的岛屿，距海岸 12.5 千米。该岛与宁远城、首山成掎角之势，遥相呼应，是辽东重要的海上军事屏障。岛上驻扎官兵上万，战船千余只，囤积着大量粮草，可以随时支援宁远，是明军的后勤仓库。

山海关、宁远、首山、觉华岛、锦州的地理位置（图片底图来自搜狗地图）

现今住在辽宁省兴城市一带的人们都有体会，到了冬季，觉华岛与海岸线之间的海水会结冰，但很难全部都冻上，这与全球变暖的大背景有关。可是，在400年前的小冰期鼎盛期，这一带的渤海湾到了冬季就结结实实地冻成了海冰，使得觉华岛与陆地连接。

努尔哈赤派出的骑兵万余人直接由冰面杀奔至觉华岛。守岛的明军水师不善陆战，且兵力薄弱，虽然已经凿开冰层，以沟为壕，但"新雪频飞，冻口复合"，再度变成坦途。士兵们卧雪刨冰，手指都冻掉了，终究难以与大自然抗衡。

一边倒的战局应验了当初王在晋的担忧："渤海一旦冰封，觉华岛与陆地相连，水师无法抵挡后金骑兵的侵袭。"后金骑兵犹如风卷残云，纵横驰骋在岛上，7000守军和7000多商民惨遭后金军屠杀，8万多石[①]（音dàn）军粮和2000多条战船被烧毁，辽东明军最重要的后勤基地之一被后金捣毁。

而在宁远这边，努尔哈赤始终未能突破城防，自己也在战斗中身中炮矢，伤势严重，不得不班师撤兵，返回盛京（今沈阳市）。

努尔哈赤对此耿耿于怀"帝自二十五岁征伐以来，战无不胜，攻无不克，唯宁远一城不下，遂忿恨而回"。同年8月，一代枭雄努尔哈赤魂断瑷（音ài）鸡堡。

宁远大捷，终结了努尔哈赤战无不胜的神话，袁崇焕则一战成名。

就辽东全局而言，宁远城的胜利是主要的，觉华岛的失利是次要的。此前，明军对后金军心怀畏惧，常望风而逃，而经过宁远之战，明朝廷增强了对后金作战的信心，主战势力重新在朝廷中占据上风。此后，后金进攻的兵锋受挫，同时明朝也无力收复辽东失地，明、金双方在辽东进入胶着状态，开始了长达十余年的拉锯对峙战争。在此期间，后金始终没能从正面突破锦州—宁远—山海关一线。

六、宁锦大捷

明朝得到"宁远大捷"的喜讯后，举朝欢庆，皇帝升袁崇焕为辽东

---

① 1石=59.2千克。

巡抚（相当于现在的省长），加兵部侍郎，全权负责辽东军务。一年之后，袁崇焕与努尔哈赤的儿子皇太极又发生了一场大战，史称锦宁之战。

皇太极在努尔哈赤死后继承汗位。皇太极，又译黄台吉、洪太主，是清太祖努尔哈赤第八子，清初杰出的军事家、政治家，后金第二位大汗，清朝开国皇帝，即清太宗（1626—1643 年在位）。为雪努尔哈赤一年前兵败宁远之耻，皇太极于 1627 年农历五月再率全部兵力进攻锦州和宁远。

此时，在袁崇焕的主持下，虽然大、小凌河城尚未修复，但宁锦防线基本得以重建并巩固。

众所周知，后金骑兵纵横无敌，明军大炮威力无比。后金兵连攻锦州数日，死伤惨重，依旧被坚城大炮所拒。同时，驻守锦州的总兵赵率教发出了雪片般的告急文书，请朝廷催促出兵解围锦州。

袁崇焕驻守在宁远，他上疏朝廷，认为实力还不足与敌军决战，如果离开坚固的宁远与皇太极野战，毫无疑问是以己之短，攻敌之长。这个建议得到朝廷首肯，诏令"宁抚还在镇，居中调度，以为后劲"。

就这样，后金军在锦州城下耗费了 15 天时间，拖到了五月二十六日。时值酷暑，后金兵人马疲惫，士气低落。皇太极无奈，于是兵分两路：一部在锦州城外凿壕沟三道，以为包围；另一部则由皇太极亲率，前去宁远碰运气。

五月二十八日，后金军临宁远城下。袁崇焕下令部队在城外列阵，以城墙为依托，用火炮为掩护，与敌周旋。

城外骑兵接战，城上炮火支援。明军的红夷大炮击碎了八旗军营大帐，后金军伤亡惨重，贝勒济尔哈朗（努尔哈赤之侄），大贝勒代善的三子萨哈廉、四子瓦克达全部重伤。根据后来监军刘应坤的奏报："打死贼夷约有数千，尸横满地。"

也是在二十八日这一天，驻守锦州的明军突然杀出，突袭得手后又迅速撤回。战报传到宁远，皇太极深感局势不利，于是从宁远撤军，合力攻打锦州。

六月初三，后金军向锦州发起最后一轮猛攻，但依然未能得手。后金兵因酷暑难耐，锦州久攻不克，恰恰此时，明将毛文龙又在敌后打响，出兵攻击昌城与辽阳。皇太极没辙了，于初五凌晨灰溜溜地撤军了。

锦宁之战共持续 25 天，历大战 3 次，小战 25 次，皇太极先攻锦州不克，再攻宁远又不克，后返攻锦州仍不克。明军全线大捷，后金军再次大败而归，这就是历史上的"宁锦大捷"。

如果说此前的宁远血战更多的是精神鼓舞，那么宁锦大捷就是名利双收。袁崇焕两次在宁远挫败八旗骑兵，让皇太极尝到了厉害，从此再不敢轻易出兵，为明朝调整巩固防御体系赢得了宝贵时间。可惜的是，就在宁锦大捷这一年，由于天灾不断、民不聊生，明朝历史上规模最大的民变在陕西爆发，一个毫不起眼的小角色李自成，后来给了明朝致命一击。

七、己巳之变

宁锦大捷后，由于袁崇焕不阿附宫廷太监，重蹈前任孙承宗之覆辙，遭弹劾去职。1627 年 8 月，天启皇帝朱由校崩，帝位由其异母弟、17 岁的信王朱由检继承，也就是明朝最后一位皇帝明思宗崇祯。崇祯即位之初，便表现出了少有的机敏与干练，不久之后太监首领魏忠贤被诛。

1627 年，袁崇焕受诏入京，授兵部尚书兼右副都御使，督师蓟辽，兼督登莱、天津军务。崇祯帝召见其于平台，赐尚方剑，准其便宜行事。袁崇焕内心无比激动，拍着胸脯夸下海口："约期五年，恢复全辽。"以当时后金军的实力，收复辽东绝非易事，而袁崇焕的这个承诺，不过是要"聊慰上意"，这为后来他被处死埋下了伏笔。

宁锦大战之后，由于北方大旱，农业生产力下降，物资匮乏，后金军曾数次闯入内地抄掠，但都是绕过宁锦—宁远—山海关一线。因为宁锦防线的恢复，充分发挥了牵制后金军的作用，使得他们即使入关也不敢久留，唯恐后路被劫，沈阳被攻，所以每次很快就退回关外，只达到了掳掠人口财物的目的，并不能实现其入主中原灭亡明朝的战略目标。

另一方面，袁崇焕则与皇太极一直保持联系，也就是所谓的议和。其实双方是各怀"鬼胎"。袁崇焕意在修筑城池，训练军队，完全是备战的

姿态；皇太极意在安顿内部，并乘机打击朝鲜和以明将毛文龙为首的集团军。因此，议和对于双方意义并不太大，最多就算互探虚实。

崇祯二年（1629年），皇太极率军攻破龙井关、大安口和喜峰口，迅速兵临京师，全城戒严，由于这一年是己巳年，史称"己巳之变"。袁崇焕闻讯率军千里回京勤王，重创后金军，保卫了京师安全。袁崇焕再一次成为后金的克星，如同一把老虎钳，死死钳住了皇太极进攻的路径。

但是，这次事变，后金军杀过来的速度太快了，犹如天降奇兵于城下，加之宁远战后袁崇焕曾与后金议和，使得袁崇焕在朝中怨谤大起，众口铄金，而且后金国向来会用间计，皇太极巧施反间计，故意散布袁崇焕与其有密约的消息，生性多疑的崇祯帝将袁崇焕下狱。崇祯三年（1630年）袁崇焕被凌迟处死于北京西市。

从宁远大战到袁崇焕冤死，其督师辽东四年，三获大捷，不仅重创后金军，而且重振明军军威，使明王朝在辽东的形势大为改观。袁崇焕督辽期间，后金在辽东寸土未得，而袁崇焕死后，明朝在辽东的形势急剧恶化，大凌河、锦州等相继失陷，松锦会战中（1640—1642年），洪承畴、祖大寿等名将均归降后金，后金完全控制了山海关以外地区，为满清定鼎中原打下了基础。

冤杀袁崇焕，大明王朝无异于自毁长城。

❄ 为避暑而生的塞外京都

承德，镶嵌在内蒙古高原上的一颗璀璨的塞外明珠，曾是清朝皇家避暑狩猎之地和清王朝的夏都，它是除北京城之外，清朝的第二个政治中心。这里自然环境优美，清朝多位皇帝钟情于此，久居于此，更是让康熙帝大为赞叹，这其中离不开承德独特的气候环境优势。

现今的承德市，位于河北省东北部，地处燕山腹地，是华北和东北两个地区的连接过渡地带，相望京津，背靠蒙辽，省内与秦皇岛、唐山两个沿海城市和冬奥会主办城市张家口市相邻，北部与内蒙古自治区赤峰市、锡林郭勒盟相邻。行政区域面积接近 4 万平方千米，约占河北省总面积的 21%。

早在龙山文化时期，承德一带已有人类活动遗迹。

战国时代，承德隶属于燕国的渔阳郡和右北平郡。燕国曾在这里修筑长城，遗址至今依稀可见。秦朝末年，陈胜、吴广被征戍，从河南出发前往渔阳修筑长城，只因连日暴雨滞留在安徽大泽乡，于是率众揭竿而起发动起义，拉开了灭秦的序幕。

在秦汉之后的漫长岁月中，历代中央政权都在这里设置过行政管理机构。除了汉族，还有匈奴、鲜卑、乌桓、契丹、突厥和蒙古等民族在此经历了兴衰盛败，推动了经济文化发展。

元朝、明朝时期，承德属北平府（今北京），是蒙古族的游牧之地。

到清朝初年，承德称热河上营，只是一个"名号不掌于职方"的小村落，还没有设立中央或地方管理机构。

1703 年（康熙四十二年），清廷选址武烈河西岸狭长的谷地（今承德市中心北部），开始修建承德避暑山庄。

武烈河的上、中游有温泉注入，每当严冬来临，别处已雪填冰冻，泉口处依然碧波荡漾。冬日清晨，水汽遇寒冷空气凝结成雾，呈现一派雾气萦绕之景象，故武烈河也称热河。

1723 年，雍正皇帝设立热河厅。10 年后，雍正罢热河厅设承德直隶州，取承受先祖德泽之义，这就是"承德"之名的起源。

1741 年，乾隆帝开始幸避暑山庄，承德从此进入大繁荣期。此时的承德，已成为当时仅次于北京的另一重要政治中心，被称为塞外京都。

清朝在承德修建的建筑，拿下了多个世界之最，例如：世界最大的皇家园林——避暑山庄；世界最大的皇家寺庙群——外八庙；世界最大的木制佛——千手千眼观世音（普宁寺）等。

承德从清初的一个小村落，到成为清廷的第二个京都，只用了不到 100 年的时间，其发展速度之快与一个人有关，他就是皇太极的弟弟、顺治帝的叔父、摄政王多尔衮。多尔衮之所以会看中承德之地，与这里凉爽的气候有关。

　　说到多尔衮，想必大多数读者对他都不陌生。多尔衮是清太祖努尔哈赤第十四子，智勇双全，出生入死，为清廷立下了赫赫战功。皇太极死后，多尔衮以摄政王身份辅佐年幼的福临（即顺治帝）。1644 年（顺治元年），清朝入主中原，顺治成为入关后的第一个清朝皇帝，当时顺治只有 7 岁，所以多尔衮名义上是摄政王，实际是"集权力于一身"，文韬武略政策军令都出自其手，可以说是一位"不是皇帝的皇帝"。

　　由于多尔衮连年征战，在与明朝历时两年的松锦之战中更是劳累过度，伤了元气，留下了陈疾。入关后"风疾"日重，常常头昏目眩，尤其是夏季北京的酷热让他难以忍受。所以说，处在"明清小冰期"的大气候背景下，并不代表气候一直都寒冷，而是指从年到年代际时间尺度的平均气温偏低，气候波动幅度大，冬季多寒冷事件，而夏季依然不乏高温酷暑。本书后面有专门章节介绍发生在乾隆时期的一次华北夏季极端高温事件。

从承德避暑山庄远眺外八庙之首：普陀宗乘之庙（李戚／拍摄）

　　为解燥热，多尔衮经常出塞外打猎避暑，古北口（位于今北京密云县）外的一个地方引起了他的注意，这地方在元代叫洪城峪，后来因为有残破古城，蒙古人称之为喀喇河屯（意思是黑城），它就是今承德市双滦区滦河镇，距离古北口约 70 千米。

从气候特征上看，承德位于暖温带向寒温带过渡区，属半温润半干旱大陆性季风型气候，四季分明，光照充足，昼夜温差大。最近 30 年（1981—2010 年）的年平均气温 9 ℃左右，冬季寒冷少雪；春季干旱少雨；夏季温和多雷阵雨，基本上无炎热期；秋季凉爽，昼夜温差大。特别是夏季的 7 月（一年中最热的月份），承德的月平均气温只有 24 ℃左右，比200 千米外的北京整整低了 2 ℃（北京 7 月平均气温 26 ℃左右），确实是避暑纳凉的好去处。

多尔衮对喀喇河屯的气候环境心向往之，顺治七年（1650 年）七月发出谕令，在这里建一座避暑城。但仅仅过了几个月，一代枭雄多尔衮在一场围猎活动中意外堕马受伤，不日猝崩，年仅 39 岁。后人从现代医学角度做分析，大概的原因是：多尔衮因堕马摔伤，加重了风疾，最后因心脑血管疾病突发魂断喀喇河屯。

于是，年少的顺治皇帝开始亲政，由于他对多尔衮过去的独断专行极为不满，于是对于在喀喇河屯开建的避暑城，他谕户部："此工程著即停止。"

1651 年夏初，顺治出塞北巡，来到海留图（蒙古语，意为水草丰茂的地方），也就是今承德市丰宁县大滩镇一带。其实早在 1647 年，10 岁的顺治初次出塞巡视时也曾驻跸海留图两日，不过在当时，这里是多尔衮行猎、理政和召见蒙古诸部贵族的地方。

顺治进入内蒙古草原，巡视了蒙古诸部，并在巡视了后来成为木兰围场的草原（今承德市辖内的围场满族蒙古族自治县）之后起驾返程。

五月初五，驻跸库尔奇勒河（今承德市木兰围场境内的小滦河）。

五月初八，驻跸滦河边（今承德市隆化县境内）。

五月初九，驻跸西喇塔拉（今承德市丰宁凤山镇）。

五月十一日，顺治专程绕道来到喀喇河屯，或许他是想亲眼目睹吸引叔父多尔衮建避暑城的地方究竟是个什么样的好地方。次日，顺治回銮，十三日入古北口回京。

考虑到北部边防的安全，或许也是被塞外优美风景所吸引，顺治年间，承德境内开始设立皇庄，关内百姓陆续迁居到这里谋生，一个个新的村落开始出现。

顺治的这次巡行，开启了其后几代清帝大举北巡的先河，也为50年之后，承德避暑山庄的修建埋下了伏笔。随着进入18世纪，气候回暖带来避暑需求的提升，推动了避暑山庄的修建，并延长了皇帝滞留承德的时间。同时，温暖气候促进了承德周边的农业开发，又对皇族秋猎和避暑活动形成了很好的财力物力支持。

而在17世纪中叶的中国，处于明清小冰期最冷时期，气象灾害多发，尤其低温冻害对农业生产活动的不利影响比较显著。据史料记载，顺治年间，天津一带运河的冰冻期超过107天，持续时间之长差不多是现今的两倍。所以，福临取年号顺治，意指顺而大治，也是祈盼风调雨顺，社会秩序井然安定。

❄ 明郑政权与中国台湾——成于风，败亦于风

郑成功收复台湾是发生在17世纪的一件重大历史事件。1661年，南明将领郑成功从荷兰侵略者手中收复了已沦陷38年的中国领土台湾，结束了荷兰东印度公司在中国台湾的经营，开启了明郑政权对台湾的统治。

在这场中荷对决中，季风、台风、洋流、潮汐等气象和地理因素发挥了重要作用，郑成功借助自然之力，为"开辟荆榛逐荷夷，十年始克复先基"的壮举赢得了胜利。

时隔22年后的1683年，清军将领施琅率军渡海攻打台湾郑氏后裔。身为久经沙场的水军名将，施琅也是利用了季风的规律，并巧妙地躲过了台风的路径，最终打败明郑集团，将台湾纳入清朝的版图。

可以说，郑成功击败了荷兰人，而郑氏子孙并没有从荷兰人的战败中吸取教训，最后步了荷兰人后尘。从气候影响战争的角度讲，明郑政权是成也于风，败亦于风。

季风与台风

季风是行星尺度（空间范围在 3000 千米以上）的气候事件。

由于大陆和海洋在一年之中加热和冷却程度不同，在大陆和海洋之间存在着大范围的、风向随季节有规律改变的风，称为季风。形成季风最根本的原因是地球表面性质不同，热力反应的差异。由于海洋的热容量比陆地高，夏半年，海洋的升温比陆地慢，导致洋面上空的气压高于陆面上空，风从海洋吹向陆地，在东亚地区表现为偏南风，也叫夏季风，它是暖湿的；冬半年，海洋的降温也比陆地的慢，导致洋面上空的气压低于陆面上空，风从陆地吹向海洋，在东亚地区表现为偏北风，也叫冬季风，它是干冷的。

历史上著名的"郑和下西洋"，正是利用冬季季风南下，宝船船队在冬季出发下南洋；到了夏季盛行偏南风时，船队便北归返航。

台风是中尺度（空间范围一般在 2000 千米以下）的极端天气事件。

台风属于热带气旋的一种。热带气旋是诞生在热带，发展在热带或副热带洋面上的低压涡旋，是一种强大而深厚的"热带天气系统"。中国把中国南海与西北太平洋的热带气旋按其底层中心附近最大平均风力（风速）大小划分为六个等级，其中风力达 12 级（风速在 32.7～36.9 米 / 秒）或以上的，统称为台风。世界各地对台风的称呼不尽相同，发生在北太平洋西部和中国南海的习惯上称为台风，发生在北太平洋东部和大西洋的称为飓风，孟加拉湾地区则称作"气旋风暴"等。西北太平洋的台风基本在 5—12 月形成，7—9 月是台风活跃期，其中以 8 月的台风数量最多。其移动路径有三条，一是西移路径，对海南省、广东省、广西壮族自治区沿海地区影响最大。二是西北移路径，对中国台湾省、广东省东部和福建省影响最大。三是转向路径，包括东转向、中转向、西转向。

13 世纪忽必烈曾两次派元军攻打日本，均以失败告终，其中一个很主要的原因是元军很不凑巧地遭遇了台风，结果反胜为败，此后日本人敬台风为"神风"。

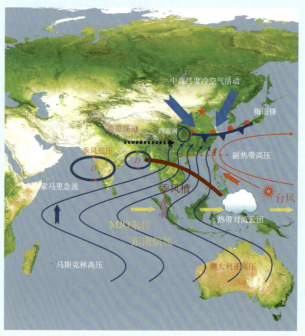

影响中国气候的主要大尺度环流系统（国家气候中心/制图）

一、郑成功收复台湾

17 世纪是荷兰的巅峰时期，依靠荷兰东印度公司——一个手握军权的殖民与贸易机构，荷兰横行于东南亚。

1605—1606 年，荷兰殖民者从南洋航海北上，首次入侵台湾，结果被明朝驻防台澎列岛的汛兵击退。所谓"汛兵"，是明朝驻扎在东南海岛上的官兵，他们在冬、春季驻防海岛礁，夏、秋季则返回大陆。汛兵之所以要像迁徙的候鸟一样跟随着季节的变换往返于海岛与大陆之间，其原因与气候有关：夏、秋季因夏季风带来充沛降水，使得岛礁水位上升，一些岛屿因涨潮被淹没；而春、冬季因盛行冬季风，降水减少，一些岛礁在水位下降后露出海面，变成了可以供战舰官兵驻扎的营地。

明朝派驻汛兵的目的是防御日本海盗的袭扰，因为他们入侵中国东南沿海多发于冬、春季。除了冬季缺衣少粮之外，冬季东亚大陆东部因为季风环流而盛行偏北风，有利于海盗从日本列岛和朝鲜半岛出发，顺风南下沿海劫掠。

1624 年，荷兰殖民者趁明朝末年局势动荡，自顾不暇，侵占了台湾南部，建立了两个侵略据点——热兰遮城（台湾城）和普罗文查城（赤嵌城），然后一步步把魔爪伸向了全岛。到 1642 年，荷兰人驱逐了占据台湾北部的西班牙人，占领全岛，鱼肉百姓，大发淫威，不可一世。

在郑成功眼里，台湾始终都是中国的领土，这一点无可争议。正如他后来发兵收复台湾时一再对荷兰殖民者指出的那样："当中国人不需要它（指台湾）时，可以允许荷兰人暂时借居；现在中国人需要这块土地，来自远方的荷兰客人应当把它物归原主。"

郑成功决心收复台湾还有其他的客观原因。

1644 年，大明亡于李自成，却被关外的清军坐享其成。第二年，清军挥师南下，明朝在南方建立的南明弘光政权灰飞烟灭。于是，郑成功的父亲郑芝龙、叔父郑鸿逵在福建拥立唐王朱聿键（朱元璋第二十三子的八世孙）建立隆武政权。1646 年，清军进攻福建，郑芝龙战败投降，郑成功（时年 22 岁）因反对父亲降清无效，遂与父亲决裂，拉起一支队伍继续反清事业。

1650 年，郑成功夺取厦门，使之成为抗清基地。在兵力最盛时，郑成功拥有士兵近 20 万人，各种大小船只 5000 余艘，养兵粮饷则由覆盖南海贸易网络的郑氏海商集团供给。可以说，这是一个集军、政、商于一体的权力集团。

1659 年，郑成功联合在江浙岛屿上坚持抗清的张煌言等部进行北伐，攻下了崇明、瓜洲和镇江，顺江而上，直捣南京。可惜的是，最后因为战

略指挥失误等原因，导致南京久围不下，清军大部队援兵赶到，郑军惨败于南京城下，元气大伤，被迫退回厦门。

回到厦门的郑成功见到了一位名叫何斌的台湾商人。何斌曾经是台湾巨富，因与荷兰人关系破裂而破产，走投无路的他渡过台湾海峡到厦门投奔郑成功。何斌是有备而来的，他向郑成功进献了珍贵的台湾地图和赤嵌城木制模型。

郑成功早有从荷兰人手中夺回台湾的想法。眼下促使他下定决心收复台湾，既是源于清军在福建的反扑，更是抗清新形势下另建根据地的现实需要。

1661 年 4 月 21 日，37 岁的郑成功率领 2.5 万名官兵，数百艘战船从厦门出发，由何斌为向导，拉开了收复台湾的序幕。

这个时间的选择恰到好处。一方面，当时清帝顺治驾崩，清廷处于"国丧"时期，无暇顾及郑成功；另一方面，郑成功一年多前北伐失败后，台湾方面就盛传他要出兵复台，荷兰东印度公司派来了一批援军守卫台湾，结果不见郑军动静，于是部分援军在 1661 年 2 月返回了印尼大本营巴达维亚。空窗期就这样出现了。

郑成功确定出兵台湾的时间也与气候有关。春末夏初盛行东南风，郑成功从大陆出发进攻台湾是逆风航行，荷兰人基于这一点判断，对郑成功在夏季进攻疏于防范。实际上，台湾海峡位于台湾山脉的背风坡，东南季风受到了山脉阻挡而风力减弱，所以夏季台湾海峡风力小于冬季，更容易横渡。从观测结果来看也是如此，台湾海峡夏半年只有 1/4 的时间风浪较大：5—6 月风力多为 3～4 级，7—9 月台风多。而冬半年有 2/3 的时间风浪较大：10 月—次年 4 月风力多为 5～6 级。

4 月 30 日，郑成功的舰队从荷方设防空虚的鹿耳门水道突入大员港，成功登陆。荷兰守军大为震惊，以为是神兵从天而降，因为这条水道平时海水很浅，海底都是石头浅滩，荷兰人把损坏的船只沉入海底，构建出一道"天险"，大型战舰根本无法驶入。但郑成功灵活地利用了海洋涨潮之机，下令全军冒着倾盆大雨起航，巧渡鹿耳门，一直冲到赤嵌城附近，向荷军展开猛攻，杀了他们个"措手不及"。

> **知识点**
>
> 潮汐，是在月球和太阳引力的作用下，海洋水面周期性的涨落现象。潮汐一般每日涨落两次，也有涨落一次的。早为潮，晚为汐。

接下来的海战，郑成功水师大获全胜，荷兰方面仅有一条通讯船"圣玛丽亚号"逃掉，其他战舰均被摧毁。仅用数天时间，郑军就拿下赤嵌城，随后兵分水、陆进击荷兰军的另一个据点——热兰遮城。

热兰遮城聚集了荷兰在台的主要兵力，城堡是文艺复兴式设计，城高墙厚，且每个角落都有箭头形的堡垒向外突出，可以形成交叉火力，使得整座城没有任何死角。交战中，郑军损伤惨重，久攻不下热兰遮城。荷军虽然兵力不足，处于下风，但凭借城堡优势，拒不投降，苦撑着等待援军到来。

按照郑成功的计划，他对跑掉的"圣玛丽亚号"并不在意，当时台风季即将开始，大部分时间海上只刮南风，一艘帆船顶风航行不仅船速慢，而且极易遇到恶劣海况，难以到达巴达维亚（东印度公司总部所在地，即现今印尼的首都雅加达）通风报信。就算帆船从台湾成功回到巴达维亚，荷兰人组织援兵再杀回台湾，中途已过去半年时间，季风的风向又发生了改变，荷兰人想要支援台湾，就要迎着冬半年盛行的偏北风，由南到北逆风航行。所以，郑成功认为这段时间已足够他集中优势兵力将荷军逐个击破，而不用担心会出现应对陆地与海上两面之敌的局面。

可是，"圣玛丽亚号"居然顶着印度洋和南海上的西南季风一路南下，历经了千难万险航行半个月后便抵达巴达维亚，及时搬来了荷兰东印度公司的援军。于是荷兰援军赶在了季风转向之前开启北上航行，因为顺风顺水而一路异常顺利，遇上了"有史以来最适合航行的天气与海风"。

这就体现了当时东方和西方对航海的不同认知水平。荷兰人作为"海上马车夫"，具备了当时领先世界的精湛造船工艺和高超航海技术，荷兰水手面对风向与洋流情形十分复杂的大西洋，特别是从欧洲出发越过非洲好望角驶到东方，实为一项壮举。因此，他们的经验与帆船的功能必须适应各种未知的海况，包括逆风航行。而郑成功是以东方的思路看待西方船只，他觉得船只必须要顺风航行，例如，郑和船队都是冬季出发夏季返航。因此，荷兰人逆风航行的逆天壮举差点在数月之后改变了历史走向。

惊险的一幕出现在1661年夏天，海面突然出现了郑军意料之外、荷军期盼已久的增援舰队，共计战舰12艘，兵士700人。这支荷兰舰队的突然到来，令郑成功措手不及，因为当时他的军队正分散在台湾各地从事屯垦活动，以解决军粮供应不足的问题。好在老天帮了大忙，一场台风让荷兰援军不得不退到澎湖，等到他们重返热兰遮城时，郑军已经完成了集结。最终，经过激烈的海上战斗，荷兰援军被击沉和被俘虏战舰8艘，荷军统领临阵逃跑。

围困在热兰遮城的荷军闻讯，士气消沉。加上此时城内瘟疫开始蔓延，能打仗的荷军仅剩三四百人，他们更加消极怠战。1662年1月底，在围城将近9个月之后，郑军对热兰遮城发动最后的总攻，以重型炮弹猛轰，硬是在热兰遮城堡南面打开了一个缺口，随后迅速占领了一个突出的支堡，并从这个支堡猛轰热兰遮城内部。荷军首领揆一束手无策，宣布投降。

1662年2月1日，揆一代表荷兰殖民当局签字，结束了荷兰侵略者对台湾长达38年的侵占历史。

郑成功收复台湾之战，是大航海时代以来东、西方国家之间的第一场正面大战。郑成功代表东方国家取得胜利，使台湾回归祖国，不愧是民族英雄。史学家提到这场复台之战，总会庆幸天佑中华，郑成功有如神助。因为荷兰战舰在火力、航行等方面的实力均超过郑成功水师。如前所述，若非适时出现的台风，荷兰援军与郑军的战事结果或许会被改写。

二、施琅收复台湾

郑成功雄才大略，可惜天不假年，在收复台湾5个月后，他于1662年卧病而亡，年仅38岁。郑成功的儿子郑经继位后，清廷多次向郑经喊话，要其归顺，郑经不从，要求清廷按朝鲜例对待台湾。

康熙拒绝了郑经的要求，理由是："台湾本属中国版图，岂可按外国例！"双方谈判破裂，战事重开。郑经一度趁着"三藩之乱"，反攻福建，康熙则下令反击，将郑军逐回台湾，又再谈判。在大陆政权未稳的情况下，康熙以"文统"路线为主，所以两岸就谈谈打打，一直处于敌对状态。

直到1681年（康熙二十年），康熙已彻底平定三藩之乱，于是决定对台湾采取"武统"路线。他采纳了内阁学士李光地（福建人）的意见，再度起用精于海战的施琅，授他为福建水师提督，进行攻讨台湾的部署准备。

施琅早年曾是郑芝龙的部将，1646年随郑芝龙降清，但不久之后加入了郑成功的抗清义军，成为郑的得力助手。由于郑成功的亲信曾德得罪了施琅，施琅借故杀了曾德，郑成功大怒之下诛杀了施琅的父亲与兄弟，逼得施琅再次降清。清朝初期的皇帝，都曾经把不少敌军将领收入麾下，一是为了笼络人心，二来也是爱惜将才。早在康熙三年（1664年），施琅就曾为福建水师提督，半年内3次进军台湾，结果均受台风影响而以失败告终。

1682年，康熙命施琅与福建总督姚启圣进攻澎湖列岛和台湾。澎湖列岛位于台湾海峡中央，是福建通往台湾的要冲，元朝开始有人居住，1661年3月郑成功曾将澎湖列岛作为进攻台湾的中继站。

施琅和他的上级姚启圣产生了意见分歧。姚启圣主张冬季借季风出击，而施琅选择6月发兵。作为久经沙场的海军名将，施琅上奏道："乘夏至南风，当即进发直捣贼巢。盖北风刚硬，骤发骤息，非常不准，难以把持；南风柔和，波浪颇恬，故用南风破贼，甚为妥当。"

施琅根据以往经验，认为冬季风力较大且变化不定，难以把控；夏季风力较小而稳定连贯，易于控制，而且清军水师建军仓促，缺乏实战经验，北方将士不习水战，经验不足，所以夏季出兵比较靠谱。盛夏出击的主要威胁来自台风，但台风来临之前会出现多种气象征兆，有经验的水手

可以根据这些天气异象提前作好抗灾准备。

能见度高: 台风来临前的 2～3 天,能见度转好,远处山、树皆清晰可见。

海、陆风不明显: 由于海陆热力差异,平时日间风自海上吹向陆地,夜间风自陆地吹向海上,称为海风和陆风,但在台风将来临前数日,此现象变得不明显。

长浪: 台湾近海因夏季风力温和,海浪较平稳,但远处有台风时,波浪将趋汹涌,渐次传至台湾沿海,出现长浪现象。

特殊晚霞: 台风来袭前的 1～2 天,日落时分常在西方地平线下发出数条放射状红蓝相间的美丽光芒,发射至天顶再收敛于东方与太阳对称之处,这种现象称为反暮光。

高云出现: 台风最外缘是卷云,这种云呈白色羽毛状或马尾状,位置甚高。当这种高云在某方向出现,并渐渐增厚成为较密的卷层云,就意味着可能有台风正渐渐接近。

风向转变: 台湾夏季常吹西南风,也较和缓,但如转变为东北风时,即表示台风已渐接近,并已开始受到台风边缘的影响,此后风速将逐渐增大。

1683 年 7 月 8 日(康熙二十二年六月十四日),施琅率兵从福建东山岛出发,到达澎湖列岛南面的八罩岛。7 月 9 日,郑军哨船发现清军驶至花屿、猫屿一带,郑将刘国轩率领精兵 2 万多在澎湖列岛设防。7 月 10 日,施琅命令先锋参将蓝理、曾城等乘南风对郑军进剿。双方交战一天后成胶着状态,入夜后各自回原驻地。

7 月 16 日,施琅决定发动总攻。在即将开战时,海面刮的是西北风,天空乌云密布,似有台风即将来临,清兵十分惊恐,对施琅舰队北上进击不利。但到了中午,海上却开始吹南风,风向转变对清军有利。施琅下令全速反攻,清军剿灭郑军精锐并占领澎湖列岛,郑氏王朝无力继续抵抗清军,只得投降,归顺清廷。2 个月后,清军进驻台湾,实现和平统一。

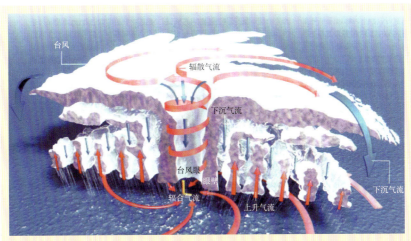

台风结构（摘自《气象知识》）

热带气旋强度等级是如何划分的？

根据中国气象局《热带气旋等级》国家标准，热带气旋按中心附近地面最大平均风速（风力）划分为超强台风、强台风、台风、强热带风暴、热带风暴、热带低压 6 个等级，详见下表。

热带气旋强度等级

名称	底层中心附近最大平均风速
超强台风	≥51.0 米 / 秒，即风力为 16 级或以上
强台风	41.5～50.9 米 / 秒，即风力为 14～15 级
台风	32.7～41.4 米 / 秒，即风力为 12～13 级
强热带风暴	24.5～32.6 米 / 秒，即风力为 10～11 级
热带风暴	17.2～24.4 米 / 秒，即风力为 8～9 级
热带低压	10.8～17.1 米 / 秒，即风力为 6～7 级

台风结构与等级说明（李威和巢清尘《气候：历史的推手——从气候变化看历史变迁》）

中国台湾的气象专家周明德根据台湾古籍对当时天气的记录，推测了300 多年前，施琅 7 月 16 日决战当天的台风活动情况。台风从台湾岛北部洋面向西北方向移动，02 时前后，台风中心到达台湾东北的石垣岛附近，距离台湾约 270 千米，此时台湾海峡吹北风，风力 8～9 级（平均风速 17.2～24.4 米 / 秒），达到热带风暴强度；08 时前后，台风移动到台湾岛正北的彭佳屿附近，台湾海峡受西北风控制；14 时前后，台风移动到福州附近沿海，台湾海峡则变成了偏南风。

周明德先生并没有参考典籍中的台风记录，因为在清代登陆台风文献资料中没有发现关于 1683 年 7 月 16 日前后在福州附近出现登陆台风的记录，而 7 月 20 日有一次强台风在广西合浦登陆。

因此，周明德先生提到的台风，很可能在到达福州之前突然转向西南，朝广西方向左折并缓慢前行，于 4 天后登陆了广西合浦。根据现代气象学对台风的研究，受季风影响，副热带高压（简称副高）的位置和强度会发生变化，沿着副高外缘行进的台风，其移速会变慢，甚至出现转折路径，这是典型的西转路径。

施琅与郑成功、郑经父子有不共戴天之仇，当他以胜利者身份登上台湾岛时，还是冷静地理清了公义与私仇，亲自赴郑成功庙拜祭，并说"当日杀吾父者已死，与他人不相干"。施琅放下个人恩怨，使台湾当地消除了施琅攻打台湾是为了复仇的疑虑，稳定了台湾的局势。

历史学者李细珠对此有段精妙的评论："历史有时候很是吊诡。郑成功与康熙时期的平台主将施琅本是一对世仇冤家，但是，从郑成功驱荷复台到康熙统一台湾，正是完成中国领土与主权统一的一脉相承的两个步骤，而这恰恰又是郑成功与施琅足以彪炳史册的历史贡献。历史的辩证法奥妙无穷。"

历史的魅力在于，我们可以随时回望。

第三章
康乾盛世
——
气候回暖期

（1690 年前后—1820 年前后）

❄ 从康熙六次南巡谈旱灾与社会动乱

"乾隆下江南"是大家津津乐道的话题，很多文学作品和影视作品多有涉猎，还加入了不少天马行空的虚构情节。20 世纪 90 年代初，有一部红遍大江南北的港剧《戏说乾隆》，讲述的是乾隆帝数次微服下江南的故事。剧中的乾隆由港星郑少秋饰演，他身怀绝世武艺，浪漫倜傥，兼具敏锐洞察力，在乔装游历江南期间破解了不少惊天大案。这部电视剧冠名为"戏说"，因为它不是真实发生过的故事，但内容精彩，悬念迭出，开播后的收视率非常高。

有南巡经历的清朝皇帝不止乾隆一个，乾隆崇拜一生的偶像——他的爷爷康熙皇帝就曾经多次南巡。1683 年，康熙收复台湾之后，国家基本实现了统一，于是他开启了南巡之旅。

明末清初以来的战争进行了半个世纪，连年战争使得人口数量锐减，土地大量荒芜，加之自然灾害频发，导致经济萧条。所以能否快速恢复并发展生产，事关政局稳定，这是摆在康熙面前的头等大事。所以康熙出巡的目的是体察民情，治理水患，促进生产，安抚民心。康熙一生共进行了六次南巡，在每次出巡的路线中，山东都是必经之地。

第一次南巡是康熙二十三年（1684年），康熙于九月从北京出发，南巡河务。他沿着永定河，经顺天府（北京地区）、河间府（河北地区），进入山东境内。到达了山东德州，后赴济南府观趵突泉，题"激湍"。至泰安州，登泰山极顶，祀泰山之神，书"云峰"。在黄河北岸的桃源县，康熙视察水利工程，与河道总督及众大臣探讨治理河患之策。在清河县视察天妃闸，见水势湍急，命改为草坝，另设两闸，分流水势。此后又路经江苏的高邮、镇江、苏州、无锡等地，于十一月初离江宁返京。

第二次南巡是康熙二十八年（1689年），康熙在皇长子胤禔的陪同下，于正月开启南巡。在山东，他亲眼目睹了百姓在自然灾害和沉重赋税下的艰苦生活，于是下诏第二年山东地丁征赋全免，此后又免除江南省各项积欠银两。经过这次南巡，康熙深刻体验民间疾苦，对百姓实行宽免政策，深得民心。也是在这次南巡中，康熙提出了治河总设想，中国最长的古画卷《康熙南巡图》展现的就是这次南巡的画面。

《康熙南巡图》第九卷（部分）

知识点

《康熙南巡图》是中国清代宫廷绘画作品，为绢本，淡设色，共12卷，每卷纵67.8厘米，横1555～2613厘米不等，总长近300米，为中国最长的古画卷。画中表现的是康熙与群臣第二次南巡时（1689年）的盛况和沿途的风景，自京城永定门开始，直到江南绍兴的大禹庙，再经金陵回京城，每卷都有康熙的身影。

《康熙南巡图》由清初六大画家之一王翚（音 huī），以及他的学生杨晋等人合绘，1691年开始绘制，历时3年才完成。总体设计及画中的山、水、树、石出自王翚手笔，人物及牛马等由杨晋绘制，房屋、舟车等则为供奉内廷的其他画家所画。整幅画面宏大，笔墨多样，人物逾万，形形色色，牛马牲畜过千，姿态各异，既描绘了康熙帝和群臣的风采，也反映了当时的社会风貌和百姓生活。图成之后，康熙非常满意，给予王翚很多的赏赐，还要封他做官，但王婉言辞去，返回常熟。

《康熙南巡图》具有很高的艺术价值和历史文献价值。该画原藏于清宫，后散佚，现今北京故宫博物院仅藏有部分卷梳，其余卷梳分别被美国纽约大都会艺术博物馆、法国巴黎吉美博物馆、加拿大某私人等收藏或下落不详。

第三次南巡是康熙三十八年（1699年）。由于黄淮连年溃决，下游地区常遭淹没，清廷虽下拨库银百万，派遣大臣督修，但无明显效果，于是康熙决定出巡视察河防，查看河道，指导治河方略。康熙于二月初启程，登堤视察了运河、黄河及洪泽湖水位，对那些关系重大的水利工程更是亲自视察，从而有力地保证了治河成效，也对治河官员起到了威慑作用，使他们不敢以身试法，克扣治河拨款。沿途见被淹地方米价腾贵，康熙命截

留部分漕粮，发放给受灾州、县平粜（音 tiào，意思是平价出售粮食，避免粮价不合理上涨）。

康熙前三次南巡的主要目的是调研灾情，而后面三次南巡是为了亲自部署治河。

康熙四十二年（1703 年）正月，康熙进行第四次南巡。康熙在结束第三次南巡的次年，曾任命两江总督张鹏翮（音 hé）为河道总督，所以这次南巡的一项重要内容是检查张鹏翮的工作业绩。康熙曾两次乘船下河，提出了许多具体意见。在山东长清县，夜遇大风，南村失火。康熙次日下令，凡该村失火房屋，每间给银三两以安民心，百姓无不欢呼雀跃，之后康熙又下诏免去山东受灾地区的钱粮。在杭州，康熙检阅了驻防官兵，赏赐银两，后启程返回，于三月抵京。同月，黄淮河工告成，"四海奠安，民生富庶"，康熙颁诏全国。

康熙四十四年（1705 年）二月，康熙第五次南巡，乘船经过了天津等地，进入山东境内。在德州，他召见历算学者梅文鼎并对其大加称赞。康熙视察了黄淮流域的治河工程，也看到了山东百姓"服饰颜面已大异往时"，表示"朕心甚为快然"，对下属工作比较满意。后经过临清、东昌、济宁，进入江南。康熙抵达苏州府后，召见河官，指责河兵久疏操练，军容不整。惶恐不安的河官跪求康熙宽恕，表态立刻回军整顿。四月，康熙帝在京口检阅水师，之后返回京师。

康熙四十六年（1707 年）正月，康熙第六次南巡。他从静海县杨柳青登舟，到达德州第六屯，对贵州巡抚陈洗密折奏报土司一事进行批示。康熙在清河县查看了地形，并测量水位、流量，对工程中的技术性失误进行纠正，对治河工程中毁坏民田的事情表示愤怒，并以张鹏翮渎职去其所加宫保（宫保是皇帝封赏官员的荣誉官衔，为虚衔，如太保、少保等）。后抵达江南台庄地方，登岸询问百姓的农事、生计。康熙在松江府检阅了松江官兵，表彰江苏按察使为官清廉，提升为福建巡抚。

康熙频繁地巡视地方，关心民生，处理政务，且一路从简，给各地百姓留下了勤政爱民的良好形象。所以民间的文人墨客编出很多康熙微服私访的故事，直到今天，"康熙微服私访"仍被人们津津乐道。

如何有效治理水患是中国历代封建社会统治阶层既关心又头疼的难题，从康熙的六次南巡可以看出，他十分关注黄河下游地区，包括淮河流域的水利工程建设。修筑河堤、开浚河道等治河工程在当时是一项极具挑战性的工作，与喜怒无常的大自然抗争，是要啃硬骨头的。所以，康熙对河道总督张鹏翮的态度也因治河效果而发生变化，既有褒奖之时，也有责罚之际，甚至在第六次南巡时拿掉了张鹏翮的宫保头衔。

山东地处黄河下游，东营是黄河入海口，由于黄河经常水患，历史上曾经多次发生过黄河"夺淮入海"事件。所谓夺淮入海，是指由于黄河河道淤塞，致使下游入海通道排泄不畅，四处泛滥，侵占了淮河的入海河道，使得原本成形的淮河水系出现紊乱，导致自然灾害频繁发生，或涝或旱。所以，山东历来是受水旱灾害影响较重的地区，这是康熙频繁视察山东的主要原因。

康熙频繁视察山东的第二个重要原因，是山东拥有众多人口。由于明末清初连年战乱，人口数量锐减，全国总人口数大约 5000 万左右，而其中山东的人口就有 1000 万左右，占了全国总人数的 1/5。进入清代后，国内局势渐稳，百姓的生产、生活逐步恢复正常，人口数量开始持续攀升，在康熙时期增至 1.5 亿。到了 19 世纪初的嘉庆年间，全国人口数已突破 3 亿，山东人口也增至 3000 万，依然是人口大省。此后，虽然咸丰年间、同治年间以及光绪初年的社会动乱、瘟疫与饥馑，使得山东人口增长趋势受到了一定的影响，但在 19 世纪后期仍一度超过 3500 万。因此，清代以来山东一直都是人口大省，始终维持着全国高占比的人口数，且人口绝对数量也在持续增长。庞大的人口基数是影响当地社会稳定的重要因素，政府在治理社会进程中若处理不善，引发民众的不满情绪，这种被点燃的民怨极有可能就迅速蔓延，进而造成社会动荡。所以，人口众多的社会现实是康熙频繁视察山东的重要原因之一。

第三个原因与经济有关，这在农耕时代的封建社会，主要体现在耕地面积上。清代初期，全国田地约 500 万顷 [1]，其中山东全省田地 74 万顷，占全国耕地面积的 15%，比例不小。得益于清政府大力推行垦荒政策，全国各地的田地数在清代均有不同程度的增多。根据《清实录》记载，康熙二十四年（1685 年），也就是康熙第三次南巡的次年，全国耕地面积为 560 万顷；到了康熙末年（1722 年），全国耕地面积已增至 784 万顷。雍正二年至十三年（1724—1735 年），全国各地共报新垦荒地 5860 余顷，其中山东民田数额达 97 万余顷，成为全国民田最多的省份之一。所以，在清代山东是产粮大省，粮食产量维持在全国前三。"吃饭"是最基本的民生问题，保产量、稳粮价是影响社会稳定的最根本因素，从康熙多次在南巡时减免山东赋税的举措中可以看出其重视程度，山东的农业生产状况会影响全国的粮食安全。

第四个原因与气候有关。山东地处中国东部沿海，属暖温带季风气候类型，降水集中，雨热同季，春、秋短暂，冬、夏较长，年平均降水量一般在 550 ～ 950 毫米，由东南沿海向西北内陆递减。受季风气候影响，山东降水季节分布很不均衡，全年降水量的 60% ～ 70% 集中于夏季，易形成涝灾，而冬、春及晚秋易发生干旱，对农业生产影响大。山东境内除了有黄河，还有淮河、海河两大河流，所以，这里既是受季风气候影响的敏感地区，也是受三大流域水文影响的脆弱区，当气象与水文两者作用叠加时，影响效应容易加重，造成更旱或更涝的灾情，这也是康熙特别重视水利工程建设的原因。

清代初期气候寒冷，极端气候事件发生频率较大，对农作物生长影响严重，导致农业歉收，大量牲畜死亡，百姓生活窘迫，康熙末年甚至一度出现了较严重的粮食供需矛盾。但通过几代皇帝的励精图治，一定程度缓解了因自然灾害造成的社会经济损失。例如，鼓励开垦土地，豁免赋税，迁徙人口，从国外进口大米，推广玉米、番薯、土豆等南美高产作物种植等，这使得社会发展不断充满活力，出现了"康乾盛世"的大好局面。

但至嘉道二帝（嘉庆帝、道光帝）时期，随着吏治腐败、土地兼并等

---

① 1 顷 ≈ 6.6667 公顷。

社会弊病的涌现，小冰期恶劣的自然条件、自然灾害频发以及欧洲列强使用坚船大炮轰开清国大门等外患，国势由盛转衰，史学界将之称为"道光萧条"。到了光绪初年，因"丁戊奇荒"出现了"光绪衰落"，19世纪的中国，经济发展逐渐失去活力，全面走向衰败。

注：关于"道光萧条"和"丁戊奇荒"，本书后面会有专门的章节进行介绍。

有学者对清代中后期（1800—1911年）山东发生动乱的情况进行了统计，发现有三个高发期，分别是1810—1830年前后（嘉庆、道光时期），1850—1870年前后（咸丰、同治时期）和1890—1910年前后（以光绪时期为主，1909年末代皇帝溥仪登基）。其中，动乱频次最多、涉及区域最广的一次出现在1850—1870年，累计动乱287次，占整个研究阶段的60%以上。

通过研究清代中后期旱涝与山东动乱的关系发现，动乱频次与干旱频次存在良好的对应关系（动乱与洪涝的对应关系不明显）：基本上干旱范围广、灾情重的时期对应于动乱频发期，只是动乱事件在时间上略有滞后，这种关系在1800—1850年尤其显著。1850—1870年山东灾害频发、动乱不断，这与全国性的农民起义大爆发相呼应（包括捻军、幅军和太平天国起义等），同时也与山东旱灾的发生有一定的对应关系。

分析其中原因，影响机理大致如下：水分条件是制约清代山东农业发展的重要因子，干旱频发的自然灾害会导致农业减产、饥荒发生等一系列经济问题，从而引发民间动乱等社会问题。

农民是一个对气候变化反应敏感且适应能力较弱的阶层，封建社会时期发生的动乱，常常是因为农民无法承受气候变化带来的不利影响而采取了一种极端的响应方式。由于干旱改变的是农业气候资源，而动乱是一个复杂的社会现象，二者的峰值点存在的偏差进一步反映了人类社会对环境变化的响应存在时滞性。

但是在1870年之后，动乱与干旱的对应关系不再像前一阶段那么明显，这可能与1861年清廷正式颁布东北开禁政策有关。驰禁放垦政策颁

布后，大量为生计所迫的山东人向东北地区迁徙，在黑土地上扎根安家，使得 19 世纪后期山东的人口数量下降到 19 世纪初的水平。

移民对于山东地区的社会稳定至少发挥了两个积极效应：一是在一定程度上降低了山东的人口密度，提高人均耕地面积，减缓了土地与人口的压力；二是移民为缓解社会矛盾提供了新的途径，为难以维持生计的民众提供了出路，有助于减轻各级政府赈灾、救灾的压力。

可以说，移民作为清代后期新的适应方式，缓解了农业生产领域、经济领域乃至社会领域内的矛盾，增强了社会适应性，也改变了山东地区对气候变化的适应机制，减轻了气候变化对动乱的影响。这很可能是导致清代后期动乱与旱涝规律性对应关系不一致的重要原因之一。但毕竟这种适应行为在清代仍是被动性的，无法与强大的社会趋势所抗衡。

❄ 康熙拿不下的西伯利亚

雅克萨，位于黑龙江上游左岸，今漠河县（有"中国北极村"之称）境内的额木尔河口对岸，地扼水、陆要冲。

历史上的雅克萨曾是中国东北边疆古城：唐代，它受治下渤海国管辖；元代，它属辽阳行省统辖；明代，由奴儿干都司统辖；到了清代，曾由驻地黑龙江将军管辖。

然而在 1858 年（清咸丰八年），清政府以一纸《中俄瑷珲条约》将中原王朝已经统辖了 1000 多年的雅克萨等东北地区悉数划入俄国领土。从此，雅克萨之名不再有，取代它的是一个俄文地名：阿尔巴津镇。

如果时间往前倒退 200 年，回到 17 世纪的康熙时代，一场激荡风云的战役曾在这里上演，这场战役不仅是清朝与沙俄的武力对决，也是康熙大帝和彼得大帝铁血双雄的较量，这就是雅克萨之战。

一、沙俄的崛起与东侵

国人喜欢把俄罗斯称为"战斗民族"，认为他们民风彪悍，刚猛好斗，比如御寒从娃娃抓起，天寒地冻时节给婴儿泼冷水；比如俄航飞行员常无视恶劣天气影响，照例准点起飞和降落客机；又比如2016年欧洲杯足球赛，英国球迷挑衅俄罗斯球迷，结果被人数处于劣势的俄罗斯人追着"一顿痛打"，引发外交风波。事后普京评论此事，还顺带讽刺："我真的不太理解，我们的200名球迷是怎么打赢数千名英格兰球迷的？"

不过，俄罗斯人并非一直都这么横，他们曾经也"怂"了几个世纪。

13世纪末期，莫斯科大公国诞生于东欧平原的弗拉基米尔大公国。此时，蒙古帝国已经在欧亚大陆崛起，成吉思汗的孙子拔都率军西征，于13世纪上半叶建立了横跨东欧和西亚的钦察汗国。钦察汗国是大蒙古帝国的四大汗国之一，版图辽阔：东起也儿的石河（今额尔齐斯河西部），西到斡罗思（今俄罗斯西北部、乌克兰及多瑙河的下游），南起巴尔喀什湖、里海、黑海，北至北极圈附近。

在随后的两个世纪里，莫斯科大公国只是钦察汗国的藩属国，称臣纳贡，卑躬屈膝。直到15世纪后期，莫斯科大公伊凡三世终于寻找机会击溃了由钦察汗国分裂而来的金帐汗国；16世纪初，莫斯科大公伊凡四世在父辈打下的基业上，相继消灭了喀山汗国、阿斯特拉罕汗国等成吉思汗后裔建立的汗国，并一路东进，统一各族，加冕为俄国沙皇，使俄国成为一个独立国家。

自此，俄国才完全摆脱蒙古人的控制。而此时，明朝早已在200年前消灭了蒙古人统治的元朝。所以从这个角度讲，"战斗民族"并非天生善战。

俄国自独立后，实力日渐壮大，于是向东扩张。1579年（万历七年），一支由雅尔马克带领的近千人队伍越过乌拉尔山，一路东进来到西伯利亚，并在随后的60年内几乎占领了整个西伯利亚，这片领土面积比俄国在欧洲的领土还要大1倍多。

当时俄国向东南扩张的大本营是地处西伯利亚东部的雅库茨克。

雅库茨克距离莫斯科4888千米，位于北纬62度，靠近北冰洋，属于典型的大陆性气候，冬天严寒漫长，1月平均气温低于-38 ℃，极端最低气温曾低于-64 ℃；夏季温暖短暂，7月平均气温接近20 ℃，极端最高气温超过 38 ℃，绝对温差超过 100 ℃。由于雅库茨克年平均气温低于 -5 ℃，是一座建在永冻土上的城市，素有"世界最寒冷的城市"之称。

西伯利亚地理位置

当俄国人在西伯利亚饥寒交迫时，前方探报多次传来消息，称南边有个叫黑龙江的地方，土地肥沃，盛产粮食、貂皮和银矿，吃、穿不用愁。于是俄国人顿生不轨之心，南下入侵我国东北。

1644 年，当清兵倾巢而出，杀入山海关，席卷大中原时，俄国人将扩张的黑手伸向了满洲人的"龙兴之地"——黑龙江流域。由雅茨库克督军派遣的波雅尔科夫远征队越过外兴安岭，到达黑龙江流域开启"探险之旅"。

这支远征队主要由 100 多名哥萨克骑兵组成。哥萨克以俄罗斯人为主，是游牧民族，从小在马背上长大，骑术非常精湛，善用长矛和马刀，骁勇善战，是俄国东扩的"特种部队"。拿破仑曾对哥萨克骑兵的战斗力表示高度赞赏："如果我的部队里有哥萨克骑兵，我会用他们席卷整个世界。"

波雅尔科夫一行人跋山涉水，终于来到黑龙江。在随后的几个月里，他们在黑龙江一带流窜，侵害东北的鄂伦春、达斡尔等民族部落，烧杀抢掠，无恶不作。饥寒交迫时，他们甚至以同伴的尸体充饥，被当地边民称为"食人恶魔"。波雅尔科夫在黑龙江过完冬，经由入海口北返。这次"探险"被视为俄国人入侵东北的开端。

俄国著名画家列宾代表作《伊查波罗什人给土耳其苏丹回信》

（伊查波罗什人是16—18世纪的俄国哥萨克人在乌克兰的组织，这幅油画描绘了一群17世纪的哥萨克流民在首领谢尔各的召集下，围坐在桌边给土耳其苏丹回信。他们用讽刺、嘲弄、尖刻的语言回击土耳其人对他们的诱降。此画现藏于俄罗斯特列恰柯夫美术馆。）

第二个率兵入侵东北的是哈巴罗夫。此人原是一个富商，当他见到富饶的黑龙江流域后，立即向上级报告称，如果征服此地，便能解决长期困扰雅库茨克的粮食短缺问题。于是，在1650年（顺治七年），哈巴罗夫领兵占领了黑龙江上游左岸的雅克萨，修筑城堡，以此为据点，深入东北，一路屠杀。

东北边疆的百姓不堪其扰，大量南迁，并把俄国人叫做"罗刹"。据清初《平定罗刹方略》记载："鄂罗斯，僻处西北绝域，自古不通中国，其人率皆犷悍贪鄙，冥顽无知。所属有居界上者，与黑龙江诸处密迩，我达呼尔、索伦之人因呼之为罗刹。"

哈巴罗夫，这个杀人如麻的刽子手，却被俄国人视为"英雄"。俄国人后来将黑龙江、乌苏里江汇合处的一座城市命名为哈巴罗夫斯克，以此纪念他开疆扩土的功劳，而那里原来的地名叫伯力，曾经也是清朝的领土。

二、入关四十年，清廷在忙啥？

满洲人在 1644 年入关之前，其势力已北达黑龙江、精奇里江（黑龙江左岸最大支流），东至库页岛，但并没有派军驻守边境，当地被征服的其他民族也只有少数人编入了八旗随清军四处征战，大部分人还是留在家乡，过着樵采田猎的生活。

直到 1681 年（康熙二十年），清朝最靠北的军事重镇还只是宁古塔（今黑龙江省东南部的海林市，属牡丹江市下辖县级市），而黑龙江北岸至外兴安岭一带基本不设防。

从顺治初年到康熙初年，大清一直忙着国内东征西战，根本就腾不出手来打理东北老家的糟心事。当时的中国处于风云激荡之际，大清和明廷在山海关外展开了激烈的厮杀，双方都无暇顾及沙俄势力。

1644 年秋天，顺治皇帝在北京登基，大清王朝正式在史册上取代了大明王朝。但是，此时的满清还远没有平定华夏九州，中原大地同时存立着另外三个政权：一个是明朝宗室建立的南明政权，占据了长江以南大部分地区；一个是闯王李自成建立的大顺政权，占据了山西、陕西、河南、湖北等地；一个是张献忠建立的大西政权，主要活动在四川一带。

南明政权（1644—1683 年），是明朝京师顺天府失陷由明朝宗室在南方建立的政权，历经了三帝一王，共 39 年，后被清朝所灭。正如南宋的"南"是史学家加上去的一样，南明的"南"也是史学家加上去的。原来明朝在中国北方的领土被清朝占领，于是被迫迁都，延续政权，就像宋朝失去北方领土，迁都江南临安后，仍然自称为宋。

1645 年，李自成带着小队人马在湖北通城县登山探路时不巧被当地乡勇杀死，其余部选择了联合南明抗清廷。南明政权倒塌后，大顺军余部仍独立坚持抗清，直至康熙年间，才最终失败消亡。

1646 年，张献忠在率大西军主力于西充凤凰山抗清作战中牺牲，其义子孙可望继任大西军政权最高领袖，率大西军转战云贵一带。到了 1651 年，大西军政权改奉南明永历朝正朔，大西军成为南明政权的核心军政支撑力量。1662 年，吴三桂在缅甸杀了永历帝，灭了南明，随后大西军余众降清。

不管是大顺军或是大西军，最后都是选择联合南明抵抗清朝，清廷以一敌三，最终获胜，赢得并不容易。

清廷除了平定这三个政权，还有两场战争是下了血本的，一个是平定三藩之乱（1673—1681 年），另一个是收复台湾（1681—1683 年）。

先讲平定"三藩之乱"。清朝初定，镇守云南的平西王吴三桂（就是那个打开山海关城门，引清兵入关的明朝总兵吴三桂）、镇守广东的平南王尚可喜和镇守福建的靖南王耿精忠这三个藩王，仗着曾助清灭明有功而拥兵自重。康熙为加强统治，坚持削藩，提出了"削亦反，不削亦反，早削早反而祸小，晚削晚反而祸大"，开始大张旗鼓地削藩，结果导致三藩结盟，狠下心来反清。

战争从 1673 年冬天吴三桂起兵叛乱开始，叛军很短时间便占据云南、贵州、广西、广东、四川、湖南、福建等省，三藩之乱席卷大半个中国，清军东征西讨，顾此失彼，清朝统治岌岌可危，一度打得满朝文武开始商议是否迁都逃回东北。

三藩之乱之所以获得这么大的声势，主要是因为清代初期国内民族矛盾和统治阶级内部矛盾普遍存在，所以当吴三桂举起反清旗帜，明皇室、台湾郑经集团、少数民族上层人士以及汉兵和一些地区的农民百姓都迅速做出抗清的响应。

康熙先后通过分化三藩，招抚耿精忠、尚之信归顺清廷，孤立吴三桂等策略，历经 8 年战争，终于在 1681 年平定了以吴三桂为首的三藩之乱。

三藩之乱平定之后，参与三藩之乱的郑经退守台湾，康熙开始着手解决台湾问题。

祖国宝岛台湾，曾在明朝末年被荷兰人占领，成为荷兰的殖民地。清朝初年，郑成功在我国东南沿海组织抗清活动，决定从荷兰侵略者手中收复被占领的台湾。1661年4月，郑成功进军台湾，在台湾当地人的支持下打败荷兰殖民军，迫使荷兰方在1662年2月签署投降书，宣告了荷兰人在台湾38年殖民统治的结束。

可惜郑成功于1662年6月病逝，郑氏内部发生争讧，清朝乘机派使者企图说服郑成功之子郑经归降清朝。此后的20年，清朝与台湾郑氏政权两岸对峙，有时战争，有时谈判，打打谈谈，一直保持胶着状态，直到三藩平定后，康熙终于能腾出手来对付台湾。

1683年，康熙派福建水师提督施琅率军3万进击台湾，经过一番激战拿下澎湖列岛。丢掉澎湖列岛战略要地的郑氏集团失去了对抗的资本，被迫投降，自此台湾归入清朝统治。

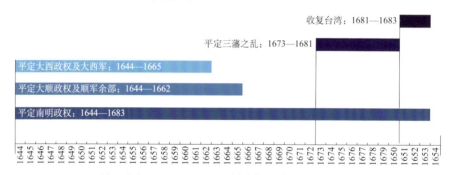

入关四十年（1644—1684年）的清朝内战（方雪砚／绘制）

所以说，满清入关后这40年里，基本陷在内战不断的泥潭中，无法分身顾及东北边疆问题。面对沙俄肆无忌惮地侵吞东北的黑龙江流域，康熙皇帝能做的唯有多次警告和抗议。但此时沙俄已经凭借着先进的火器，在黑龙江流域的雅克萨建立了坚实的据点，并以此为前进的桥头堡，步步蚕食东北黑龙江流域的领土。

三、血战到底——雅克萨之战

在平定三藩、收复台湾之后，年轻的康熙终于意识到"非创以兵威，则罔知惩畏"，对于频频进犯的沙俄唯有通过军事武力才能达到震慑并逼退俄寇的目的。

经过大量前期侦查准备工作，康熙皇帝确立了恩威并用、剿抚兼施的指导方针：

一是派兵驻守沙俄的增兵通道，阻断俄匪援军；

二是屯兵永戍黑龙江流域，与雅克萨据点的俄军形成战略对峙的态势；

三是切断蒙古车臣汗部和尼布楚附近居民与雅克萨据点俄匪的贸易活动，同时派兵收割雅克萨城附近的庄稼，彻底剥离俄匪的生存物资；

四是赶制攻城火炮，沿路修建用于运输军粮的驿站，并开辟水路交通线，建立起稳定的后续军需供给链条。

在发动战争之前，清廷曾对据守在雅克萨孤城的沙俄骑兵多次放出警告，但其统领托尔布津自恃城高墙厚的优势且拥有 450 名训练有素的哥萨克骑兵，拒不投降。于是，1683 年 9 月，康熙帝令彭春为统帅携战舰、火器和藤牌军，水、陆并进抵达雅克萨城外。

清军以陆军布于城南，战舰集于城东南，列炮于城北，采取三面围困的方式向困守雅克萨城的沙俄骑兵发起猛烈的攻击，俄军伤亡惨重，托布尔津乞降，不得不退出雅克萨城。清军夷平雅克萨城后，分派兵力驻守瑷珲、墨儿根等地，班师凯旋。

然而时隔两年，在沙皇彼得大帝的支持下，托布尔津于 1685 年秋再次率领 600 哥萨克骑兵抵达尼布楚，剑指雅克萨。

康熙帝命 2000 清军再次围困雅克萨城，勒令俄军投降。在托布尔津斩杀清使后，清军用各类轻、重火器向雅克萨城发起了猛烈的进攻。托布尔津当即毙命，其残党则固守雅克萨城继续与清军对峙。

俄军明知面对清军猛烈的火力围攻为何却负隅顽抗呢？其实他们是想拖延战事等待沙俄援军来扭转战局，但清军统帅彭春识破了对方的意图，将战舰移师西进，同时在南、北、东三面掘壕，彻底堵截了沙俄援军的支援道路。

在经过清军强大的火力攻击后，拥有 600 人的哥萨克骑兵队最后只

剩下 60 人。沙俄摄政王索菲亚（彼得大帝的姐姐）遣使乞降，至此雅克萨之战以清军完胜、傲视欧亚的沙俄帝国臣服而宣告终结。

四、康熙为何不乘胜追击

大清王朝以果敢的勇气和有效的战术，把曾经打败北欧强国瑞典并称霸欧亚大陆的沙俄打到了遣使求和。至此，进入了清朝与沙俄 170 年各自为安的和平时期。可以说，康熙经此一战，有效遏制了沙俄南侵的不轨企图，切实奠定了康乾盛世稳定的外部环境，大幅度提升了大清帝国的国际形象，雅克萨之战意义重大。

清朝在雅克萨之战中取得了绝对优势，按理说应该乘胜追击，彻底将沙俄势力驱逐出西伯利亚，方能完全清除北部沙俄势力的威胁。然而，清朝却在战后与沙俄签订了看似平等实则丧失了至少 1000 万平方千米的《尼布楚条约》，这是为何？这与清朝当时所面对的险恶环境有关，既有来自军事环境的压力，也有来自气候环境的无奈。

一是准噶尔汗国的牵制。漠西蒙古曾经由和硕特部、准噶尔部、杜尔伯特部、辉特部组成，首领称为盟主。准噶尔部首领噶尔丹打败了盟主鄂齐尔图汗之后，把松散的联盟体制逐步改变为集权体制，然后于 1678 年建立了准噶尔汗国。该国疆域广阔，鼎盛时期管辖区域包括今新疆、青海、蒙古高原西部、西伯利亚南部以及中亚地区的哈萨克和乌兹别克等，人口达到 500 余万，拥有 30 万大军，曾数次击败清朝军队，对清廷统治构成极大威胁。在雅克萨之战中，清军仅仅用了不到 3 年时间驱逐沙俄，后来准噶尔汗国的彻底瓦解却历经了康熙、雍正、乾隆三个皇帝，以整整耗费大半个世纪为代价，才从根本上解决这个问题。所以，如果当时康熙舍近求远、避重就轻地北征西伯利亚驱逐沙俄残匪，清王朝在噶尔丹弧形钳制下存在倾巢覆卵的风险。而且打仗的本质也是双方财力的较量，是耗资不菲的烧钱工程，对于急需平定国内动荡的清王朝，必须要做出取舍。后来的历史发展趋势也验证了康熙对当时局势的精准判断，这点必须得佩服康熙胸怀乾坤的雄才大略。

二是渔猎文化的影响。满清崛起于东北山林间，以畜牧渔猎为生，精于骑射，是典型的承袭渔猎文化的民族，这与中原农耕文明虽然有着本质区别，但二者存在共通之处，即可以就地取利，而无需像游牧民族那样通过对外扩张的方式来充盈物质。这种生存方式注定了满族不可能像蒙古骑兵那样横扫欧亚，靠掠夺资源来维持帝国的运作。加之满族虽长期客居关外，但自东汉以来，曾多次充当过汉族雇佣军的角色，多少受到汉族农耕文明的影响，这就更加为渔猎文化增添了像农耕文明那样"看好自家一亩三分地"的保守色彩。相比处于向资本主义文明过渡阶段的沙俄，后者侵占土地的天然本性自然明显得多，对比之下，康熙趁势北逐沙俄占领西伯利亚的意愿恐怕就没有如此强烈了。

三是寒冷气候的制约。西伯利亚处于永冻土地带，夏天十分短暂，冬天寒冷漫长，气候恶劣，极端低温接近 -70 ℃。从南边来的清兵在这种泼水成冰的酷寒"地狱"里，其战斗力自然会受影响，而且刀枪剑戟在严寒的催化下会失去韧性变得脆弱易折，更别说挥戈杀敌、两军对垒了。满清勇士虽然也打小抗冻，但终究比不过从冰窝子里爬出来的俄军。因此，就当时的历史条件和气候地理因素而言，康熙皇帝确实没有动过北征西伯利亚并彻底将沙俄势力赶回欧洲的想法，而保住家底、守稳江山才是他的明智选择。

五、寒冷气候是俄国御敌的天然屏障

俄国横跨欧亚大陆，以温带大陆性气候为主，北极圈以北属于寒带气候，是出了名的寒冷。而严寒气候对于俄罗斯民族的生存未尝不是一种保护，它曾多次帮助俄罗斯成功抵御外敌入侵，起到了天然屏障的作用。例如下面几次历史军事事件可以为证。

18 世纪初，俄国力图振兴，但遭到瑞典的压制。

1709 年，勇武善战的瑞典国王查理十二世率领 3 万余人的军队远征俄国。瑞典军队战斗力强悍、装备精良，加上查理胆略过人，军事指挥能力突出，一开始把俄国军队打得节节败退。

于是俄国军队采取了坚壁清野政策，靠空间和严寒的气候削弱孤军深

入的瑞典军队。随着战争向俄国内陆推进，严寒发挥了巨大的威力，俄军最终在寒冷的天气中将瑞典军队击败，过半的瑞典士兵被俘，近万人战死，查理十二世一路南逃至土耳其境内。

1812 年，法皇拿破仑一世以俄沙皇破坏《提尔西特和约》为借口，统领 60 万大军进攻俄国，企图以优势兵力和分进合击战术歼灭俄军主力，迅速征服俄国。

战争从 6 月开始，法军一路进攻，俄军可用于对法作战部队约 20 万人，双方力量悬殊。9 月，俄军退到莫斯科郊区。法军攻占莫斯科后，拿破仑发现法军过分深入敌区，补给线又太长，发现情况不利，曾向俄国提议停战，却未获答复。此时凛冬来临，前线飘雪，法国远征军由于无法抵抗饥饿和寒冷，被迫退出莫斯科，沿南方往西撤退，寻找粮食和温暖的住所。这时俄军发起了连续反击，交战中不断有法军被俘，骑兵和炮兵损失殆尽，最后大约只有 15 万士兵活着逃回法国。

拿破仑被誉为欧洲历史上最著名的四大军事统帅之一，而他之所以会兵败俄国，一方面是俄军采取了正确的战略、战术拖垮了法国，另一方面也是俄国残酷的严寒天气极大限制了法军的后勤补给和战斗力发挥。

在第二次世界大战中，寒冷气候也曾帮助苏联红军打败了所向披靡的德军。

1941 年 6 月，纳粹德国联合盟军入侵苏联，以闪电战战术快速深入苏联领土，短短数月便占领了苏联位于欧洲的大部分地区。正当纳粹头子希特勒计划一举攻下莫斯科时，严冬提前到来了，11 月的莫斯科大雪纷飞，气温一度骤降至 -40 ℃以下，大量德军士兵患病或冻伤致残。

由于德军战前乐观预估战事在入冬前就能结束，所以冬季装备不足，坦克和其他车辆也因为低温而不能动弹，加上战线过长，补给不足，战斗力迅速下降。与此相反，苏联红军早已习惯在寒冷条件下作战，苏联飞机和坦克的设计也充分考虑了气候的因素，比如苏联的 T-34 坦克可以照常攻击德军，而德式坦克却只能趴着被打。

到了 12 月，苏联军队进行大规模反攻，德军在严寒气候和苏军反击的双重夹击下，被迫转入防御。1942 年 4 月，德军伤亡人数已高达 50 万，被苏军赶到了距离莫斯科数百千米以外的地带。虽然苏联付出了惨重代价，但最终取得了莫斯科保卫战的胜利，打破了希特勒吹嘘德军天下无敌的神话。

❄ 土豆的崛起

一、土豆的起源

土豆是大部分人喜爱的食物，既能当主食，也可以制成各种美味的菜肴，比如中餐里常出现的醋溜土豆丝、地三鲜、土豆烧牛肉等，还有西餐里常见的土豆沙拉、土豆饼以及各种搭配的土豆泥等，英国有一道著名的餐食"炸鱼配薯条"，其中的薯条就是油炸的土豆条。

土豆学名马铃薯，属于茄科一年生草本植物，目前全世界共有 8 个栽培种和 150 多个野生种。它的起源地在美洲：一个是南美洲的哥伦比亚、秘鲁、玻利维亚安第斯山区和乌拉圭等地，为印第安人所驯化；另一个起源中心是中美洲及墨西哥，那里主要分布着野生种。

自 15 世纪末意大利航海家哥伦布意外发现美洲大陆之后，吸引了无数的欧洲探险家奔赴这块神奇的"新大陆"进行冒险和寻宝。1536 年，深入南美探险的西班牙人卡斯特洛朗在他的日记里这样记述："我们刚刚到达村里，所有人都跑了，我们看到印第安人种植一种奇怪的植物，它开着淡紫色的花，根部结球，含有很多的淀粉，味道很好。"这种奇怪的植物就是马铃薯，16 世纪中叶，它首次被带出美洲大陆，来到欧洲。

此后，马铃薯经西班牙、葡萄牙传入意大利及欧洲其他各国，再传入亚洲各国。大约在明朝万历年间（1573—1619 年），马铃薯传入中国，自此贴上了本土化的标签：土豆。在我国不同地区，土豆还有不同称呼，比如洋芋、山药蛋、地蛋、荷兰薯等。

我国幅员辽阔，东西南北气候差别大，据史料记载和学者考证，土豆由多条路径、分多次传入中国的可能性比较大，其传入路径大致包括东南路、西北路和南路等。

东南路：荷兰人在盘踞台湾期间将土豆带到台湾种植，后经过台湾海峡，土豆传入大陆的广东、福建一带，并向江浙一带传播，所以土豆在这一带也叫荷兰薯。

西北路：由晋商自俄国或哈萨克斯坦引入我国。由于西北地区的气候适宜土豆生长而被广泛种植。

南路：由东南亚印尼传入我国广东、广西，所以土豆在两广之地被称为爪哇薯。之后，土豆再向云南、贵州、四川一带传播。

全世界除南美洲以外，其他地区栽培的马铃薯都是欧洲马铃薯的后代。今天在中国作为粮食作物和蔬菜生产的是马铃薯的栽培种，大致起源于南美洲峡谷绵延的安第斯山中部区域。

二、土豆的习性

土豆生长对环境的要求可谓甚少，它起源于南美土壤贫瘠、夜温低、空气干燥、日照短的环境，易生长，耐旱，成熟快（只需 50 天左右），产量高（是小麦或水稻的 2～4 倍），营养很丰富。

营养均衡是土豆的突出特点。它富含淀粉、蛋白质、磷、铁、无机盐以及多种维生素，兼具粮食、蔬菜的双重优点。

在土豆的全部营养物质中，淀粉含量占第一位，其次是蛋白质，它的蛋白质属于完全蛋白质，易于人体吸收。土豆中的各类微量元素含量是稻米、甘薯的 2 倍左右，维生素是小麦、稻米的 7 倍，维生素 C 含量比去皮的苹果高 50%，200～300 克的新鲜马铃薯就能补充一个成年人一昼夜所消耗的维生素 C。与其他主食相比，马铃薯营养全面，且具有低脂肪、低热量的特点，符合现代人的膳食要求。有一种说法："每天只吃全脂牛奶和马铃薯就可以满足人体所需要的全部食物营养元素。"

土豆营养均衡且耐储存的优点使它成为航海、远行、打仗时的常备食物，古代人们出海远航，为避免发生坏血病会随身携带土豆。于是，它在走出南美之后，便很快广泛传播于世界各地。

除了土豆外，红薯（番薯）和玉米也原产于美洲，都是"美洲高产作物"，具有耐旱、耐贫瘠、产量高、营养价值高等特点。大约在同一时期，它们陆续被欧洲殖民者带出美洲，走向了世界。

三、土豆没有挽救大明王朝，却稳定了清代社会

一个朝代的覆灭，往往是多种因素叠加影响的结果，它们相互作用而形成推动朝代更迭的合力。这其中既有政治缘由，也有经济因素，更有社会原因，当然也常常逃脱不了自然的影响。《气候：历史的推手——从气候变化看历史变迁》中曾提到，明清易代有其气候背景，明朝末年因大面积干旱造成粮食短缺而引发社会动荡是其中的一个重要因素。

明朝末年，西方传教士已经陆续把这些高产又耐寒的土豆、红薯和玉米引入了中国。那么，这些高产又易种植的作物为何没有解决当时的粮食危机呢？

主要原因是当时它们没有得到推广，这其中包含了两个因素。

第一个原因是从统治者的角度来看，这些高产作物没有引起他们的重视，所以没有得到推广种植。

根据地方志记载，明朝万历至天启年间，陕西、河南、南直、山东、广东、广西、福建、云南各布政使司已经开始种植玉米和红薯。

明代许多有识之士也大力推广种植这两种高产作物，比如明代著名农学家徐光启曾将番薯的好处总结为"高产益人、色白味甘、繁殖快速、防灾救饥、可充笾实、可以酿酒、可以久藏、可作饼饵、生熟可食、不妨农功、可避蝗虫"。

徐光启对土豆也青睐有加："土芋，一名土豆，一名黄独。蔓生叶如豆，根圆如鸡卵，肉白皮黄，可灰汁煮食，亦可蒸食。又煮芋汁，洗腻衣，洁白如玉。"

徐渭（明代著名文学家、书画家、戏曲家、军事家，与解缙、杨慎并称"明代三才子"）曾写五律诗《土豆》称赞："榛实软不及，菰根旨定雠。吴沙花落子，蜀国叶蹲鸱。配茗人犹未，随羞箸似知。娇鬟非不赏，憔悴浣纱时。"

但遗憾的是终究没有引起明朝统治者的重视，没有在施政上采取强有力的措施去推广这些高产作物。

土豆因品种罕见，仅达官显贵能享用到。万历年间，口感平淡的土豆跻身了宫廷美食行列，究其原因还是因为它来自异域，满足了口味刁钻的皇室贵族们的新鲜感。明代上林苑有专司蔬菜种植的"菜户"，但只服务于宫廷，不可能大面积栽种土豆，也不可能将薯种和种植技艺传入民间。

这些南美高产作物没有得到推广的第二个原因是，它们的食用口感不如稻米和小麦，特别是食用红薯之后容易出现胀气、泛酸等不良消化反应，因此百姓的种植积极性不高。

到了崇祯年间，包括中国和欧洲在内的全球进入小冰期。根据历史文献记载的气象记录，"崇祯大旱"始于1627年的陕西北部，1630年扩大到陕西全境及河南，1633年扩散到京师（河北），1638年扩散到山西、山东、南直隶（江苏、安徽），1641年旱灾已席卷明朝15省中的12个，仅广东、福建、云南没有旱灾的记录。

干旱导致粮食歉收，大量农民变成饥民，进而变成了流民或参加起义军，这是明末的内忧；同时还有外患，就是清军不断侵犯明朝的边界（也与气候变冷有关）。这个时候，即使明朝统治者有心，也已不具备在这些受灾省份推广种植土豆、红薯和玉米的条件了。就算是在旱灾最严重的陕西、河南地区推广种植，从时间上来说已经来不及。

下面，再来看土豆等美洲高产作物如何帮助清代渡过难关。

古代中国是农业文明国家，农业决定了经济运行模式，并深刻影响着历史走向。人口和土地是农业最为重要的两个因素，当二者的比例出现失调时，王朝统治就容易出现危机。

一个朝代的人口峰值往往出现在鼎盛之后、灭亡之前，且更加靠近灭亡。西汉人口最多的时期不是"文景之治"时代，也不是鼎盛的汉武帝时代，而是出现在王朝末期的汉平帝时代；东汉人口峰值出现在东汉末年的黄巾起义前夕，而非中兴的年代；唐朝人口最多的时候是在唐玄宗晚年的"安史之乱"之前；北宋末年徽宗时代，在"靖康之耻"之前人口数达到高峰；明朝末期万历年间人口最多，此时北方的努尔哈赤（清太祖）在辽东建立了后金政权，把目光瞄向了明朝北境。

那么清朝呢？

从清代前期到中期，中国人口数量出现了前所未有的爆炸式增长，在不到 200 年的时间里从清初期的 6000 万～ 7000 万多人增长至道光皇帝时期的 4 亿多人，并首次突破了以往历史中形成的 6000 万左右的较稳定规模。在此期间，美洲高产农作物开始在中国大规模普及，两者的增长在时间上彼此吻合。

并非是高产作物的推广导致人口爆炸，而是反过来，人口爆炸刺激了高产作物的推广。可以说，高产作物的大规模种植，首次解决了千百年来困扰着统治者的因人地比例失调而影响政权稳定的问题，避免了清帝国政权滑向分崩离析的边缘。

首先，是种植技术的普及。

以土豆为例。明清之际，土豆栽种技术不断提升，产量不断提高，并开始逐渐突破贵族食物的藩篱，向平常百姓的餐桌扩展。特别是到了清朝，政府取缔了明代皇室的蔬菜供应系统，各种作物的种子及培育方法也不再是机密。于是，土豆也借机走出大内，从京城周围辐射至全国各地，大规模地传播开来。

其次，是历代统治者持续的政策措施。

康熙时代处于小冰期寒冷高峰期的末期，寒冷气候影响了粮食产量，粮价处于历史高位。康熙是一位勤政且长寿的皇帝，超长的帝王生涯使他有机会长时间地去思考各种复杂的社会问题。

通过多年理政累积，康熙对"人地比例失调"这一重大社会问题逐渐有了清晰的认识。

1707 年（康熙四十六年），康熙指出："南方的耕地面积终究是有定数，不可能无限增加，但人口数量在逐年递增，如果遇到粮食歉收的年份，解决温饱会成为问题。"

1709 年，康熙进一步深化了认识："世道太平的日子久了，人口就会

持续增加，即使是丰收之年，也有百姓吃不饱饭。"

此时的康熙，目光已不仅仅是停留在鱼米之乡江南，而是放眼于全国；关于温饱问题，从原来只局限于粮食歉收年，到开始关注粮食丰收年。康熙已经敏锐地察觉到"人地矛盾"问题的普遍性。

1710 年，康熙对多年的观察和思考进行了总结："人口数量不断增加，而耕地没有增加，作物产量不增加，粮食供应不足是必然的结果。"

面对这个已经索去无数王朝性命的"人地矛盾"死结，康熙提出什么解决方案呢？

1712 年，康熙颁布了"滋生人丁，永不加赋"的诏令。也就是农业人头税固定在康熙五十年的数字上不变，以后出生的男丁不再加派人头税，以此减轻后来人的负担。

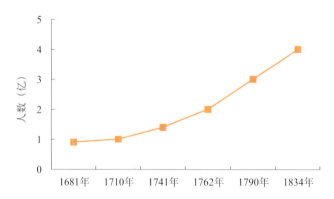

清代人口数量变化（1681—1834 年（康熙二十年至道光十四年））

在推广种植方面，1679 年，福建松溪县发布劝农文告，点名要求当地农民大力种植马铃薯。这是中国最早推广土豆种植的政府文件，也是土豆学名的由来。此后在全国各地的农政文献中，土豆开始被冠以各种本土化的名称，比如洋芋、山药蛋等。从这些非常"乡土"的别名来看，土豆在清代已经完全融入中国文化。

1722 年，康熙病逝，雍正继位。次年雍正便提出了解决人地矛盾的方案：开荒！他的原话是这样讲的："因念国家承平日久，生齿殷繁，地土

所出，仅可赡给，偶遇荒歉，民食为艰，将来户口日滋，何以为生？惟开
垦一事，于百姓最有裨益。"

康熙时代未曾把大规模开荒作为解决问题的根本办法，原因是早在顺
治时期和康熙早年，可利用的土地已基本开发殆尽。但雍正还是固执地将
新开垦土地的数量纳入考核官员的硬性指标，强行在各地贯彻执行。"压力
山大"的官员们只好想尽各种歪点子搜刮土地，外加编造数字蒙混过关。

比如，广东上报开荒了 20 万亩[①]，广西上报垦荒数万亩，其实根本不
存在；安徽有几个县，开荒还没启动，"新田"的税收却已经摊派下去了，
搞出了个"有赋无田"的荒诞局面。

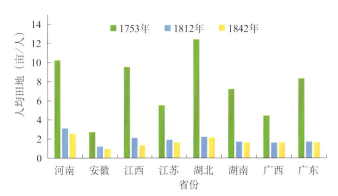

乾隆十八年（1753 年）、嘉庆十七年（1812 年）、道光二十二年（1842 年）
人均田地对比

雍正秉承了清初历代帝王勤政劳碌的特质，在位 13 年兢兢业业，解
决了清王朝存在的许多问题，但始终没有解决人地矛盾这件生死攸关的事
务，他把问题交接给了他的继承人——乾隆。

乾隆初年，中国人口数量超过 1 亿，即将接近明王朝时的中国人口极
值。北京、江西、湖南等地原本已稳定了多年的粮食价格此时突然大幅度
上涨。从康熙中叶开始的盛世已经接近中国历代盛世的最长年限（50 年左
右），人地矛盾的激化似乎即将开始，按照过去的历史规律，乾隆很有可

---

① 1 亩 ≈ 0.0667 公顷

能将要成为亡国之君。

乾隆的英明之处就在于继位后便果断中止了雍正时代的催垦政策。他把提出解决人地矛盾方案的希望寄予基层地方政府官员，把"农事考课"纳入决定官员前途的考核。乾隆没有规定"以粮为纲"，而是给各地官员们创造了"各显神通"的机会。

于是，地方官员们充分发挥才智潜能，最大限度地挖掘现有耕地的产能。他们要做的是在稻麦之外，引进或推广一种适合本地种植谋利的高产作物。土豆、红薯、玉米这些高产作物终于在辽阔的华夏土地上被纷纷撒下种子，被大面积种植，迎来了生根发芽的广阔舞台。

几年下来，乾隆帝收到的各地奏折中，有形容作物高产的"一亩可收稻田数亩之利""获利过稻麦三倍"，有形容种植作物省劳力的"不过一月之劳，工省而获利甚速""利厚而种植易"等。这些奏折很好地验证了现代管理学的一句话——有效的管理方式可以实现事半功倍的效果。

乾隆时代，中国开始有了正规的官方人口统计。1741年（乾隆六年），开始第一次全国人口普查，统计的数字为1.4341亿，人口年增长率约为1.3%，也就是每年多出生近260万人。1795年（乾隆六十年），人口已增长到2.9696亿，远超此前历史上任何时代，清王朝在惊险中完成了人口闯关。

成功养活康乾时代快速增长的中国人口，土豆的功劳比番薯大，原因有三：土豆推广的时间早；土豆富含淀粉，饱腹感更明显；土豆耐寒，比番薯更早在北方地区推广种植。清朝时期的土豆，早已剥去了明代贵族的外衣，甚至代替米面成为中国赤贫阶层的主食。

玉米、红薯、土豆，这些外来的高产粮食作物对中国历史的贡献是巨大的，使得许多原来中国本土农作物无法涉足的贫瘠土地成为耕地，悄无声息地扩大了人均耕地面积。清朝，有玉米参加轮作复种的土地，比没有玉米轮作的土地增产1/4。再比如，水稻亩产超过千斤[①]是20世纪改革开

——————————
① 1斤=0.5千克。

放以后才实现的，而红薯亩产千斤在清代就能轻松做到。它们不仅改变了中国的粮食结构，也使中国在此后的几百年间度过了一次又一次的天灾人祸，帮助中华民族生息、繁衍、壮大。

如今，马铃薯已经成为中国最重要的农作物之一，仅次于水稻、玉米、小麦，居第 4 位。现在种植马铃薯的国家接近 150 个，年总产量 3 亿吨，中国的总产量大约占全球的 1/4。

四、土豆们带来的负面影响

土豆、番薯、玉米这些高产旱作作物的传入对清朝粮食的增产作用功不可没，推动了农业生产和经济发展，特别是对社会稳定发挥了至关重要的作用。但是，事物总有两面性，这些高产旱作作物的负面影响主要表现在对生态环境破坏方面。

为了扩大高产作物的种植面积，民众滥开山区，毁坏林木，流失水土，对生态平衡造成破坏，越到后来就越是明显，尤其是玉米的负效应更加突出。

老百姓在山区垦种玉米以毁林烧山为主，山区丰富的森林资源遭到破坏，自然植被大量消失，引起水土流失，使地力衰竭，无法耕种，流失的沙石殃及山下的平地，毁坏良田屋舍，下游河流泥沙淤积，洪涝灾害频发。

随着山区水土流失的加重，农业土壤流失，土壤肥力下降，有的只存瘠壤，有的几乎无土，只剩石头，普遍出现浇灌粪便（古代农业肥料的主要来源）也不能增收的局面，农民只好另寻别处垦殖，这样辗转开垦必然导致耕地的滥行扩张和水土流失范围的扩大。

生态环境遭到破坏，在一定程度上导致了清代后期粮食亩产下降，农业产出减少。这也提醒我们要吸取历史教训，当今的农业开发也要遵循自然规律，坚持可持续发展原则，实现现代化农业的可持续发展。

延伸阅读 1

五谷的起源

五谷指的是：黍（黄米）、稷、稻、麦、菽（豆类）。

五谷中有 3 种作物是由中华民族的祖先自己培育的，分别是"黍、稷"和"菽"，其中"菽"是我国西北或东北少数民族培育的，"菽"就是豆类。

关于"稻"，中国是培育水稻的最早产地之一，但是"稻"这种植物的发源地不在中国而是在东南亚和印度。

关于"麦"，包括小麦和大麦，最早发源地在西亚的亚索不达美亚（参见《气候：历史的推手——从气候变化看历史变迁》）。

延伸阅读 2

我国常见的美洲经济作物

现在我们日常生活中经常见到和吃到的粮食作物及瓜果蔬菜中，其实有不少起源于美洲。哥伦布发现新大陆拉开了美洲经济作物全球化的序幕，大约有 30 种美洲作物传入了中国，包括：玉米、番薯、豆薯、马铃薯、木薯、南瓜、花生、向日葵、辣椒、番茄、菜豆、利马豆、西洋苹果、菠萝、番荔枝、番石榴、油梨、腰果、可可、西洋参、番木瓜、陆地棉、烟草等。

西班牙人在美洲成功殖民后，大约在 16 世纪后期，在南洋的菲律宾也建立了殖民地，这些美洲农作物开始传入菲律宾，再由菲律宾传到南洋各地，并进一步传到中国。

延伸阅读3

爱尔兰人的土豆情结

从中世纪以来，英国就不断蚕食北方的爱尔兰，1601年，英国在金塞尔之围中获胜，将爱尔兰变成其最早的殖民地。随后，英国人便把土豆送到了爱尔兰，开始向农民推广种植。

小冰期的寒冷气候此时已席卷整个北半球，但土豆的环境适应能力实在很强，在潮湿、多云、寒冷的爱尔兰也生长得很好，而且产量比起小麦和大麦高出许多。在当时的爱尔兰，有2/3的人口是给土地主当佃农，人均土地耕种面积不足1英亩[①]，于是越来越多的爱尔兰人选择种植土豆，因为土豆产量高，同样的土地能养活更多的人。

土豆在爱尔兰的普及带来了人口的快速增长，这里有两个原因。

油画《收获的农妇》（部分）描绘了欧洲农妇在土豆丰收时溢于言表的喜悦心情
（法国自然主义画家朱利斯·巴斯蒂昂·勒帕热的代表作。）

---

① 1英亩≈0.4047公顷。

第一个原因是，按照爱尔兰当地习俗，男方娶老婆是要攒钱买地的。通过种植土豆，农民提高了收入，缩短了攒钱的时间，越来越多的青年人具备了娶妻生子的能力，使得大龄青年人数锐减，结婚年龄降低。

第二个原因是，土豆含有大量的碳水化合物、丰富的蛋白质和维生素等营养物质，大幅度降低了未成年人的死亡率。

在当时，一个爱尔兰农民一天要吃掉 8 ～ 14 磅[①]土豆（3.63 ～ 6.35 千克）。土豆作为食物的主要来源，使得爱尔兰人变得个头更高、更强壮、更健康。

拿破仑战争期间（1803—1815 年），爱尔兰农业耕作面积大规模增大，大量食品成为军需物资，为英国军队提供补给，爱尔兰穷人一日三餐均依赖土豆。战争结束后，大量耕地又变成牧场，牧场出产的牛肉提供给英国，大部分爱尔兰人依然只能依靠土豆生存。英国人给予了爱尔兰人土豆，但攫取了更多的资源，但好在土豆强大的产量，实现了供养越来越多的爱尔兰人。

据统计，1780—1840 年，爱尔兰人口从 400 万增长到了 800 万，数量实现了翻番。

但是，土豆带来的好日子在 1845 年戛然而止。因为这一年，土豆饥荒开始了。起因是一场空前的马铃薯枯萎病席卷了爱尔兰，这种病害使土豆变黑，直接在地下枯死。

在土豆发源地南美，种植经验丰富的印第安人会在同一块田中种植不同种类的土豆，这样一旦有某种病虫害流行，只会感染其中的一部分土豆，不至于颗粒无收。可是欧洲人为了提高粮食产量，只把生长最好的土豆品种引进欧洲。引发马铃薯枯萎病的真菌特别喜欢潮湿的环境，爱尔兰的气候尤其适合它滋生。由于爱尔兰的土豆品种缺少抵抗真菌的基因，于是病害很快肆虐全国，造成土豆产量大幅度降低。

---

① 1 磅 ≈ 0.4536 千克。

包括地窖里储存的土豆，表面看上去没什么问题，但内部都已腐烂，农民们只有眼睁睁看着一年储备的食物被毁。对当时全民种植土豆的爱尔兰而言，几乎是致命的。

然而，英国政府对于发生在爱尔兰的饥荒无动于衷。

作为英国的殖民地，爱尔兰当时生产的作物不少都用于供应英国。但此时的英国政府却没有在爱尔兰发出粮食禁止出口的命令，在饥荒最严重的几年里，仍然有大量作物、蔬菜和牲口被运往英格兰，而饥肠辘辘的灾民只能一遍遍翻扒土地，寻找幸存的、没扒出来的土豆充饥。

1845年秋，英国首相罗伯特·皮尔从美洲购买了价值10万英镑的玉米和麦片，于次年2月运抵爱尔兰。但是，这些粮食并非免费救济灾民，而是按照1便士1磅销售，饥饿的灾民根本买不起。

继1846年土豆收成减少3/4之后，1847年和1848年又接连两年土豆歉收。爱尔兰大量饥民坐以待毙，地主则趁机大规模驱逐佃农。

据测算，大约有100万爱尔兰人在7年的土豆饥荒中死去。还有100万人背井离乡，逃难到其他国家，成为19世纪世界上最大的人口迁移，其中将近3/4人去了美国。

在出现土豆饥荒后的几十年间，爱尔兰人口从800万骤减到400万。根据最新普查数据，时至今日的爱尔兰人口数量也没有恢复到100多年前的饥荒之前的人口数。而当年饥荒期间移民出去的那100万爱尔兰人民的后裔，如今已经遍布全球，数量超过7000万。

这场"土豆大饥荒"是爱尔兰近代史上的分水岭。英国统治者在爱尔兰失尽民心，从19世纪50年代起，爱尔兰农民不断掀起斗争，后来经过独立战争，爱尔兰终于摆脱英国统治迎来独立。正所谓"成也土豆，败也土豆"，英国用土豆来控制爱尔兰，最终还是败于"土豆大饥荒"。

❄ 万水千山客家人

在我国广东、广西、江西、福建、四川、海南、台湾等南方地区，广泛生活着这样一群人：他们人口众多，操着外人听不懂的方言，却不在少数民族的名单里；他们有着自身的文化习俗和饮食特色，但属于汉族民系。这个特殊的族群便是客家人。

客家，顾名思义，即"客而为家"，历史上客家人曾多次离开中原故土迁徙至南方定居，成为北方汉民族在中国南方的一个分支。

客家语，就是在继承古汉语的基础上，融合南方本土方言而发生了有规律音变的产物，属于汉语七大方言（官话、客语、粤语、赣语、湘语、吴语、闽语）之一，大概在南宋时期初步定型。

通常认为客家大本营是"客家四州"：惠州（广东）、梅州（广东）、赣州（江西）和汀州（福建）。不同地区的客语差异不小，不少语言学家把广东梅县话（属梅州地区）作为客语的典型代表。

根据史料记载，近 2000 多年来，客家人曾有过六次大迁徙。

第一次迁徙发生在秦始皇时代。 公元前 221 年秦始皇统一中国后，派兵 60 万 "南征百越"（古代中国南方沿海一带古越族人分布的地区，主要是从今江苏南部沿着东南沿海的浙江、福建、广东、海南、广西及越南北部的半月圈内）。公元前 214 年，秦始皇再派 50 万兵丁 "南戍五岭"（今两广地区）。这些兵丁长期 "戍五岭，与越杂处"。秦国灭亡后，两批南下的秦兵都留在当地，成为首批客家人。

第二次大规模南迁开始于晋朝。 西晋末年，发生了 "八王之乱"，北方的匈奴、鲜卑、羌、氐、羯等少数民族乘虚而入，各自为王，相互攻占，致使中原陷入 "五胡乱华" 的动荡局面并导致西晋覆亡，中原由此成为胡人的天下。不堪奴役的汉人大举南迁，由中原经河南南阳进入湖北襄阳，他们沿汉水入长江，向东的迁往湖北、安徽、江苏一带，向南的则由九江到鄱阳湖，或顺赣江进入赣南山区。其前锋抵达广东梅州，并于东晋义熙九年（413 年）以 "流民营" 为基础设置了义招县。

第三次大规模南迁是在唐代中后期。先是唐中期的"安史之乱"，国势由盛转衰，出现藩镇割据的局面，中原灾荒连年，官府敲诈盘剥，民不聊生，一片萧条，迫使大量中原汉人南迁。之后是唐末又发生黄巢起义，起义军驰骋中原，转战大江南北数十省。战乱所及，只有赣南、闽西南和粤东北这三个省边界地带堪称"乐土"，于是客家先民由九江溯赣江而上，到此处定居。这次南迁，延续到唐以后的五代时期，历时90余年。

第四次大规模南迁是在北宋末年和南宋末年。1126年，金人南下攻破汴京（今河南开封），掳走宋徽宗和宋钦宗父子，入主中原，北宋灭亡，史称"靖康之难"。宋高宗南渡，在临安（今杭州）称帝，建立南宋王朝，随高宗渡江南迁的臣民达百万之众。一部分官吏士民流移太湖流域一带。另一部分士民或南渡大庾岭，入南雄、始兴、韶州；或沿走洪、吉、虔州入汀州；或滞留赣南各县。南宋末年，元军大举南下，又有大量江浙及江西宋民，从莆田逃亡广东，再由潮汕沿海逃至海南岛。

第五次迁徙是在明末清初。这次迁徙的原因，一是受满清入主中原的影响。清兵进至福建和广东时，客家节义之士举旗反清，失败后被迫散居各地。有随郑成功到台湾的；有向粤北、粤中、粤西搬迁的；有的到了广西、湖南、四川。二是生活在赣、闽、粤边区的客家人经过200多年的发展，人口大增，而当地山多田少，耕植所获不足营生，于是开始向川、湘、桂、台等地以及粤中和粤西一带迁徙。适逢清政府在康熙年间发起"移湖广填四川"的移民运动，这次大规模的迁徙，在客家移民史上被称作"西进运动"。四川的客家人基本上来源于这次"西进运动"。

第六次南迁是清代中后期的太平天国运动时期。当时为避战乱，有一部分客家人迁徙到海南、广西，甚至漂洋过海去谋生，远赴马来西亚、美国、巴拿马、巴西等地。

这六次大迁徙，从表面看，战乱和人口增长是促使客家人迁徙的直接原因，其背后却有着更深层次的原因。

战乱的发生、人口格局的变化，往往是多个因素交织在一起相互影响的结果，其中经济发展状况对社会稳定起到决定性的作用，因为"经济基

础决定上层建筑"。而经济的发展程度也受各种因素的制约，既有来自国家机器层面的原因，也受自然环境变化的影响。

不少学者从气候变化的角度研究其与社会自然、经济、人文三大亚系统发展状况的对应关系，得出了较为一致的观点：过去2000多年的历史证明了气候变化的过程在实质上也是社会结构重新构建的过程。中国科学院葛全胜研究员从五个方面进行了归纳总结。

一是纵观中国古代历史长河，处处跳动着"冷抑暖扬"的韵律，即气候上的暖期常常带来社会的安定富足，而冷期则往往伴随着王朝的萧条和动荡。

二是气候变化对社会发展的影响，通过自然—经济—人文亚系统的各个环节而逐级传导，进而产生了5个层次的气候冲击与适应。

0级气候冲击：温度和降水的变化，这是人文系统的外部风险源。

1级气候冲击：因生态环境变化，导致地区可持续承载的人口数量、经济强度及社会总量的能力发生变化，通常由0级变化引起。

2级气候冲击：因气候变化对经济系统产生影响，这种冲击通常由0级和1级气候冲击引起。首当其冲的是对气候变化敏感的农、林业生产，并会通过粮食产量的变化反馈到粮价的波动上。

3级气候冲击：人口迁移和战乱，这是人文系统遭受前3级气候冲击后所产生的适应。

4级气候冲击：政府应对气候变化的政策。

三是在过去2000年气候恶化阶段，与生态环境脆弱性密切相关的贫困人群生存问题是诱发社会动乱的重要原因。

四是气候只是社会发展的外部条件，人对生产关系的变革才是推动古代社会发展进程的根本动力。

五是随着科学技术的不断发展，气候变化对古代社会发展的不利影响在总体上逐渐减轻。

客家学，是一门研究型学科，以全球客家为研究对象，涵盖文化、地理、历史、生活、社会、经济、艺术、人物等领域。不少学者对客家人大迁徙的原因进行了研究，当然也有学者从气候的角度来分析客家人迁徙的路线和原因。

以明清小冰期为背景，观察该期间气候波动对客家人迁徙的影响。有学者通过研究发现了这样的规律：客家人向南或向北迁徙的方向及距离与气候的冷暖波动存在大体同步对应的关系。气温下降，客家南迁趋势明显；气温上升，客家北拓趋势增强。

（a）承启楼外观　　　　　　（b）承启楼内景

客家土楼的代表性建筑——承启楼（汪瑛／拍摄）

（位于今福建省龙岩市永定区高头乡，始建于明代崇祯年间，建成于清代康熙年间，有"土楼王"之称。）

16世纪初至16世纪中叶，气温下降，客家人大体上保持南迁的趋势。如明朝弘治初年（1500年前后）客家人从客家腹地程乡（今梅州）往南迁入龙门县采铁；1501年，邓姓客家人于明迁入广州增城（龙门县南部）。

17世纪初至17世纪中叶，气温上升，客家人趋向北迁，迁往福建的泉州、福州，江西的南昌等地。

　　17 世纪中叶至 17 世纪后期，气温下降，客家人趋于南迁。以广州的核心地区增城为例，客家人在明末至康熙初年（1644—1662 年）迁入增城。随着气候变冷，客家持续向南迁徙至广州府的核心区。清·嘉庆《增城县志》记载"客民者，来增佃耕之民也。明季兵荒迭见，民多弃田不耕……，康熙初伏莽渐消，爰谋生聚"。

　　17 世纪后期至 18 世纪初，气温上升，客家人趋于北移。湖广客家人往北迁入四川开垦的人口众多，引起了官府的高度重视。

　　18 世纪之后，气温缓慢上升并逐渐回落，客家人趋于南迁。

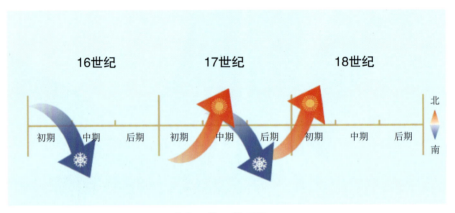

16—18 世纪客家人的迁徙历程（方雪砚／绘制）

　　总而言之，气候与环境变化对明清时期人口格局的影响长期且深远。一是气温降低致使农业种植带南移，迫于生计，客家人南迁。二是气候变冷促使满清南下入主中原，灾民流离失所，迫使客家人南迁。三是明清小冰期气温骤然降低，灾害性天气频发，影响农业生产，导致饥荒不断，间接又造成社会动荡不安，迫使客家人他迁。

　　人口迁移是人类对气候变化风险的一种自我调节机制，是人类为适应气候变化而在不同区域及群体间进行生存资本再分配的过程。面对明清小冰期气候变化的挑战，客家人将生存压力转变为迁徙动力，开始万水千山的迁徙历程。

清代其他重大人口迁徙事件

清代有几次大规模人口迁徙事件，除了清初的"湖广填四川"外，还有晚清的"闯关东""走西口""下南洋"，其发展进程与同期的气候变化（特别是极端灾害事件）均呈现出了一定的对应关系。

闯关东

关东是指东北三省：吉林、辽宁和黑龙江省。因这三省位于山海关以东，故称关东。

无论明代还是清朝，都在山海关设置关卡，"封堵"出入口。特别是到了清朝，因为统治者的祖先发迹于辽宁，所以东北被清廷视为"龙兴之地"，严禁汉人出关。19世纪，黄河下游连年遭灾，破产农民不顾禁令，"担担提篮，或东出榆关（即山海关），或北渡渤海"，冒着丢掉身家性命的危险，"闯"入东北，此为"闯关东"的来历。

由于从辽西走廊去东北常被官兵阻挡，所以大多数移民选择不设防的海上路线——从山东半岛乘船渡过渤海海峡，在辽东湾畔登陆，投奔辽阔的东北黑土地，时间短且费用低。这条移民快速通道，是由渤海、辽河、鸭绿江、黑龙江及支流等海洋和内河组成的水运网络，移民乘船沿着河流，便能够达到东北三省的大部分地区。

晚清时期，国内自然灾害频发，民不聊生，加之沙俄侵略东北，清廷为了应对内忧外患，稳定局势，于1860年（咸丰十年）将关闭的山海关大门向流民敞开，在东北局部弛禁放荒，至19世纪末全部开禁。其中，关内移民通过海运，去往辽宁营口的人数非常多。据清末《申报》记载，山东客船从营口出发，沿着辽河进入东北1天就有37艘，每艘客船有200多人，也就是说，营口码头1天内便有8000余移民涌入。

随着民众源源不断地加入"闯关东大军"，东北地区的人口从1840年的300万增至1910年的1800万（数据来自《中国人口地理》）。

他们不仅将先进的生产技术带到东北，开垦了大片荒芜之地，也巩固了国防，为东北领土完整做了巨大贡献。

这些"闯关东"者，以山东、河北、河南、山西、陕西人为主，尤以山东人最多，现在东北土著居民的先祖大多属于这些省份。

走西口

西口是指河北张家口以西的长城沿线关隘，所谓"口"，原指明长城的关口。

从清代至民国初年，长城内的山西、陕西北部、河北及邻近地区的百姓，穿过长城，进入蒙古草原及河套一带的少数民族聚住地区，在此谋生。"走西口"由此成为华北民众西进求生的代名词。因为长城内这些地区属于黄土高原，植被稀少，土壤贫瘠，天灾频繁，环境恶劣，生存艰难。有民谣唱道："河曲保德州，十年九不收。男人走口外，女人挖苦菜。"

而长城外的口外，则是一马平川的草原，水草丰茂，土地肥沃，地广人稀，于是大量灾民往此迁徙。比如内蒙古的包头市，就是由走西口的移民聚居于此而形成的城市。移民占比极高的山西人，将山西的晋文化带到了内蒙古中西部地区，与当地的游牧文化相融合，形成了富有活力的多元文化。

"走西口"的第一波浪潮开始于康熙年间。这时社会渐趋稳定，人口呈现爆炸式增长，人地矛盾越发严重，于是清廷开放了部分蒙地，内地汉人开始大规模迁徙到口外。

第二波浪潮从光绪年到民国初年。当时国内政治腐败，土地兼并严重，加上连年灾荒，迫使大批失地农民"走西口"。同时，清朝为抵御沙俄蚕食北方边境，号召"移民实边"，鼓励内地汉人定居边境。到民国初年，内蒙古汉人数已达 300 万左右。

下南洋

南洋是明清时期对东南亚一带的称呼,这是以中国为中心的一个概念。包括新加坡、印度尼西亚、菲律宾、马来西亚、泰国、越南、缅甸等地。

"下南洋"即中国民众漂洋过海到东南亚谋生。这些民众来自全国多个省区,以福建和广东人为主。

中国人最早下南洋的时间,可以追溯到汉代,但主要是指明朝到清末。在这段历史时期,福建、广东一带人多地少,加上气候变冷及自然灾害对经济生产活动的影响,老百姓生活举步维艰。为谋生计,改变个人或家族的命运,闽粤地区的老百姓一次又一次、一批又一批地到南洋谋生。

中华民族是农耕民族,习惯于坚守"一亩三分田",热衷于平静的生活,要让农民下定决心作离家游子,去未知的新世界开拓打拼,确实需要极大的勇气。

延伸阅读2

客家人向海外的迁徙

自南宋末年以来,客家人向南方各地迁徙的同时,还陆续通过海路和陆路向海外迁徙。海路由厦门、汕头、广州、海口、虎门、香港等港口出发,乘船到达南洋各地。陆路通过广西、云南边境进入缅甸、越南等地。其中包括宋末抗元、清初"反清复明"、清末太平天国运动等失败后逃亡海外的人士,以及相当数量的破产农民和城市贫民,他们或自驾帆船,或被掳掠、诱骗、招雇为"契约华工"到南洋等地从事苦役。此后,又有部分客家人从居住国向欧美等国及世界各地再行迁移。

如今客家后裔已遍布五大洲的80多个国家和地区,据近年来有关客属机构非正式保守统计,国外客属人口约有1200万,正所谓"有海水的地方,就有华人,有华人的地方就有客家人"。

❄ 三代皇帝西征路　一场天花扭乾坤

2020 年初，新型冠状病毒疫情在我国突然大面积爆发。这是一种过去从未被发现过的新病毒，国际病毒分类委员会把它命名为"严重急性呼吸综合症冠状病毒"，英文名为 Severe Acute Respiratory Syndrome Coronavirus 2，缩写为 SARS-CoV-2，世界卫生组织将这一病毒导致的疾病的名称为 COVID-19。

在中国政府的有力指挥和调度下，各相关部门全力开展疫情防控工作，全国各省、市、县和地区采取了严密的疫情防控措施，于 2020 年 3 月基本控制住疫情蔓延态势，截至 3 月底，全国累计确诊感染人数为 8.26 万，治愈 7.64 万。虽然，此后又发生了疫情阶段性小爆发，但我国政府防控措施及时有效，很快便再次控制住了疫情。

与此同时，新冠肺炎疫情也在世界各地蔓延，形势远比中国严峻得多。截至 2020 年 8 月 20 日，国外累计确诊病例超过 649 万，累计死亡病例超过 78 万；其中，美国累计确诊病例超过 246 万，累计死亡病例超过 17 万，分别是中国的 27 倍和 38 倍。世界银行行长戴维·马尔帕斯在 8 月 20 日接受法新社专访时表示，新冠肺炎疫情可能导致全球 1 亿人口陷入极端贫困，如果疫情继续恶化，极端贫困人口还将继续增加。

全球科学家对新型冠状病毒进行了大量的科学分析，各个国家投入了大量资源进行疫苗研制。关于这个人类首次面对的新病毒，对引发的外部环境、引发的并发症、诊治的方法等各方面还有很多值得研究的内容。气候条件也是可能的外部环境因素之一，有研究表明，阴湿环境与疫情发展有一定的对应关系。比照引起肺部和呼吸道感染的多种传染病，不难发现，2003 年非典（SARS）、1914 年西班牙流感、1910 年东北三省爆发的肺鼠疫等疫情，都有相似的时间轨迹和季节性周期：即 11 月左右爆发，次年 5 月左右消失，即始于冬初，止于春末，基本持续半年左右。

在人类历史上，天花是最恐怖的传染病之一。有学者研究发现，天花早在 3000 多年前就曾出现了，从古埃及出土的木乃伊上，发现了感染天花后的疤痕。天花刚开始只是家畜身上一种相对无害的痘病毒，经过逐渐进化和适应，形成了能够使人染病的天花病毒。感染天花病毒后的潜伏期平均约为 12 天。感染后的症状包括：高烧、疲惫、头疼、心跳加速及背痛，并有淡红色的斑块伴随疹子出现在脸部、手臂和腿部。随着病灶化脓和结痂，在接下来的 3 ～ 4 周慢慢发展成疥癣，然后慢慢剥落，患者在痊愈后脸上会留下麻子，天花由此得名。冬季是天花的高发季。

天花在古代的死亡率非常高，在 18 世纪欧洲大约有 1.5 亿人死于天花，在亚洲每年也有数十万人因此丧命。不少大人物也未能幸免，像法国国王路易十五、英国女王玛丽二世、德国国王约瑟一世、俄国沙皇彼得二世、清朝同治皇帝等都被天花夺去生命。

据传，1661 年正月的一天，弥留之际的顺治皇帝询问德国传教士汤若望，该立哪个皇子为帝，汤若望毫不犹豫地回答："皇三子玄烨，因为他出过天花，具备免疫力。"顺治皇帝采纳了汤若望的意见，立玄烨为继承人。这位皇子，就是后来在中国历史上赫赫有名的康熙大帝，据传康熙就是麻子脸。

在清代早期，发生了一场战争，从康熙二十七年（1688 年）正式打响，一直到乾隆二十年（1758 年）才宣告结束，经历了康熙—雍正—乾隆三个皇帝，长达 70 年。如果加上战争的前奏和之后的延续，整个过程超过 80 年，它给清代的人民和社会造成的影响更是超过了百年。这就是准噶尔之战，堪称中国的百年战争，而这场战争的收官，也与天花瘟疫有关。

一、关于准噶尔

谈到准噶尔，大家可能首先会联想到新疆的准噶尔盆地，确实没错，准噶尔盆地便是以 300 多年前曾经辉煌的准噶尔汗国来命名的。这块盆地位于中国西北部，西北为准噶尔界山，东北为阿尔泰山，南部为北天山，是一个略呈三角形的封闭式内陆盆地，东西长 700 千米，南北宽 370 千米，面积约 38 万平方千米，是中国第二大内陆盆地。

38 万平方千米的准噶尔盆地是什么概念呢？中国云南省的面积是 39.4 万平方千米，陕西省和河北省两省加起来的面积也是 39.4 万平方千米，日本面积 37.8 万平方千米，德国面积 35.7 万平方千米，都比较接近准噶尔盆地的面积。实际上，鼎盛时期的准噶尔汗国面积远远不止这么大，其国土面积达到甚至超过 700 万平方千米，比起当时的亚洲霸主大清帝国也毫不逊色。

● **知识点**

准噶尔盆地属中温带气候，年平均日照时数大约 2900 小时。盆地北部、西部年平均气温 3～5 ℃，南部 5～7.5 ℃。盆地东部为寒潮通道，冬季为中国同纬度最冷之地，以阿勒泰市为例，1 月平均气温为 -24 ℃。

盆地主要自然灾害有冻害和大风。牲畜冻害主要发生于盆地中心的冬牧场；盆地北部每年 8 级以上的大风天数有 33～77 天，西部在 70 天以上，阿拉山口 160 天以上。由于盆地植被覆盖度较高，虽大风天数多，沙丘移动现象总体却较少。

元朝灭亡后，北方的蒙古国在明朝连续打击下，从一个集权的帝国退化回各自为政的部落时代。16—17 世纪，随着明朝的衰弱和清朝的崛起，蒙古国在经历了俺答汗（成吉思汗黄金家族后裔）短暂的统一后，又陷入了分裂局面，化解为三大部落，即漠北蒙古、漠南蒙古和漠西蒙古。

漠西蒙古下有四部，分别是准噶尔部、和硕特部、土尔扈特部和杜尔伯特部，所辖地区北至额尔齐斯河、鄂毕河、叶尼塞河上游地区，南至天山，东到阿尔泰山和蒙古杭爱山分界线，西达巴尔喀什湖地区。

准噶尔部游牧于天山南北，从 17 世纪初始，开始强势崛起。1670 年（康熙九年），准噶尔部首领巴图尔珲的儿子噶尔丹成功地夺取了准噶尔部的台吉位（低于汗位），开启了加速扩张的步伐。作为蒙古族的一支，噶尔丹始终抱着恢复祖先蒙古帝国光辉岁月的梦想，在经过一系列军事征战后，噶尔丹于 1678 年统一了漠西蒙古，并把准噶尔首领的台吉地位上升为汗王地位，建立了准噶尔汗国，其势力远及阿富汗等地，开始称霸中亚。

二、康熙的战争

1688 年，噶尔丹突然出兵，亲率大军越过传统势力范围的分界线——杭爱山（位于今蒙古国中部，山脉为西北—东南走向），大举进攻漠北蒙古（即喀尔喀蒙古），迫使喀尔喀蒙古诸部节节败退并南迁。

向东，噶尔丹逼迫着杜尔伯特部转向清朝，入侵青海。

向西，挥兵击败哈萨克汗国，越过天山，征服了回部诸察合台汗，拿下了伊斯兰教派的白山派和黑山派。

向南，进攻西藏，一度控制了西藏的和硕特部。

1690 年，噶尔丹再次进攻漠北蒙古，喀尔喀蒙古南退并越过了中国传统的游牧—农耕分界线。此时的噶尔丹，如果沿着漠北蒙古诸部的南迁路线，便能大举逼近北京城了。

满清入关后，一直忙于平乱，历经两代皇帝的心血，先后扑灭李自成的大顺政权，攻灭张献忠的大西国，铲除南明残余势力，剿灭各地的反清力量，最终稳定了对中原汉地的统治。此时的清朝统治者，已经开始把目光转向正在新疆崛起的准噶尔汗国。清朝起家的政策是"满蒙和亲"，清廷皇帝不仅是清朝统治者，也是蒙古人的大汗，所以像噶尔丹这样一位横空出世的枭雄，与清廷争夺蒙古势力，这是清廷所不能容忍的。正如康熙所言："朕亲政以来，鳌拜是心腹大患，在解决鳌拜后，吴三桂等三藩又是最为头疼，在清除三藩之乱后，台湾又成……现在噶尔丹又是朕的敌人。"

所以，康熙清醒地认识到，只有剿灭准噶尔汗国，清廷才能保证其余蒙古势力对其的忠诚，"满蒙联盟"才能稳固。于是康熙很快接受了蒙古诸王的请求，于 1690 年（康熙二十九年）7 月亲率大军出征。清军携带火器、重炮等武器，和噶尔丹大军决战于乌兰布通。

清初，清廷为了迅速统一中国，大力发展军事装备。他们吸收了汉族众多的先进科技文明，加上来华传教士的帮助，铸造出了威力强大的重炮，并组建了火器部队，加上八旗铁骑过硬的骑射本领，清军的整体战斗力很强。噶尔丹在清军重炮的轰击下大败，带着仅剩的数千人逃回科布多。

1695年5月，噶尔丹领兵3万再次出征漠北。次年3月康熙也再次亲征，率清军8万人从北京出发远路奔袭噶尔丹，5月与噶尔丹在昭莫多（如今的乌兰巴托）交战，噶尔丹再次战败，仅带数骑逃走。

1697年3月，康熙驻跸宁夏，命费扬古、马哈思出击噶尔丹残部，清兵进抵狼居胥山，擒获噶尔丹之子。经此失败，噶尔丹再无力回天，走投无路的他于1697年在阿尔泰的阿察阿穆塔台兵败自杀，一代枭雄历史生涯就此结束。

康熙画像

噶尔丹虽已身死，但西域仍不太平。1698年，噶尔丹的侄子策妄阿拉布坦继任了准噶尔大汗，接收了噶尔丹的全部领土并且继续扩张。

1717年（康熙五十六年）11月，策妄阿拉布坦偷袭拉萨，控制了西藏。康熙于次年10月发兵入藏，经过两年战争，清军才将准噶尔军逐出西藏。

1721年3月，康熙计划兵分三路剿灭策妄阿拉布坦。但这时，国际局势发生变化，俄罗斯帝国在吞并哈萨克汗国后，企图招诱策妄阿拉布坦归顺俄国，为了避免策妄阿拉布坦在打击下选择归俄，清廷停止用兵，改为安抚策妄阿拉布坦，双方关系暂时得以缓和。

三、雍正的战争

1727 年（雍正五年），策妄阿拉布坦病死，其子噶尔丹策凌即位。噶尔丹策凌以先祖遗志为己任，以扩张领土为毕生事业。

雍正画像

策妄阿拉布坦与噶尔丹策凌统治时期，是准噶尔汗国的鼎盛时期，管辖了包括今蒙古高原西部、青海、新疆、西伯利亚南部、中亚地区的哈萨克以及乌兹别克等广大地区，人口达到 500 余万，国土面积一度达到 700 万平方千米（策妄阿拉布坦时期）。而东部的大清帝国，国土面积也只有 700 多万平方千米，人口 2 亿多。

1727 年，雍正发兵进攻准噶尔，结果大败，清军退出科布多。

1730 年，噶尔丹策凌成功偷袭清军的阿尔泰山大营。

1731 年 6 月，噶尔丹策凌在和通泊之战中大败靖边大将军傅尔丹所部清军。这次战役，清军损失惨重，精兵 1 万人仅存 2000 余人退至科布多，18 名副都统以上将领仅 4 人生还，成为清军历史上对蒙古军队少有的大败仗。

1732 年，噶尔丹策凌、小策凌敦多布东征发兵喀尔喀蒙古，喀尔喀亲王偕清额驸策凌将其击败。当年 7 月，策凌在光显寺之战中大败准噶尔军，击杀敌军万余人，噶尔丹策凌、小策凌敦多布率残部突围遁去。经过此役，准噶尔部元气大伤。

1734 年，噶尔丹策凌遣使与清廷议和。双方大致以阿尔泰山为界划定边界，同时清皇帝准许准噶尔入藏煎茶。从此，准噶尔与清朝之间再次迎来了暂时的安宁。

四、乾隆的战争

1745 年（乾隆十年），大汗噶尔丹策凌去世，准噶尔汗国因争夺汗位发生内乱。内战持续了 7 年之后，达瓦齐（策妄阿拉布坦谋臣大策凌敦多布之孙）于 1752 年夺得汗位，而大贵族阿睦尔撒纳（策妄阿拉布坦外孙）失败，东进依附清朝。达瓦齐登汗位后，暴虐混淫，倒行逆施，结果众叛亲离，多个部落先后归顺清朝。

准噶尔的乱局被乾隆看得一清二楚，他认为消灭准噶尔汗国的时机已到，因为准噶尔与大清彼此攻杀近百年，双方早已深深埋下仇恨种子，若不趁机消灭敌人，将来必对清国不利。当年的汉朝就是这么操作的，在匈奴分裂为南北匈奴后，汉朝收编了南匈奴，歼灭了不愿臣服的北匈奴。

乾隆画像

1755 年 2 月，乾隆发兵 5 万，分两路直捣伊犁。由于西域各族民众对准噶尔贵族的内讧和残暴统治十分不满，也因为清朝政府实施了对准噶尔比较稳妥的政策，清军的西征行动受到牧民和各族民众的支持和拥护，准噶尔"大者数千户，小者数百户，携酮酪、献羊马、络绎道左，行数千里，无一人抗颜者"。清军长驱直入，作战顺利，当年 5 月即占领伊犁。达瓦齐没有料到清军会提前行动，部下的不战而降更使其阵脚大乱，仅带亲信 70 余人逃往天山以南投奔乌什，结果被当地的回王擒获，送交清廷。

此役之后，乾隆封赏阿睦尔撒纳为双亲王，食双俸，并封他为辉特汗。但阿睦尔撒纳并不满足，他当初是想借清廷之手除掉达瓦齐，然后自己当准噶尔汗国大汗。在向清政府索取无果后，阿睦尔撒纳当年起兵反叛清朝，企图脱离清朝自立。

1756 年，乾隆派策楞为定西将军，率大军征讨阿睦尔撒纳。11 月，乾隆没有等到击败阿睦尔撒纳的消息，于是吩咐逮捕策楞，押解回京，中途遇到敌军，倒霉的策楞死于准噶尔兵之手。不久，原先归附的两个汗王噶勒藏多尔济、巴雅尔也举兵反叛，攻陷了乌鲁木齐。

1757 年春，清军在成衮札布、兆惠的率领下，再次杀向准噶尔汗国。此时冬天刚过，春天刚来，气温还没回升，气候依然寒冷，准噶尔部出现了大范围的天花瘟疫，很快形成了一边倒的局势，清军乘势进兵，累战皆捷，很快攻占准噶尔汗国全境，战败的阿睦尔撒纳逃亡沙俄，最后也染上天花病死。

至此，清朝完全控制了天山南北，好大喜功的乾隆将西域这片领土取名为新疆。令乾隆感到意外的是，剩余的准噶尔人居然还在顽强抵抗清军，为了防止后患无穷，乾隆大手一挥，下令杀绝抵抗者。由于天花瘟疫流行，"先痘死者十之四，继窜入俄罗斯、哈萨克者十之二，卒歼于大兵者十之三"，在一片刀光剑影和呐喊声中，在天灾人祸的双重夹击下，准噶尔人死的死、逃的逃，曾经繁荣昌盛的准噶尔汗国自此消失，只留下空荡荡的准噶尔盆地。

准噶尔汗国本是漠西蒙古的一支，信仰藏传佛教，战争之后，准噶尔部人丁殆尽，新疆信仰佛教的蒙古人骤降，留下了信仰真空，伊斯兰教趁机渗透了新疆各地，逐渐形成今天中国西北地区信仰伊斯兰化的民族分布。

准噶尔战争经历了清朝三个皇帝，时间跨越 70 年，之所以持续这么久，与沙俄的插手以及民族关系等原因有关，也与清王朝的策略失误有关。康熙年间，噶尔丹就被逼自杀身亡，部族叛乱暂告一段落，但清王朝并没有乘胜追击，却选择了就此结束，使得准噶尔部族继任统治者有机会再次发动战争。到了雍正时期，虽然与雍正签订了议和条约，但之后的乾隆并没有加强对准噶尔汗国的监控，致使战争又延续了 12 年。

当时的清廷，胜在内部稳定，国力强盛，军事装备先进，战斗力强，能充分发挥骑兵快速机动的作战能力和火器部队大杀伤力的优势，最终在这场持久战中取得了胜利。清方获胜的另一个重要因素，是恰好遇上了1757年新疆地区大面积爆发天花瘟疫。冬、春之交的气温适合于天花病毒生存，致使准噶尔遭受天花瘟疫肆虐，大量民众和士兵因病死亡，导致军心不稳，战斗力下降，清廷适时出兵，借势平定了准噶尔贵族分裂势力。

设想一下，如果再晚几个月，等到气温回升，准噶尔部的疫情稳定，此时乾隆再出兵，按照过去的战争经历，恐怕又会陷入胶着状态，何时能彻底分出个胜负，恐怕又是另一番情景了。

病毒和菌类出现在这个蓝色星球上的时间，远远早于人类诞生于地球的时间。人类在进化发展的历史长河里，通过与这些病毒和菌类的几十年到数万年乃至上百万年的接触，才逐渐形成了对它们有效的免疫系统。哥伦布在15世纪末发现美洲新大陆后，大量的欧洲人涌入这块乐土，消灭了当地的印第安人。实际上，真正通过战争方式被消灭的印第安人的数量是有限的，超过90%以上的印第安人是灭绝于欧洲人带去的美洲原本不存在的病毒和细菌，包括天花、霍乱、鼠疫等，因为印第安人对这些病毒是没有免疫力的。

❄ 诞生在气候回暖期的"康乾盛世"

本书第一章曾提到，整个清代都处于小冰期的气候大背景之下，但这并不代表气候是一成不变的寒冷，而是表现出寒热失常的气候特点，并且也会有暖冬出现。总体上看，虽然气温偏低是清代气候的主旋律，但其间的年平均气温是波动的，有的年份偏冷显著，而有的年份则接近正常甚至偏暖，这种年际气温高低起伏的波动还呈现出一定的周期性：1620—1690年和1830—1890年，这两个时期处于气候小冰期的最寒冷阶段；而处于这两个最寒冷阶段之间的1690—1820年，是气温回升期，特别是1750年前后，气温基本恢复到正常水平。也就是说，从清代初期到中期再到后期，气候上先后经历了变冷、回暖、再次变冷的过程。

在1620—1690年的极寒阶段，1650年前后是整个明清小冰期中的最冷期，中国东半部的冬半年平均气温大约比现在低1.5℃，李自成起义、明朝灭亡、满清入关都发生在这个时期。

　　在 1830—1890 年的极寒阶段，气候条件的恶化加剧了原本紧张的社会矛盾，太平天国起义、捻军起义、鸦片战争等都发生在这段时期，先后出现了"道光萧条""光绪衰落"等社会现象（本书后面有专门介绍）。

　　而在 1690—1820 年这段气温回升期，出现了中国古代封建王朝的最后一个盛世——康乾盛世。康乾盛世又称康雍乾盛世、康雍乾之治或康乾之治，西方称之为"High Qing"。这段时期经历了康熙、雍正、乾隆三个皇帝（康熙于 1661 年登基，乾隆执政到 1795 年），持续时间长达 134 年。在此期间，中国社会在封建体系下达到极致，改革最多，国力最强，疆域辽阔，社会稳定，经济快速发展，人口迅速增长，是清朝统治的鼎盛期。

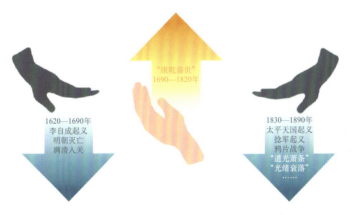

1620—1890 年气候变冷—回暖—再变冷过程与对应时期的历史事件（方雪砚 / 绘制）

　　康乾盛世时期，气候相对来说比较稳定，在长达 100 多年的时间里，少有大的旱灾、水灾和蝗灾，而且明代末年黄河流域的大旱与长江流域的大涝已经结束，并未延续至清朝，为这一时期的农业经济繁荣奠定了有利的自然环境基础。

　　在康熙统治的早期，气候还是寒冷的。据史书记载，1676 年（康熙十五年），一次大寒潮将自唐朝以来每年向政府进贡的江西省橘园和柑园冻毁；1690 年（康熙二十九年）11 月，"江苏常州、高淳等地大雪严寒，树多

冻死"；1650—1699 年，在现今的蒙古国和我国内蒙古地区，寒冷年份超过
8 成以上，当时的噶尔丹叛乱就与寒冷气候影响下出现的连年灾荒有很大
关系。但是在康熙励精图治下，一定程度上缓解了因自然灾害带来的社会
经济损失，随着气候回暖，老天帮忙，加上康熙、雍正、乾隆三个皇帝的
不懈努力，社会发展充满活力，创造了"康乾盛世"的大好局面。

一、康熙时代（1661—1722 年）

清军入关后，为了安置清朝贵族和八旗兵丁，解决兵将的后顾之忧，
使他们在战场上更加卖力，清廷于顺治元年（1644 年）冬天颁布了圈地
令，开始大量掠夺民田。圈地运动虽然稳定了军心，但造成农民和部分地
主失去田地，流离失所，出现了大量流民、乞丐，迫于生计的百姓投入反
清运动，增加了清朝初期的不稳定。

1661 年，顺治驾崩后，8 岁的康熙登基。6 年之后，康熙亲政，随即
宣布停止圈地，放宽垦荒地的免税年限。

康熙二十四年，清廷下诏"嗣后永不许圈"，圈地正式告终。随着荒地
的大量开垦、耕地面积的扩大，这一年全国耕地增至 6 亿亩。

康熙五十年，清廷下诏永不加丁税（即人口税），只收田租。为了提
高粮食产量，政府鼓励推广种植土豆、红薯、玉米等外来高产农作物，使
得清朝人口大幅度提升。

吏治方面，康熙恢复了京察、大计等考核制度。为了防止被臣下蒙蔽
欺骗，康熙亲自出京巡视，了解实情。其中最著名的是六次南巡，此外还
有三次东巡、一次西巡，以及多次巡查京畿和蒙古。康熙的科学启蒙老
师、钦天监南怀仁（比利时人）记录了康熙巡视时的情景："亲切地接近
老百姓，力图让所有人都能看见自己，就像在北京时的惯例一样，他谕令
卫兵们不许阻止百姓靠近。他尽力撤去一切尊严的夸饰，让百姓们靠近。"
康熙还亲自部署治理黄河与大运河，监督河工。因战乱而遭到严重破坏的
手工业也逐步得到恢复和发展。

军事方面，康熙平定三藩（1681 年），收复台湾（1683 年），驱逐沙

俄，西征漠北。康熙深感火器威力巨大，设立了"热兵器"作战部队——火器营，其火炮的性能和制造技术都达到了当时的领先水平。在清军西征与准噶尔汗国首领噶尔丹的战役中，清军就是以铁心火炮、子母火炮猛轰噶尔丹的"驼城"战术而取得重大胜利。

为安定社会秩序，对百姓宣传教化工作，康熙颁行《圣谕十六条》，要求地方官员召集乡民，定期定点地进行宣讲。其核心思想就是"孝敬父母、和睦乡里、重视农业、勤学明理、遵纪守法、保甲防盗、无做非为"等。

康熙后期，由于官员薪资过低以及法律过宽，导致吏治败坏。而太子的反复废立也使多位皇子觊觎皇位，出现党争之乱。1722年冬，康熙崩于北京畅春园，四阿哥胤禛继位，即雍正帝。

二、雍正时代（1722—1735 年）

雍正执政后，针对康熙时期的弊端采取补救措施，开始政治改革。

在中央，雍正设置军机处加强皇权，亲自批改奏折。雍正如同一台孜孜不倦的机器，在其理政的 13 年里，高负荷快速运转，在数万件奏折上写下的批语多达千万字，后世评价他为最勤奋的清朝皇帝。在地方，雍正整顿吏治，打击朋党，施政严猛，起用了一批办事作风雷厉风行的能臣干吏，如田文镜、李卫在河南、浙江的清查钱粮工作出色，被誉为"模范督抚"。

雍正削弱亲王势力，注重皇子教育，创立了秘密立储制度，以防止再次出现康熙时期的皇子争位、骨肉相残局面（雍正当上皇帝后，那些与他争过皇位的亲兄弟都以各种名义被软禁、流放或杀害）。

经济上，雍正实施摊丁入亩，减轻无地贫民的负担。为解决地方贪腐问题，实行"火耗归公"，耗羡费用改由中央政府计算，并设置"养廉银"来提高地方官员的薪资。

雍正设置特务机构来暗中监控地方事务，密折制度在这时期完善，官员的一言一行都被雍正掌握在手里，一定程度上对违法乱纪的地方官起到了震慑作用，特别是那些自认为"山高皇帝远"的州、县官，想干不该干的事情之前，心里就得先掂量掂量了。

● 知识点

火耗归公

清初承明旧制，官员薪资偏低，州、县官员不足以维持生活，于是地方官征收钱税时，会以耗损为由，多征钱银，这便是所谓的"火耗"。"火耗"也称"耗羡""羡余"，它是正税之外无定例可循的附加税，也是默许州、县官在收税时加征银两。雍正在1724年将"耗羡"附加税改为法定正税，并设置了"养廉银"，意在消除地方官吏的任意摊派行为，于是就有了"火耗归公"。

雍正通过此举集中了征税权力，减轻了人民的额外负担，增加了官员薪酬，对整顿吏治、减少贪污有正面作用。但实际上，州、县在征收火耗之外，又暗中加派，所以未能从根本上改善吏治。

军事上，雍正继续执行清朝的扩张政策。雍正初年，派出岳钟琪、年羹尧征伐准噶尔部叛军，大胜，收复了被叛军占领的青海地区60万～70万平方千米的领土。岳钟琪是岳飞二十一世孙，康熙、雍正、乾隆三朝名将，官至兵部尚书，战功卓著，乾隆曾称其为"三朝武臣巨擘"。终清之世，汉族大臣官拜大将军，满洲士卒隶麾下受节制的，唯岳钟琪一人。

1735年雍正帝离奇去世，在位仅13年，其子弘历继位，即乾隆帝。

历史上，有多位皇帝的死因至今未解，比如北宋的开国皇帝赵匡胤暴毙于风雪之夜，留下了"烛影斧声"的千古谜团。关于雍正离世，《清世宗实录》的记载是，雍正帝于雍正十三年（1735年）八月二十一日得病，"仍照常办事"，至二十三日子时驾崩。但在民间，雍正之死有多个版本，如有传雍正被江湖侠女吕四娘飞剑击杀，有传雍正被宫女们联手勒死，还有传雍正被竺香玉（林黛玉的原型）掐死等，这些传说使雍正成为大清国最具神秘色彩的皇帝。

三、乾隆时代（1735—1795年）

乾隆帝上台后，以"宽猛相济"施政，介于康熙帝的仁厚与雍正帝的严苛之间，清朝的文治武功在乾隆时期走向极盛。

经济方面，乾隆重视农业发展，鼓励开荒，扩大种植面积，并通过大规模的人口迁移，开发和稳定边疆地区。同时，乾隆也重视商业经济发展，并给予一些宽松政策和恤商政策。在南方，江南与广东等地的丝织业与棉织业已很发达；在北方，金融机构（经营汇兑和存款、信贷的票号）首先在山西等地出现。

清代是中国制瓷史上的集大成时期。数千年的制瓷经验，加上政治安定、经济繁荣，以及康雍乾三代皇帝的爱好，使得清初的瓷器制作技术高超，装饰精细华美，成就卓越，制瓷水平达到了前所未有的高峰，新开创了金彩、墨彩、珐琅彩等工艺，在中国陶瓷史上留下极为光辉灿烂的一页。清代著名的督陶官唐英，是景德镇御窑厂督陶时间最长（近 30 年），成绩最显著的督陶官，所烧制的瓷器世称"唐窑"。《中国的瓷器》一书中这样评价唐窑："中国瓷器，到了唐窑，确实集过去所有制作之大成。这表现在瓷器装饰方法，造型设计以及制瓷技术方面。"

清朝疆域在乾隆时期扩到最大，约有 1300 万余平方千米。乾隆平定了回疆大小和卓之乱和长达百年的准噶尔汗国叛乱；用兵湘、黔，推行"改土归流"，限制了土司势力；常年派兵至格尔必齐（今属俄罗斯）及额尔古讷河（今黑龙江省与俄罗斯交界处）一带边界巡逻；1768 年，出师缅甸，迫缅王猛驳请和；1787 年，派兵入安南（今越南北部）平定内讧；1790 年，将廓尔喀（今尼泊尔）军逐出藏境，乘胜追入廓境，迫廓尔喀言和。1792 年（乾隆五十七年），82 岁的乾隆撰写《十全记》，记述其一生的"十全武功"，并自称"十全老人"。

由于乾隆最崇拜的偶像是他的爷爷康熙，所以他决定自己的在位时间不可超过康熙，于是在执政 60 年后，乾隆于 1795 年禅位给皇十五子颙琰（即嘉庆帝），自己当起了太上皇，直至 3 年零 4 个月后崩逝，成为中国历史上在位时间第二长（仅次于清圣祖康熙帝）、年寿最高的皇帝。

（a）画珐琅花卉纹瓶

（b）珊瑚狮子

（c）金嵌珍珠松石楼式佛龛

（d）黄地珐琅彩梅花纹碗——雍正时期

（e）黄色地套红色玻璃龙纹缸——乾隆时期

清代珍宝（王爽／拍摄）

（现收藏于北京故宫博物院）

最早关于康乾盛世的提法大概是在康熙五十二年（1713 年），康熙帝宣布实行"盛世滋生人丁，永不加赋"；乾隆帝也曾宣称："方今国家全盛，府库充盈。"当时官员使用"盛世"一词的现象也较多，例如：清廷在统一新疆全境后，户部尚书于敏中赋诗歌颂乾隆："觐光扬烈，继祖宗未经之宏规；轹古凌今，觏史册罕逢之盛世。"

注：于敏中，江苏金坛人，乾隆年间一甲一名进士（即状元），与其堂兄于振合称"兄弟状元"。于敏中最大的贡献是促成并领导了《四库全书》的编纂工作，此外他也是当时颇有影响力的书法家，其书法风格近似于董其昌。

康雍乾三朝处于清代前中期，共历 134 年，恰好是清史 268 年的一半。清朝所取得的巨大成就与社会进步，大都在这个时期完成。所谓"康乾盛世"，至少体现在以下三个方面。

一是经济持久繁荣。突出表现在农业耕地面积空前扩大，特别是边疆偏远地区不少荒原被开垦为良田。土豆、红薯、玉米等南美作物的推广大幅度提升了农业产量，人口出现爆炸性增长，在乾隆时代达到 3 亿左右。此外，国库财政储备充足，常年保持在 6000 万～7000 万两白银，最高的年份达到 8000 万两，康乾两朝曾 5 次全免全国农业钱粮近 3 亿两白银。当时中国的工业产量约占全世界的 32%。

二是国力强大，军事力量雄厚。康雍乾百余年间，清军南征北战，出入异国，虽艰辛备尝，牺牲重大，但显示了强大的战斗力，保卫了国家领土不受侵犯，而且还扩大了疆域。清朝之前的 2000 多年，没有一个王朝真正解决了国家"大一统"，而清廷入关后，提出"中外一视"理念，康熙时代还做出一项决定："长城不再修理，也不再作为军事要塞派驻重兵"，体现了大国气概，推进了边疆与内地一体化的历史进程。

三是康雍乾时代文化发展昌盛，诗歌、绘画、小说、戏剧、艺术、学术等领域均有开拓性发展。一部《四库全书》，卷帙浩繁，集历代传统文化之大成。西方传教士将中国文化带回欧洲，引发了 18 世纪中国风的热潮。那时的欧洲学者们认为要向中国学习，要与中国接轨，伏尔泰曾说：

"在道德上欧洲人应当成为中国人的徒弟。"

但是"天道万物有轮回，盛极而衰为常态"，进入乾隆统治后期，清朝已经开始掉头转向，义无反顾地滑向下坡道。

晚年的乾隆宠信贪官和珅，官场腐化，贿赂行私层出不穷，政治趋于败坏。当欧美国家纷纷走上民主政体，消除专制制度时，清朝这种过度的中央集权制度正在严重地阻碍着已经在中国呈现出萌芽势头的资本主义的发展。

人口暴增与农村土地兼并现象严重，使得许多农民失去土地，民变在乾隆后期到嘉庆时期陆续爆发。康乾盛世100多年间，江南的米价大约上涨了4倍，田价更是疯涨了10倍，于是高产的红薯和土豆成为老百姓最实用的果腹之物，所以有人把康乾盛世戏称为"红薯盛世"。此外，朝廷连年征战使得国库损耗严重。

从清初期开始的"文字狱"也是愈演愈烈，乾隆在60年帝王生涯中，竟然创造了130多起酷刑案，比中国历史上任何一个皇帝留下的文字狱都多。大量文人学士被残害，在一定程度上禁锢了民众的思想。

乾隆时期延续着自明朝开始实行的闭关锁国政策，对出口货物的种类也多有限制。当欧洲正在如火如荼地推进工业革命时，大清帝国的科技水平却被越甩越远。1793年，马戛尔尼率领英国使团以给乾隆皇帝祝寿为名抵达中国，欲通过谈判打开中国市场，但被傲慢的乾隆一口回绝，无功而返。马戛尔尼后来在日记里这样写道："清政府好比是一艘破烂不堪的头等战舰，它之所以在过去150年中没有沉没，仅仅是由于一班幸运、能干而警觉的军官们的支撑，而她胜过邻船的地方，只在她的体积和外表。但是，一旦一个没有才干的人在甲板上指挥，那就不会再有纪律和安全了。"乾隆错过了世界给中国的一个重要机会。

因此，从中国过往历史的纵向对比看，康乾盛世规模只有量的增加而没有质的改变。从同时代西方国家的横向对比看，康乾盛世的政治制度、经济状况（虽然经济生产总量仍高于西方，但是生产技术却相对落后）、文化科技已经全面落后于西方国家。

　　鲁迅先生曾对康乾盛世提出异议："所谓的康乾盛世很有可能是统治者通过文字狱的手段掩盖了真正的记录，《四库全书》并不是全部的历史，那是经过乾隆删改的历史。"

　　易中天教授认为："论气度，论胸襟，论精神，（康乾盛世）均不能与'汉唐气象'相提并论。"

　　康乾盛世，中国古代封建王朝的最后一个盛世，也是中国封建社会最后的"回光返照"。

❄ 1730 年淮河夏季大暴雨

　　中国幅员辽阔，江河众多，地形复杂，气候多变，自然灾害频发，其中以洪涝灾害的影响最甚，自古以来就是中华民族的心腹之患。

　　河南是华夏文明的主要发源地之一，位于我国中东部，地势西高东低。北、西、南三面有太行山、伏牛山、桐柏山、大别山沿省界呈半环形分布，中部和东部为黄淮海冲积平原，西南部为南阳盆地。

　　地理位置上，河南处于山区趋向平原的过渡带，横跨长江、淮河、黄河、海河四大水系，既得水之利，也受水之害。

　　气候分类上，河南处于南北气候过渡带，以伏牛山—淮河干流为界，北为暖温带，南为北亚热带，属大陆型季风气候，暴雨强度大，降雨时空分布不均，年内和年际变化都较大，汛期降雨量约 500 毫米，超过全年降雨量的 6 成。

　　1975 年 8 月，一场历史罕见的特大暴雨持续袭击河南一带，打破了多项气象纪录，造成了极为严重的洪水灾害，史称"75·8"特大暴雨。

　　8 月 4 日，当年第 3 号台风（7503 号）在福建省晋江登陆后，向西北方向深入内陆。

　　8 月 5 日 20 时，台风到达湖南省常德附近后向北移动。

　　8 月 6 日 21 时，台风进入河南省，在桐柏附近徘徊。

8月7日08时，台风进入河南省驻马店地区。

这个来自西太平洋的台风系统挟带着大量水汽，一路北上，与南下的强冷空气在河南一带遭遇并形成对峙局面，辐合作用十分强烈，同时又受到桐柏山、伏牛山组成的"喇叭口"地形的抬升作用影响，在驻马店一带造成了罕见的内陆特大暴雨。

暴雨中心位于驻马店市西35千米处板桥水库的林庄，最大过程雨量（8月4—8日）达1631毫米（驻马店地区年平均降水量通常在850～1000毫米），几乎是全年降水量的2倍，其中5—7日3天累计雨量为1605毫米，8月7日当天的雨量为1005毫米，最大6小时和24小时雨量分别为830毫米和1060毫米，下陈站最大，60分钟雨量高达218毫米（2021年7月20日，郑州1小时最大降雨量达201.9毫米，打破"75·8特大暴雨"1小时降雨量198.5毫米纪录，成为我国陆地小时降雨量新极值；但60分钟最大降水量纪录仍为下陈站的218毫米）。这些站点的降雨强度之大，位居我国大陆有气象观测记录以来的首位，其中林庄6小时降雨量位列世界实测大暴雨之首；5—7日3天累计雨量超过600毫米和400毫米的覆盖面积分别达到8200平方千米和16890平方千米。

暴雨发生后，各河道先后出现了两次较大洪峰，第一次在5—6日，第二次在7—8日（最大洪峰）。板桥和石漫滩这两座新中国初期兴建的大型水库在8日凌晨溃坝失事，竹沟、田岗2座中型水库及58座小型水库相继垮坝，老王坡、泥河洼滞洪区也先后漫决，河道堤防到处漫溢决口。经测算，这次特大洪水淮河流域在正阳关（鲁台子）站以上总量达129亿立方米，长江流域唐河郭滩、白河新店铺以上为41亿立方米。

这场特大洪水，涉及河南的驻马店、漯河、许昌、周口、南阳及舞阳工区6个地市区、30个县市，受灾人口1015万，倒塌房屋525万间，冲毁京广铁路102千米，河道堤防漫决810多千米，河道决口2131余处（长348千米），失事水库62座。按当时价格计算，经济损失近100亿元人民币，其中原驻马店地区损失26亿多元。

历史不是简单的重复，但常常以相似的面目出现。如果往前追溯245

年，回到清代中期，1730 年（雍正八年）的夏天，黄淮地区也经历了一场持续多日的暴雨侵袭。

根据历史文献记载，这场雨涝灾害过程出现的强降雨时段主要在 1730 年 7 月 28 日—8 月 13 日（农历六月十四日至三十日），持续了 17 天，雨区覆盖河北、河南、山东、江苏、安徽等地，但各地发生强降水有先后，主要是由西向东扩展、南北间游移。

强降雨首先出现在河南东部。7 月 28—30 日，河南的开封、新郑等地出现"大雨，河水陡涨"。7 月 31 日，大雨区扩展到河北南部，鸡泽"六月十七日（7 月 31 日）大雨至三十夜"，永年"六月十八日大雨连旬不止，二十八日如倾盆，二十九日夜大雨不止"。强降雨在河南地区一直持续到 8 月 13 日。

8 月初，大雨范围向东扩展到山东省，强降水中心南北游移。8 月 2 日起，山东中南部的莒县和沂水"大雨如注七昼夜无一二时止息"；8 月 4 日起，山东西部的曲阜、金乡、济宁等地"风雨交作"持续了 6～7 天；肥城自 5 日起"大风雨连七日夜，墙屋尽倾"。

8 月 5 日，强降水扩展入江苏省境内。位于苏北的赣榆"大雨七昼夜"，连云港"大水暴至，平地深丈余"。8 月 7—10 日，江苏西北部的泗阳"风雨连绵，昼夜不止"。

从上述文献记录看，7 月 28 日—8 月 13 日，强降雨落区先由河南开封向东偏北方向扩展和加强，到达山东后，强降水中心在山东中南部至苏北之间游移，大致是在黄河下游、黄淮之间盘桓。根据各地对雨势的描述可推测出降水强度达到暴雨、甚至特大暴雨的级别。

1730 年夏季这场持续了 10 多天的大范围强降水，引起海河、黄河、京杭大运河、淮河的诸多支流河水暴涨、漫溢甚至决堤，冲淹田亩、毁没民舍、浸坏城垣。水灾涉及河南东部、河北东南部、江苏北部、山东 100 余州、县。例如，河北、山东境内漳河、卫河、衡河、大小清河、孝妇河、白狼河（今白浪河）、潍河、沂河、汶河、泗河等河系均遭遇洪水，河南省境内的沙河、洧（音 wěi）河、洎（音 jì）河等诸河也都出现洪水暴发，更别提黄河、淮河、大运河等多处发生决口和漫溢。

暴雨引发了严重饥荒，以山东境内为重，饥荒最严重的滕县甚至出现"人相食"。这一年，长江中、下游多雨的地方也有饥荒发生。

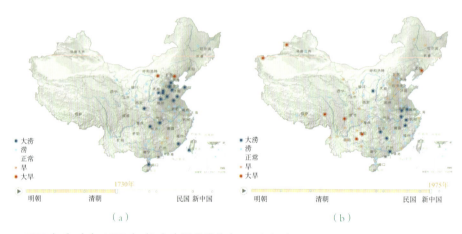

1730年（a）与1975年（b）中国旱涝分布（张永宁 中国旱涝五百年 [EB/OL].http://tq121. weather.com.cn/sciname/modules/datanew/pc/index.html, 2019-06-24）

为什么说"75·8"特大暴雨与1730年夏季黄淮暴雨很相似？主要是造成这两场暴雨的气候背景很相似。国家气候中心研究员张德二先生曾经从四个方面对两者进行了对比分析。

第一个是台风的影响。"75·8"特大暴雨的主要影响系统是7503号台风，8月4日台风在福建晋江登陆后向西北方向深入内陆，在河南境内停滞，从西太平洋海区为暴雨输送了大量水汽。同样，1730年夏季我国沿海台风活跃：当8月4日台风袭击江苏台东一带时出现"大风海溢"，8月13日台风登陆浙江沿海时，黄淮地区均出现了强降水，这些都是台风系统外围气流为之输送了丰富的水汽之故。

第二个是赤道太平洋海温的影响。根据历史上对厄尔尼诺的记录，1728年曾出现极强厄尔尼诺事件，1730年是这次极强厄尔尼诺年后的第2年，为非厄尔尼诺年。1972—1973年，赤道中东太平洋也发生强厄尔尼诺事件，1975年同样为事件结束后的第2年。

第三个是太阳活动的影响。 1843 年，德国科学家塞瑟尔发表了一篇题为"1843 年间的太阳观测"的论文，文章指出："太阳的年平均黑子数具有周期性的变化，变化的周期约 10 年。"根据太阳活动记录，1724—1733 年为一个太阳活动周期，该周期的太阳活动峰值年为 1727 年，强度为"很强（SS 级）"，1730 年则处于太阳活动极小年的前 3 年。同样，1975 年处于太阳活动周期第 20 周的极小年的前 3 年，该活动周强度为"强（S 级）"。

第四个是火山活动的影响。 根据世界火山活动记录，1730 年，全球共发生了 3 次强度达到 3 级的火山活动，分别是爪哇火山爆发、意大利维苏威火山爆发、加那利群岛兰萨罗特火山爆发。而前一年（1729 年）只有一些强度为 2 级的弱火山活动。1975 年也是火山喷发活动较多的一年，2 月新西兰汤加里罗火山喷发，强度为 3 级；7 月堪察加的托尔巴奇克火山喷发，强度为 4 级，不仅喷发物高达 10 千米以上，而且喷发的火山灰体量巨大，达 1×10^8 立方米；4 月危地马拉的圣马利亚火山喷发，虽然强度只有 2 级，但其火山灰的喷发量巨大，也达 1×10^8 立方米。

1730 年是多灾之年。

世纪大洪水——沂、沭、泗河大洪水就发生在这一年的夏季，洪水暴发前连阴雨超过 40 天，后又出现连续多日暴雨（与前面提到的淮河大暴雨衔接上），雨期长达一个半月，导致出现罕见特大洪水，引发了极为严重的灾害。沂、沭、泗河大洪水是明清两代以来近 500 年最强洪水之一。

这一年的农历八月二十九日，京师（今北京）还发生了强地震。在地震之前，恰起狂风暴雨，随后发生地震。房屋倒坍严重，皇宫、圆明园、畅春园均有损坏，太和殿的一角也出现倾颓。京城方圆百里之内都有明显震感，就连东陵所在地遵化也有震动。雍正皇帝躲到了船上，随后又住进临时搭起的帐篷，不敢回宫理政和休息。地震造成 2 万多人死亡，在京城产生了恐慌，清政府随即安抚灾民，凡有屋宇倾塌者，都拨银两作为修理费用。此外，还赏给满、汉大小文武官员每人半年俸银。

● 知识点 厄尔尼诺和拉尼娜事件

　　正常情况下，赤道地区的西太平洋是大片的暖水区，其面积相当于我国陆地面积的两倍多，而赤道东太平洋是一片冷水区。但在某些年份，原本堆积在西太平洋的暖海水会往东蔓延，使得赤道中东太平洋海温持续升高；而另一些年份，赤道中东太平洋冷水区范围扩大，海水变得更冷。当赤道中东太平洋海温出现这种异常现象，就有可能发生厄尔尼诺或拉尼娜事件。

　　厄尔尼诺是指赤道中东太平洋海温持续偏高并造成大气环流异常的一种气候现象，是海洋的暖事件。拉尼娜，也称为"反厄尔尼诺"，是指赤道中东太平洋海表温度大范围持续异常偏低的现象，是海洋的冷事件。两者统称为恩索（ENSO）事件。ENSO 事件会通过影响地球中低纬度区的大气环流，进而对世界各地的气候产生影响。

　　如何判定厄尔尼诺和拉尼娜事件呢?

　　目前，国家气候中心采用赤道中东太平洋海面温度的距平（当年值与常年值之差）作为厄尔尼诺/拉尼娜事件的判定依据。

　　当海面温度连续 3 个月比常年偏高 0.5 ℃，表明可能已进入厄尔尼诺状态；当海面温度偏高的情况持续 5 个月及以上，则确认为是一次厄尔尼诺事件。

　　当海面温度连续 3 个月比常年偏低 0.5 ℃，表明可能已进入拉尼娜状态；当海面温度偏低的情况持续 5 个月及以上，则确认为是一次拉尼娜事件。

　　发生厄尔尼诺和拉尼娜事件时，可根据赤道中东太平洋海面温度偏高或偏低的幅度来判定事件的强度，依此划分为 4 个等级：弱、中等、强和超强。

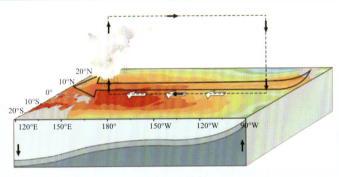

（a）正常状态

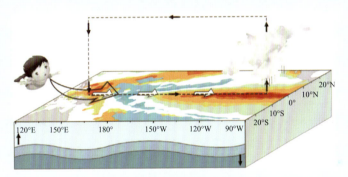

（b）厄尔尼诺

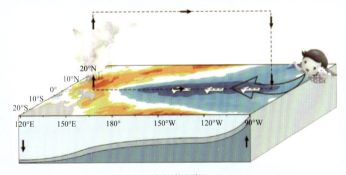

（c）拉尼娜

热带太平洋海洋大气状态示意（郑国光 等《中国气候》）

（暖色系代表海温偏高，冷色系代表海温偏低，颜色越深，偏高／低的程度越大。）

延伸阅读

关于淮河流域的洪水灾害

淮河古称淮水,位于长江与黄河之间,与长江、黄河和济水并称"四渎",是中国七大江河之一。

淮河发源于河南省南阳市桐柏山,干流自西向东经过河南、安徽、江苏三省,全长约 1000 千米。其中,洪河口以上为淮河干流上游,长 360 千米,地面落差超过 170 米;洪河口以下至洪泽湖出口中渡为中游,长 490 千米,地面落差 16 米;中渡以下至三江营为下游入江水道,长 150 千米。

淮河流域地跨河南、湖北、安徽、江苏和山东五省,流域面积约为 27 万平方千米,整个流域分成淮河和沂、沭、泗河两大水系,其中淮河水系流域面积约 19 万平方千米,沂、沭、泗河水系流域面积约 8 万平方千米。

淮河流域年平均降水量分布(1981—2010 年)

淮河是中国南北方的自然分界线，中国 1 月 0 ℃等温线和 800 毫米年均等降水线大致沿秦岭—淮河一线分布。淮河流域的多年平均降水量超过 900 毫米，但降水量的年际变化较大，最大年降雨量可达最小年降雨量的 3～4 倍。5—8 月的汛期平均降雨量超过 500 毫米，尤其是 6—7 月，是江淮地区特有的梅雨季节，降雨可持续 1～2 个月，范围之广，可覆盖全流域。

　　淮河洪水按影响范围可分全流域性洪水和区域性洪水。全流域性洪水是由于梅雨雨期长、大范围连续暴雨所造成。区域性洪水由局部河段或支流暴雨所造成。

　　12 世纪以前，淮河流域洪涝灾害记载较少。但随着人类历史经济活动的发展，自然地理的变化，改变了自然生态环境，河系历经变迁，洪涝灾害不断发生。历史上黄河曾数次侵夺淮河流域（尤以 1194 年黄河侵淮为甚），称为"夺淮入海"。黄河泥沙在淮河下游沉淀，加剧了淮河下泄不畅的地理特征，使得内涝成为淮河水灾的重要形态。

　　据历史文献记载统计，14—19 世纪的 500 年里，淮河流域发生较大水灾 350 次，平均不足两年就发生一次。黄河夺淮初期的 12—13 世纪，平均每百年发生水灾 35 次；14—15 世纪每百年水灾 75 次；16 世纪至新中国成立初期的 450 年里，每百年平均发生水灾 94 次，洪涝灾害越来越严重。清代时期，1730 年、1848 年、1850 年、1898 年曾发生过流域性大洪水。

❄ 小冰期也有极端高温

　　在当今全球变暖的大背景下，不管国外还是中国，夏季高温热浪事件频繁发生，而且热浪强度和持续时间不断增长。

例如，2003 年夏季欧洲中西部发生了罕见的高温热浪，导致 2 万人死亡。

又如，2019 年 7 月全球平均气温 16.7 ℃，为 1880 年以来最高。北美西部和东部、欧洲大部分区域、中亚、澳大利亚中部等地气温较 1981—2010 年同期高 1 ℃以上。其中，法国巴黎 7 月 25 日最高气温达 42.6 ℃，创下有器测记录的最高纪录；德国萨克森州林根市气温也达到 42.6 ℃，为该国自 1881 年有气象记录以来最高。异常高温导致全球冰川融化加快，南、北极海冰覆盖面积创新低。

进入 21 世纪以来，中国也频繁发生大范围高温热浪事件。

2013 年夏季，黄淮以南地区出现大范围高温天气，这次高温过程从 6 月 29 日开始，一直持续到 8 月 29 日，长达 2 个月的时间。其中高温日数超过 15 天的面积有 151 万平方千米，超过 30 天的面积有 78 万平方千米，高温天气对当地人体健康、农业生产和水资源调度等都产生了不利影响。

2017 年 6 月下旬至 7 月中旬，东北、华北、西北、华东、华南等地都出现持续高温天气，极端性强、影响面积大，接近国土面积 1/4 的地区均受到影响，其中新疆吐鲁番 7 月 10 日最高气温达到 49.0 ℃，刷新历史纪录。

好在如今人们的生活条件越来越好，生活水平也不断提高，夏天虽然炎热，大部分人可以吹空调、吃冷饮，有些人甚至可以异地避暑。但即便条件再好，每年仍有因酷暑而死亡或罹患疾病的人，更别提在科技水平和生活条件都落后的古代社会了。

乾隆八年（1743 年），华北等地出现了罕见的持续异常高温天气，研究古气候的学者将之称为"中国历史最热夏天"，因为根据当时的观测记录推算，北京的日最高气温曾超过 44 ℃。虽然以现在的标准来看，"最热"一词颇似夸张，但就当时而言，人们并没有什么好的办法去抵抗这样的酷热。

根据张德二先生对清代文献所载气象记录的整理分析，有关 1743 年华北异常炎夏的记载有 50 多条（不包括属于同一史料来源而转抄的重复记载），记载高温酷暑的地域广及北京、天津、河北、山西、山东等地。

北京："六月丙辰（7 月 25 日），京师威暑。"（清·乾隆《续东华录》）

天津："五月苦热，土石皆焦，桅顶流金，人多热死。"（清·同治《续天津县志》）

河北高邑："五月廿八（7 月 19 日）至六月初六日（7 月 26 日），薰热难当，墙壁重阴亦炎如火灼。日中铅锡销化。人多渴死。"（民国《高邑县志》）

河北深泽："夏六月炎热，六月初亢旱热甚，时有焦木气触人。初伏数日，人民中渴即骤毙日数十人。相近数百里皆然，亦稀有之灾也。"（清·咸丰《深泽县志》）

山东高青："大旱千里室内器具俱热，风炙树木向西南辄多死。六月间自天津南武定府逃走者多，路人多热死。"（清·乾隆《青城县志》）

山东平原："五月下旬热甚，有渴死者。"（清·乾隆《平原县志》）

山西长治："五月，日出赭色，照墙壁皆红，酷热，殆者甚多。"（清·乾隆《长治县志》）

山西浮山："夏五月大热，道路行人多有毙者。京师更甚，浮人在京贸易者亦有热毙者。"（清·乾隆《浮山县志》）

通过这些文献描述我们可以定性地分析出，当时到底有多热，以及产生了什么样的影响。

其一是对环境影响的描述。当时炎热天气晒焦了泥土岩石，连平时阴凉积水重的泥墙都被烤得像火烧一样，太阳升至正午的时候连锡、铅都被熔化了，多地出现"桅顶流金"（指锡合金饰物熔化）。

其二是对百姓的影响。天气热到连放在家中的各种生活用品都发烫，百姓们忍受不了炎热，纷纷离家出逃，想逃往凉爽的地区避暑，不曾想在逃亡的路上，因为又热又渴，有的人脱水而死，有的人中暑而死，这样的例子多到不可数计。可见，当时的炎热程度之重。

　　这次持续罕见的华北夏季高温过程恰好被一位传教士利用气象观测仪器记录了下来，并成为<u>中国最早的器测数据记录</u>。这位来自法国的基督教传教士叫 Antoine Gaubil，他给自己起了一个中文名字叫"宋君荣"。

　　1743 年，宋君荣在北京首建测候所，进行气象观测。这一年春、夏季，华北地区先后遭遇干旱和高温，特别是 7 月 13—25 日，出现了异常高温酷热天气。住在京城的宋君荣遇到了这次天气过程，他在其教堂住所进行气温观测并做了记录。

　　宋君荣留下的气象观测记录包括温度、风向和天气现象等，在北京的观测为每日两次，分别是地方时 06 时 30 分和 15 时 30 分，其中使用的温度测量仪器为 Reaumor 制式。下文的表中列出了 7 月 20—26 日北京的气温观测记录，读数 °R 为观测数值，℃为经过换算后的摄氏温度。

表　北京 1743 年 7 月 20—26 日温度观测记录

	温度读数（°R）	换算值（℃）
7 月 20 日	33¼	41.6
7 月 21 日	33¼	41.6
7 月 22 日	34	42.5
7 月 23 日	34	42.5
7 月 24 日	34½	43.1
7 月 25 日	35½	44.4
7 月 26 日	25½	31.9

（表中数据摘自张德二先生 2004 年发表在《科学通报》上的文章《1743 年华北夏季极端高温：相对温暖气候背景下的历史炎夏事件研究》。）

　　根据上表可以看出，20—25 日，北京每天的最高气温都超过 40 ℃，其中 25 日竟然高达 44.4 ℃。到了 26 日，随着一场降雨来临，日最高气温下降到 31.9 ℃。

　　按照通常的气象学和中国气候资料分析结果，一天当中日最高气温多出现在 14—15 时。根据北京观象台 1960—1987 年观测资料绘制的 7 月温度日变化曲线分析，日最高气温的峰值出现在 15 时前后，其后气温开始

下降，15 时 30 分 的气温处于略低于日最高值的地位。也就是说，1743 年
7 月 25 日曾出现过的最高气温，应该比 44.4 ℃更高。

传教士宋君荣在寄往巴黎的目击报告中这样写道：

"北京的老人称，从未见过像 1743 年 7 月这样的高温了。"

"7 月 13 日以来炎热已难以忍受，而且许多穷人和胖人死去的景况引
起了普遍的惊慌。这些人往往突然死去，尔后在路上、街道或室内被发
现，许多基督徒为之祷告。"

"奉皇帝的命令，官吏们商议了救济民众的办法，在街上和城门发放药物。"

"高官统计 7 月 14—25 日北京近郊和城内已有 11400 人死于炎热。"

他当时采用的是大清给出的灾后数据，那么真实死亡人数估计远不止
此了，因为光看北京这座各种设施相对完善的大城市就热死了那么多人，
那么其他相对落后的县城和地区的死亡人数估计会更多。

清朝设有钦天监，观测记录天气实况和天气过程，名为"晴雨录"，
可为当时实况相互印证。

晴雨录中有记述，7 月 7—18 日，为连续 12 个晴天（仅 12 日 19 时有
片刻微雨）。这足以造成干旱酷热天气。传教士宋君荣在信中也曾写道"7
月 13 日以来酷热难熬"。

晴雨录显示：北京 7 月 20—25 日连续晴天，26 日晨 09 时降小雨。与
之相对应的是宋君荣在观测簿中的记录："7 月 20—25 日连日高温"和"25
日夜间出现东北风、然后降雨"。这两份由不同的观测者留下的天气记录
一致，证实了北京持续多日的晴热天气，以及 7 月 25 日夜至 26 日晨冷锋
过境、降雨—降温的天气过程。

华北地区多个地点的地方志记载的高温时段与北京钦天监的记载大体
一致，即 7 月 13—26 日，河北的容城、遵化、平乡、南和、元氏等地持
续高温，显示出在暖高压大气环流系统的稳定控制下，以下沉气流为主、
晴热天气长期维持的典型天气特征。而且，在 7 月 26 日这一天，各地的
记录均显示有一次冷锋过境的天气过程。该日的风向转变时间自北而南的
推迟，降雨也自北而南递次发生。09 时北京降小雨，到了 13 时，河北南

部的元氏县等地相继出现小雨，正好反映了来自河北以北的冷锋自北向南推进的活动过程。

通过这些历史记录表明，这次高温事件是由于 7 月初至 7 月下旬，暖高压系统长久稳定地控制华北地区所致，7 月 26 日一次冷空气活动宣告这次华北极端高温事件结束。

根据历史文献记载分析，1741—1743 年，中国均呈现华北干旱、长江流域或江淮地区多雨的气候分布格局，1743 年夏季是典型的南涝北旱的分布型，华北地区持续的大范围干旱加剧了出现盛夏高温后引发的水资源紧张和民众饮水困难等次生灾害，这也是造成众多人热死的直接原因。

18 世纪，中国小冰期气候处于 1620—1690 年和 1810—1890 年两个寒冷时段之间的一个相对温暖时段，1743 年正好位于回暖时段中气温持续上升的过程中。需要强调的是，小冰期虽然以冷为主体趋势，但并非一年四季都很冷或是降温，而是这期间的气温波动起伏明显，有些年份也会出现暖冬炎夏。小冰期的主要气候特征还包括寒热失常、水旱灾害频发等。1743 年华北炎夏事件的发生有其气候背景，与太阳活动周位相、赤道太平洋海表温度场及小冰期气候变暖均有对应关系。这里对此不做详细分析，感兴趣的读者可以阅读张德二先生 2004 年发表在《科学通报》的论文《1743 年华北夏季极端高温：相对温暖气候背景下的历史炎夏事件研究》。

1743 年的这次华北高温事件能否称之为"中国历史最热夏天"呢？张先生对 20 世纪的气象记录进行对比分析后指出："20 世纪华北地区夏季第 1 位高温极值出现在 1942 年。北京的气象记录显示，1942 年出现了 6 月中旬和 7 月上旬 2 个高温时段，各段内日最高气温超过 40 ℃的日数各有 3 天。6 月 15 日的日最高气温达 42.6 ℃，这便是北京日最高气温的 20 世纪第 1 高值。"

排列第 2 位的高温纪录出现在 1999 年。当年 7 月下旬（23—30 日）华北广大地区日最高气温普遍在 35 ～ 39 ℃，其中河北中部、内蒙古中西部等地达 40 ～ 42 ℃，北京 7 月 24 日最高气温为 42.2 ℃，这是北京日最高气温的 20 世纪第 2 高值。

而在 1743 年 7 月 25 日的北京，宋君荣观测记录的气温数据高达 44.4 ℃，而且这是在当日 15 时 30 分观测的，如果在通常出现日最高温度的 15 时进行观测，得到数据应该会更高。当然，后来也有学者指出，宋君荣之所以能测量到这么高的温度值，是由于当时不规范的气温测量方式造成的。因为按照现代气象观测规范，所测气温要以离地 1.5 米高，且四周通风条件好的百叶箱内的温度计测值为准，而在 18 世纪还没有这样的观测标准。

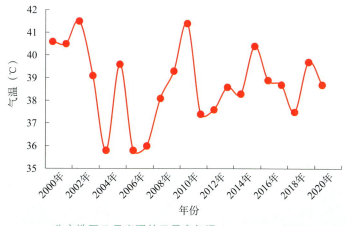

北京地区 7 月出现的日最高气温（2000—2020 年）

由于前期严重干旱缺水，农业灌溉等生产活动受到影响，粮食收成减少，造成粮价抬高。老百姓为了挣钱买粮，冒着酷暑高温去劳动，结果纷纷中暑，甚至被热死，如此形成恶性循环。为了稳定社会，清廷采取了一系列措施来应对这场高温干旱。

一是乾隆皇帝立即下旨："丙辰，以旱求言。" 意思是在六月丙辰这一天（即 7 月 25 日），命令各地官员，及时关注灾情。各地官员则纷纷上报，描述情况十分严重，农田已经颗粒无收，百姓除了饱受天灾折磨，还要忍受饥饿。

二是国家开仓放粮。 据《清史稿》记载："拨通仓米四十万石赈直隶旱灾。"清政府拿出了 40 万石粮食来赈济河北的灾民。数量看似很多，但经过层层克扣，实际到达百姓手中已所剩无几。

三是加造冰箱。 自古以来皇宫就有冰窖，官宦富贵人家则使用"冰箱"，这些不是寻常百姓家能用得起的。于是当时乾隆想了一个办法，就是用冰窖帮助邻近的百姓，加造冰箱缓解炎暑。《藤阴杂记》记载了康熙时期的冰窖："雪池，康熙中赐蔡升元，内府司员，冰雪施工，如期告竣，令同知陈元龙送归新第。"虽然这个办法解决不了所有百姓的问题，但是百姓看到皇帝的心意，能够起到稳定民心的作用。

四是乾隆祈天求雨。农耕时代，人们靠天吃饭，便把丰收的希望寄托于上天的恩赐，祈祷、礼拜能够赐福的帝神。于是就产生了"雩祭"，这是古代帝王为求雨而举行的祭祀。到了清朝，雩祭已形成十分完善的典礼礼制。清朝定制是：久旱、久雨，宫廷官署无不致祷。这类活动由皇帝主办，礼部承办。天坛的祈年殿、圜丘就是清代皇帝进行祭祀祈雨典礼的地方。如果祈雨之后降雨了，皇帝会再派遣大臣穿着朝服，去"报祀"，类似于咱们平常说的"还愿"。

乾隆深居冷宫也热得不行，于是作了一首名叫《热》的诗："冰盘与雪簟，激滟翻寒光。展转苦烦热，心在黔黎旁。"

延伸阅读

古代防暑降温的妙招（摘自中国气象微信公众号）

一、器具篇

1. 自动风扇

古时候，平民百姓的"避暑三件套"是凉茶、蒲扇、草席子，而对于富贵人家，则还有自动风扇车。自动风扇车这件避暑神器据称汉朝时就已发明，曾一度用于军事用途。后来"军工转民用"，接上水车，变身全自动的消暑神器。

2. 冰箱

古代也有"冰箱"，春秋时期就出现了青铜制的冰鉴。

冰鉴共分里外两层，外层放冰，里层就可以用来冰镇瓜果、饮品；更为奇妙的是，冰鉴外壳上开了几个孔，往外排冷气，就成了"冰箱空调一体机"。

到了明清时期，大户人家制作冰鉴的材质变成了黄花梨和红木。

那么，冰鉴中的冰从何而来？

中国古代很早就有了化学制冰的能力。大约在唐朝末期，工匠们在生产火药时开采了大量硝石。他们无意中发现，硝石溶于水时会吸收大量的热，能使周围的水降温，直至结冰。

于是一些能工巧匠便开始利用硝石制冰。工匠们将水放入罐内，取一个更大的容器，在容器内放水，然后将罐子放在容器内，并不断地在容器中加入硝石，结果罐内的水结成了冰。

硝石是一种白色味苦的晶体，颜色如霜。它的化学名称叫硝酸钙，它溶解于水时会吸收大量热量，使周围温度降低以致结成冰。有了这种技术，就大大促进了古代制冷市场的繁荣。

不过，化学制冰的温度通常难以控制，大量制冰也不甚现实。

因此，古代大户人家会在严冬时收集冰块储存在地底深处的地窖中，待夏天的时候拿出来用。

据《周礼》记载，当时周王室为保证夏天有冰块使用，专门成立了相应的机构管理"冰政"，负责人称"凌人"。此部门的"编制"不小，共有80名"职工"。每年大寒季节，工人就开始凿冰储藏，因为这时的冰块最坚硬，不易融化。管理藏冰事务的官吏监督奴隶、农民到水质好的地方凿采，藏到预先准备好的冰窖里。

冰窖一般建在阴凉的地方，深入地下。凌人用新鲜稻草与芦席铺垫，把冰放到上面之后再覆盖稻糠、树叶等隔温材料，然后密封窖口，待来年享用。以这种储存方式，每年大概会有2/3的藏冰会融化，所以古人常常将藏冰量提高到所需使用冰量的3倍。

3. 空调房与"深井冰"

汉代，皇宫里设有冬、夏两用的"空调房"，冬季用房叫"温调殿"，夏季用房叫"清凉殿"。清凉殿内有多重降温装置———以石头为床，用玉晶盘装冰块，还有仆人站在一旁对着扇扇子。

据古籍记载，清凉殿内盛夏时仍清凉无比，如同含霜一般。而汉武帝刘彻身边的红人，可以得到"常卧延清之室"的特权。

而在民间，人们也在巧妙寻求温差。譬如，一些人会在家中的地下挖出一个直径20厘米左右的地洞，由于地底相对恒温，冬暖夏凉，所以当屋外空气通过深埋地底的管道传输，再从洞口流出，夏天就会排出一些"冷气"。据说，这在曹操筑邺城的时候就已经广泛应用。堪称传说中的"深井冰"。

还有更高端的空调房叫做"自雨亭"。顾名思义，就是通过不停把水浇到屋顶模拟下雨，利用水循环带走热量，整套流程实现自动运转。这种设计在唐朝较为流行。

二、冷饮篇

在古代，也有种类丰富的冷饮。

上文提到，在唐代，人们学会了化学制冰，各类消暑冰饮随之产生。人们在大木桶里放上水，用化学手法制冰，同时将装有蔗糖、牛奶等原料的小铁盒放于木桶之中，制作消暑食物。

唐代的《酉阳杂俎》中记载了如何制作早期"冰激凌"——流质的"酪饮"与"冰酪"，前者是饮料，后者则加有水果、奶制品等佐料。

宋朝，市民经济发展使冷饮类型更加多样。

据记载，在开封府有三家大型冷饮店，一家叫"曹家从食"（从食即主食，如包子、馒头、水饺、馄饨、馅饼之类，均为从食），位于朱雀门外；另外两家位于旧宋门外，店名失考。三家店都卖冰雪、凉浆、甘草汤、药木瓜、水木瓜、凉水荔枝膏等诸如此类的冷饮。

"冰雪"是宋朝的冰淇淋，以蔗糖水为底，辅以各种水果、奶制品，甘甜可口，连皇帝都忍不住每日贪吃，堪称宋朝版的"哈根达斯"。

"凉浆"是冰镇的发酵米汤。

"甘草汤"是冰镇甘草水。

"药木瓜"是用蜂蜜和几种中药材把木瓜腌制一番，再放入滚水里煮到发白，捣成泥，然后和冰水混合均匀的清凉饮料。

"水木瓜"比较简单，木瓜削皮，去瓤，只留下果肉，切成小方块，泡到冰水里面就成了。

"凉水荔枝膏"和荔枝基本上没关系，主要是用乌梅熬成果胶，然后再把果胶融入冰水。

很多人都爱吃冷饮，古代的帝王也是如此。《宋史》里记载了南宋孝宗和礼部侍郎施师点的一段对话。

宋孝宗说："朕前几天吃了太多冷饮，结果拉肚子，幸好现在不拉了。"

施师点说："您是国家最高统治者，一举一动都关系到江山社稷和百姓生活，千万不能再凭自己喜好乱吃冷饮了。"宋孝宗听了之后深表同意。

到了清代，制冰、藏冰业的发达已经到了"宴客之筵必有四冰果，以冰拌食"的程度。《燕京岁时记》还说，清廷在三伏天会给各级官吏广泛赐冰，由于数量很多，须工部颁给"冰票"，让各级官吏自行领取。

当然，中医讲究"药食同源"，在物理降温之余，更相信一些食物在夏季有"清热解毒"的奇效。譬如，从宋代开始，消暑神器绿豆汤逐渐流行；此外还有甘草汤、莲子汤等，饮用后能起到养心益肾的效果，有中医理论佐证：心境平和自然凉。

❄ 皇帝的京西稻与将军的小站稻

一、气候影响农业产量

农作物生产的两个最基本条件是土壤和气候。一个地区能种植什么作物，要如何种植，不是单纯的偶然现象，气候条件往往起决定性的作用，而气候变化可以改变作物种植的空间布局。

以柑橙为例，大多数柑橙品种开始萌芽的温度为 12 ～ 13 ℃，23 ～ 31 ℃最适，35 ～ 37 ℃即停止生长，冬季低温不低于 -5 ℃才能安全越冬。柑橘类水果忍受低温的临界温度是：温州蜜柑、朱红柑约 -9 ℃，甜橙、柚约 -7 ℃、柠檬为 -3 ℃。《晏子春秋》中的一句名言"橘生淮南为橘，生于淮北则为枳"，意思是说南方的橘树移植到淮河以北，就会变成小灌木，橘子也会变成不能吃的"枳"。而造成这一差异的主要因素是我国南、北方的气候本底条件不同。在寒冷的 17 世纪后半叶，我国的柑橘种植范围最北只能达到北纬 32 度左右，比现在的种植北界靠南 3 度以上。清初康熙二十九年（1690 年），钱塘江、洞庭湖、鄱阳湖等地大部分柑橘树曾因气候寒冷被冻死。

低温冷害是影响农业生产持续稳定发展的主要气象灾害之一，即常说的霜冻，它会使植物中的水分被冻结，进而导致植物大量死亡。清代初期处于小冰期全盛期，华北平原一带有时 9 月下旬就出现早霜，到次年的 5 月中旬甚至还有晚霜，全年无霜期大概只有 150 天，比现在的无霜期少 30 ～ 50 天，比如当时天津南部平

> ● 知识点
>
> ## 积温
>
> 积温是指一年内日平均气温 ≥ 10 ℃持续期间日平均气温的总和，即活动温度总和。积温是研究温度与生物有机体发育速度之间关系的一种指标，从强度和作用时间两个方面表征温度对生物有机体生长发育的影响。一般以摄氏度·日 (℃·d) 为单位。

原一带的无霜期天数跟现在辽宁沈阳北部的无霜期天数相当。根据我国的农业生产经验，当年平均温度上升 1 ℃，仅积温变化导致农作物的熟级改变即可带来 10% 的增产潜力，如果考虑到冷害的减少，则幅度可能更大。

无霜期的长短是决定作物生长期的重要指标。在我国北方，秋霜冻出现早，会使未成熟的庄稼减产；而春霜冻结束晚，会让拔节后抗寒能力降低的小麦受冻害。例如，康熙三年四月二十三日（1664 年 5 月 18 日）天降霜冻，田苗冻死过半，一直到秋八月都不曾下雨，致使庄稼颗粒无收（清·乾隆《天津府志》）。

伴随冷害而来的，是明末我国华北、江南一带出现的持续大旱灾（导致明朝灭亡的重要因素之一），而在清初也是水旱灾害频发。气候效应往往会放大社会效应，气候对农业生产的影响会随着区域粮食供需关系的失衡而迅速波及到经济系统，并主要体现在粮食价格的波动上。粮价在明末清初上涨到前所未有的高峰。崇祯十三年（1640 年），华北一带的粮价高达"斗[①] 米价值银一两五钱至二两"；顺治八年（1651 年）"米每石四两"；康熙九年（1770 年）"斗米价至一两"。这段时期的粮价是明清 500 年中出现的最高粮价，差不多在北方涨了 10 倍，南方涨了 5 倍。

明朝中叶，华北平原地区大多能实行两熟制，而到了清初，由于华北平原无霜期缩短，作物仅能一年一熟或两年三熟，种植水稻难度大。粮食问题是关系江山社稷能否安稳的重要问题，康熙曾把南方的水稻、菱角等栽植到北京，但"北方地寒、未能结实，一遇霜降，遂至不收"（《清圣祖实录》）。

二、康熙帝种下的京西稻

北京海淀，位于北京的西部，元代初年，海淀镇附近是一片浅湖水淀，故称"海店"。因地处北京的西风带上游，山多水质好，现在有句话这样形容海淀——"上风上水上海淀"，意指海淀风水俱佳。

---

① 1 斗 =6 千克。

据史料记载，三国曹魏时期海淀已开始建渠种稻，距今已有1700多年历史。到了元代，水利学家郭守敬开通通惠河，充足的水源供应为水稻生长提供了保障，两岸农民开始大面积种植水稻。

但这些海淀产的水稻都不是京西稻。清代第三任皇帝康熙当属"京西稻之父"，所以它从诞生起就自带皇室血统，也被称为"御稻米"。公元1692年，康熙帝南巡归来，把下江南时带回的水稻品种"紫金箍"在海淀"三山五园"进行试种和推广。"三山五园"的具体所指，目前公认的说法是香山、万寿山和玉泉山，以及这三座山上分别修建的静宜园、清漪园（颐和园）和静明园，此外还有附近的畅春园和圆明园。

康熙在玉泉山脚下试验种植水稻，灌溉水来自玉泉山，水质优良清澈，一亩水稻终于收成了一石，成绩虽小，但意义重大。此后该水稻逐渐被改良，生产出的稻米专供宫廷御用，成为御用稻米供应品种，后又历经皇族多年经营，变身为享有盛誉的京西稻。京西稻属粳稻亚种，颗粒圆润，晶莹明亮，蒸成米饭香甜细嫩，松软可口，煮粥汤汁澄滑，香气四溢，故有"京西稻米香，炊味天知晓"之美誉。

在京西稻的栽培过程中，当时先进的水利灌溉技术得到了充分运用。一是利用地势高差，逐级蓄水。玉泉山上建成了多个湖泊，由高到低层层蓄水；同时修建石渠，引西山泉水，汇入诸湖。二是晒水增温。玉泉山泉水蓄积湖中后，经过日晒增温，再用来灌溉稻田。三是冷泉引流。用泥土圈围田中泉眼，把冷水引出田外。四是兴修河渠水利工程，形成层级分明的灌溉系统。

康熙皇帝第二次南巡（1689年）时，观览到宋代《耕织图》后十分感慨，于是命钦天监五官正兼宫廷画家焦秉贞根据其原意重新绘制《耕织图》册，作耕图23幅，织图23幅。《胤禛耕织图册》是雍正帝登基以前以康熙年间刻版印制的《耕织图》为蓝本，内容和规格仿照焦氏本，由清宫廷画师绘制而成。不同的是，胤禛耕织图中的主要人物（如农夫等）均为胤禛本人的肖像。《收刈（音yì）》页为耕织图册之一开，描绘了麦田中农夫装扮的胤禛（雍亲王）正带领众人收割庄稼。

为了有效利用泉水资源，乾隆曾下令修建了约 10 里[①] 长的石槽，引樱桃沟泉、碧云寺泉和双清泉在广润寺汇集成一股流泉，向东直入玉泉山下，与玉泉山泉湖融入一体后流入高水湖、养水湖，最终汇入瓮山泊。扩建后的瓮山泊水面及水深均大于旧状，构成一座碧波荡漾、名副其实的大水库。乾隆因此将瓮山泊改称昆明湖，令玉泉山、颐和园周边及长河两岸皆种稻田。

清代宫廷画《胤禛耕织图册·收刈》

　　清初的皇帝不仅熟悉农业和水利知识，还将艺术理念移入水稻种植中，创作出令人难忘的"活画卷"。当皇族成员们站在玉泉山和万寿山上俯视四周，山下不仅是水田连接两山，更是一幅天然美丽的水乡画卷。康熙命人绘制耕织图并为每图赋诗一首。耕织图是将稻农、水牛、水田、农

① 1 里 =500 米。

户等基本生产要素与美学艺术相结合，形成无与伦比的精致美图。如今大家熟悉的扭秧歌，就取材于京西稻的生产环节。

康熙、雍正和乾隆，特别是乾隆帝对京西稻更是情有独钟，为海淀稻赋诗多达几百首，如乾隆有诗："玉泉万寿一河连，众绿丛中试泛船。夹岸稻畦皆茂育，西成有象兆康年。""园中辟弄田，引水学种稻。轩名额多稼，奎章悬圣藻。""路边欣农况，徐临万寿山。稻田插秧早，渠垅水流潺。"

三、蓝将军与小站稻

距离京西海淀 100 多千米外的东南方向，是京师门户天津，此地盛产着另一个驰名中外的优质水稻品种——小站稻。

小站稻是禾本科一年生植物，属粳米之优良品种，晶莹如珠，米香浓郁，原产于天津南郊小站地区，始于宋辽时期，成名于清朝末年，也曾作为宫廷御膳米。

天津一带栽种水稻历史悠久。在宋辽对峙时期（10 世纪），宋太宗曾在渤海之滨兴建堤堰，开渠建闸，把军事防御和边界屯田结合起来，大面积种植水稻。

到了元代，由于蒙古族惯游牧、轻农业，宋代所开垦的稻田多有荒废。

到了明代，统治者推行"寓兵于农"政策，使得小站地区的水稻生产得以恢复。

1613 年（万历四十一年）徐光启弃官告病，乞休到天津。初入津门，见"荒田无数"，慨叹万分。他精通天文、水利、历算，认为在天津开田种稻是一救国良策，于是把一半土地作为水田，经多年"南稻北移"的科学试验，天津水稻产区规模逐渐形成。

到了清代，康熙四十三年（1704 年），天津沿海总兵蓝理（福建人）建议："天津沿海的荒旷洼地可模仿江南开垦为水田栽种水稻，等过了一两之年后，田地逐渐肥沃，招募福建一带农民 200 余人，开垦 1 万余亩。如果方案可行，就召募南方地区的无业之民到天津养牛种地，把沿海废弃之地全都利用起来，进行开垦。同时还可效仿明朝的屯卫之制，招募士兵，把屯田分给他们并编入户籍，这样一来还能为朝廷节约军饷"。

康熙对蓝理的建议持谨慎态度，他认为北方大规模种水稻不可轻举，主要是水源成问题，不要只看到一时降水量较多，就觉得灌溉的水够用。因为几场暴雨就构成了北方雨季的主要降雨量，看似下了很多雨，却蓄不住水，河道里的洪峰刚过就可能很快面临河道枯干。

康熙提到："当初直隶巡抚（相当于河北省省长）李光地曾请旨在地方开垦水田，朕就说过北方蓄水是一个难题，不可轻易开垦水田。琉璃河、莽牛河、易河，这些河道在春季河水丰沛，可入夏之后却容易干涸，都是因为北方的水土习性不同于南方。朕曾西巡，亲眼看见山西太原一带是从高处引水灌溉农田。此外，陕西、宁夏、哈密等地也采用这种灌溉方式，都是遵循北方水土习性顺势而为。而且天津多为盐碱地，不适于当粮田。"

但是最终康熙还是同意了蓝理的建议，批准在天津城南开垦荒地 200 余顷种植水稻，后被称为"蓝田"，其中包括 50 顷的洼地，由于常被水淹，所以只种杂粮。在康熙四十八年（1709 年），蓝理报称收获了 2500 多石粮食，折合亩产 5 斗，产量不算高，但从开垦荒旷洼地上看，也算是收获不小了。由此，海河流域中断了半个世纪的种稻历史得以恢复。

海河下游处于我国北方一季稻种植区，品种属于粳稻类，感温性较强，积温条件上满足水稻生育所需并不成问题，即使在小冰期的最寒冷期，也并非年年均受限制，特别是到了康熙末年气候转暖之后，因热量条件而限制水稻生产的情况已属多年一遇，所以海河下游种水稻主要还是受降雨量大小的影响为主。

天津稻作区主要分布在滨海平原，土壤盐碱含量高。水稻的耗水主要是生态需水，特别是在整地、拉荒、插秧和缓苗等阶段耗水量很大，春季耗水量占了生育期的一半以上。但是，受季风气候影响，天津春季雨量很小，占全年降雨的 10% 还不到（天津年平均降雨量只有 500 ～ 600 毫米，其中超过一半雨量出现在 7 月下旬至 8 月上旬，也就是常说的华北雨季），所以年降雨量总体少且在季节上分布也不均匀。更要命的是，不同年份之间的降雨

量差别也很大，降水多的年份年降雨量能超过江南（超过 1000 毫米），而降水少的年份年降雨量接近西北半干旱区（200 ～ 300 毫米）。此外，加上经常出现暴雨洪涝，因此发展农田水利工程是在天津稻作区推广水稻种植的重要条件，通过人工的灌溉和排涝，及时补给水稻生长所需的水分并及时排出多余的水，同时也可以不断降低土壤中的盐分。

由于清朝政府的坚持和投入，100 多年之后，在咸丰帝末期（1860 年前后），以天津小站为中心的屯田灌区基本形成，既可取南运河水溉灌，也可引海河潮水溉灌，终于将海河和运河间的滨海平原改造成为驰名中外的商品稻基地。

天津作为京师门户，在地理位置上有天然的优势，为南、北农业交流提供了便利条件，因此在很长的历史时期，当时先进农业科技的成果在天津能得以很快地投入应用，把盐碱不毛之地变为粮食基地，将劣势的土地资源开辟为农业经济区。当然，这个过程是十分艰辛的，凝集了数代人的辛劳与汗水。

天津小站稻的成功，说明了一个道理：认识气候、适应气候、利用气候，有效发挥气候避害趋利的作用，积极发挥劳动者的主观能动性，把智慧和勤劳运用到极致，往往就能完成看似不可能完成的任务。

气候的作用可以通过社会效应被放大和缩小。康熙中后期（约 1700 年）江南的双季稻和天津稻田的恢复主要得益于小冰期气候的鼎盛期已接近尾声，随着气候逐渐回暖，乾隆初年（1750 年以后）的华北平原已恢复稻麦两熟制。

● 知识点

"稻麦两熟"是指在同一块田中，水稻收获之后种麦子，麦子收获之后种水稻。水稻属于水生作物，麦子是旱作作物，要使水稻收割之后及时地种上麦子，就必须排干田中积水；同样，要在麦子收割之后，及时地种上水稻，也必须解决灌溉问题。对于主产水稻的江南，由于水源充沛，灌溉不成问题，但最大的困难在于水稻收之后的稻田排水。即使把这些问题都解决了，还会出现时间上的矛盾。因为麦收之后种稻，水稻收割之后种麦，互相之间留给对方的有效生产时间不多，这又涉及到种子、劳动力的安排等方面的问题，与之相关的还有物力，特别是土壤肥力等问题，这些问题能否有效解决，将直接影响到稻麦两熟的普及和推广程度。另外，还有一个种植技术以外的问题，即粮食生产最终都是为了满足人的需要。江南自古"饭稻羹鱼"，不习惯麦食，在一个自给自足的社会里，这种饮食习惯也影响到麦作在江南的发展。

第四章

道光萧条与光绪衰落
——气候寒冷期

 **杀入紫禁城的天理教起义**

嘉庆十八年（1813 年）九月十五日，天理教首领林清、李文成号令教徒在京城发动起义，打着"大明天顺""顺天保民"的旗号，在宫廷太监的内应下，攻入紫禁城东华门、西华门，直捣清廷皇宫重地，杀声震天，极其勇猛。宫内侍卫仓促应战，皇宫禁地被搅了个天翻地覆。时为皇子的旻宁（即后来的道光帝），取出宫中封藏的鸟铳（火枪），在城楼上击毙两名领头教徒。随着各路官兵飞速入宫围剿，经过一天浴血奋战，天理教徒最后因力量悬殊而失败。这起动乱史称"癸酉之变"，也叫"天理教起事"。

动乱发生时，嘉庆帝颙琰（音 yóng yǎn）正在承德木兰围场进行秋狳。消息传到后，嘉庆听得目瞪口呆，直称"汉唐宋明未有之事"，同时也大为欣赏皇子旻宁英勇果决，赐封他为智亲王，并将其所持之枪命名为"威烈"。

这是清代唯一一次农民冲击并成功闯入皇宫的起义，而且这支起义军的人数还不足 200，那么他们是如何在天子脚下、重兵把守的情况下突破紫禁城大门的呢？这还得从一场旷日持久的旱灾说起。

1811—1814 年，一场罕见大旱席卷了华东和华中地区。这场旱灾从1811 年（嘉庆十六年）开始，到 1814 年（嘉庆十九年，也称甲戌年）已演变成特大旱灾，有的地方甚至持续 8 年之久。波及范围之广、持续时间之长、干旱程度之重、百姓遭遇之苦为史上罕见。

根据《清史稿》记载，旱灾范围包括了今天北京、山东、河北、安徽、江苏、浙江、湖北、湖南等地区，有些地方的旱情尤其严重。

山东《临清县志》记载："嘉庆十六年，去冬自是年二月，无雨雪，临清、高唐、邱县、清平等七十八县旱，又遇蝗灾，饥荒严重。"

在浙江"其仁和等十八州、县及杭严嘉湖三卫屯田夏间缺雨，高田被旱，迨立秋后，间有补种禾苗，亦多黄萎，民力均不免拮据"（杨西明《灾赈全书》）。

嘉庆十九年，旱灾波及江苏全境："嘉庆甲戌，江苏大旱。……赤地数十里，民间炊无米、爨无薪，汲无水。"致使河港全枯，行路已不必再循桥坝。

《清实录》中记载了嘉庆皇帝颁给安徽巡抚胡克家的谕旨"饥民千百为群，流离乞食，难保无上年滋事余匪混迹其中，倘乘机煽诱、有聚众抢劫等事，则办理费手，糜帑转多。胡克家务妥为经理，加意抚绥，勿令别滋事端"，这道谕旨反映了当时干旱灾民流浪情况的严重性。史料记载此年为"赤旱"，连号称八百里的安徽巢湖也几乎干涸，车在湖中行。

面对如此重大的灾情，清廷赈灾力度是相当大的，当年就蠲赦（音juān shè，意为赦免）漕粮，多方赈济。如嘉庆下旨要求"本年江苏、安徽两省被灾较重，节经降旨蠲缓赈恤，不惜亿万帑金，以全民命"。

此外，在清政府和地方官员鼓励下，广大士绅和商人也参与了大规模的赈济救荒和社会救助。他们落实救灾物资，设立粥厂，赈济熟食，对于救民救荒、安置流民、保障一方稳定起到了一定的积极作用。

在满清入主中原后的100多年间，内战较多，这是清朝时期人口数量急剧增加的一个重要原因。在清廷开荒拓耕的政策激励下，全国耕地面积呈增长趋势，但由于越来越多的土地被地主等统治阶层兼并，留在农民手里的土地越来越少，导致人多地少的情况越来越明显，土地和人口之间的矛盾也变得越来越尖锐。所以，一旦发生大的自然灾害，便有大量饥民涌现。这次大旱灾也是如此，虽然统治阶层努力赈灾，但也是治标不治本，走投无路的灾民往往选择自发组织，武装反抗清政府，以暴力的方式夺粮掠财。天理教起事就发生在这样的旱灾大背景下。

下面来讲这场清代唯一一次成功闯入皇宫禁地的天理教起义的来龙去脉。

天理教的首领林清是浙江绍兴人，原本混迹于京城，曾经在药肆当过学徒，打过更，开过茶馆，做过衙门书吏，后来加入了一个名为坎卦教的组织。林清被推举为新教主后，开始大量收徒传教，聚敛钱财。随着坎卦教势力的增强，林清萌生了不臣之志，开始结交上层人物，不少八旗子弟、皇室宗族甚至太监等都入了教。之后林清与震卦教李文成、离卦教冯克善合作，又统一了红阳教、青阳教等，使八卦归一，从此更名为天理教。

嘉庆十七至十八年（1812—1813年），直隶南部、河南北部和山东西部等地的旱灾已很严重，饥民无粮可食，皆以草根树皮糊口度日，而地方官乘机催科派差、敲诈勒索，民间怨恨越积越深。林清等借机大造谶言"若要吃白面，除非林清坐了殿"，并约定信徒可以花钱买暴动成功后的土地、官职，如一百文钱值一项田地，粮食数石许给官职等。走投无路的灾民纷纷加入天理教。

林清、李文成、冯克善、徐安国等人经过商议，决定在嘉庆十八年（1813年）农历九月十五日，在直隶、河南、山东这三地干旱重灾区同时

发动起义，然后会合于京畿，攻打紫禁城。议定之后，林清从天理教信徒中挑选了精壮青年200余人，开始编队操练。李文成、冯克善、徐安国等人则在河南、山东各地筹备武装暴动。

嘉庆十八年八月，林清召集众人商议京畿地区武装暴动的具体方案，确定了暴动时间和暴动人数。

关于暴动的时间，汉军都司曹伦（四品官员）的儿子曹福昌建议把日期改在九月十七日，因为嘉庆皇帝从承德回京途中驻跸白涧的时间正好是这一天，在京的王公大臣都会前去接驾，京城守备空虚，是暴动的好时机。但迷信的林清认为"劫数"在十五日，坚持不推后。

关于暴动的人数，林清原计划动用数百人，但太监刘得财提出皇宫里空间狭窄，难容多人，而且天理教徒皆有"蹿房越脊、刀枪不入"的本领，不必兴师动众，最后商定以200人为限，分东西两路分别从东华门和西华门进攻紫禁城。

错误的暴动时间和规模不足的队伍，提前给起义的失败埋下了伏笔。

九月十四日，京畿地区的天理教教徒分成两队，打扮成商贩模样，暗藏兵器，潜入内城，藏身于酒肆、茶楼、旅馆、戏园之中，准备第二日的暴动。但到了九月十五日，河南和山东方向并没有向京畿派来援兵。原来，河南滑县知县提前得到天理教暴动的消息，于九月二日就将李文成等重要头目抓捕入狱。九月七日，冯克善提前暴动，攻占了滑县，救出了李文成，接着攻占了道口、桃源、浚县。直隶的开州、东明、长垣等地发生暴动，长垣县城被攻入。山东西南的曹县、定陶、金乡等县发生暴动，定陶、曹县被攻克。嘉庆帝得知暴动消息后，速令三省官兵进行围剿，致使各地的天理教起义纷纷失败，自顾不暇，所以没有援军来京。

九月十五日午时，太监刘得财引导其中一队来到东华门，不料与运煤人争道发生争执，众教徒拔刀将其杀死。守门官兵见后立即关门，但仍有少数人冲进了宫内。此时皇次子旻宁（即后来的道光皇帝）正在上书房读书，他闻变不惊，即刻传令关闭禁城四门，组织太监把守内宫，召官兵入禁城围捕教徒。同时，命侍从取来刀箭和火枪，赶往养心殿御敌。

在西华门这边，由于守卫松懈，关门不及时，近百名天理教徒全部冲入紫禁城，并反手关闭城门，把官兵挡在了城外。这些教徒见人便砍，一路屠杀，聚集到隆宗门下。此门已关闭，于是教徒手持白旗由墙外廊房爬上墙头，企图从养心门进入大内。旻宁站在养心殿阶下，用火枪连续击毙两名领头教徒，令其他人不敢越墙而入。

故宫内景（李威／拍摄）

　　当日，在京的王公大臣得知皇宫发生变故后，纷纷往宫中赶，同时火速调集准备派去镇压滑县暴动的火器营官兵入紫禁城平乱。庄亲王绵课率领火枪兵和长矛手，沿西城墙根进兵，京营左冀总兵玉麟则率部由东侧进攻，官兵很快和教徒展开搏杀交战。太监高广福夹杂在教徒中，领教徒们从马道登上城墙，挥舞着"大明天顺""顺天保民"等旗子，在城堞间向外呼喊。镇国公奕灏弯弓射箭，将高广福一箭射下城来。

　　当夜，兵力占绝对优势的清军已掌控住局势，旻宁派官兵加强紫禁城四门防守和城内巡逻。但仍有一名御医被逃匿的教徒砍伤，奕灏则擒获了

趴在东华门马道上的太监张泰。

十六日拂晓，躲藏在皇宫五凤楼中的教徒想纵火焚烧五凤楼后乘机突围，恰遇天降大雨浇灭了大火。天亮后，官兵陆续生擒了藏匿在宫中各处的教徒几十余人。这次天理教京城起义宣告失败。

十七日，在返京路上得知叛乱消息的嘉庆帝，派遣五名随驾的亲信王公大臣先后抵京。八旗都统在各自的辖区擒捕逆匪，林清在宋家庄被捕获。

十九日，嘉庆帝策马进入朝阳门，满朝大臣聚集在御道两侧跪迎，嘉庆不理睬迎驾的王公大臣，而是下马慰问路边执勤的清军将士。回到皇宫后，众王公大臣在乾清门跪听嘉庆颁发《遇变罪己诏》。听完皇上的检讨，群臣痛哭失声，抬不起头来。接着，嘉庆帝下令打开内外城各门，安定人心，赏赐将士酒食。

从九月下旬开始，清军陆续攻下了乱军在河南、山东和直隶的主要据点，经过道口、司寨、滑县战役，基本消灭了叛军主力。至十二月底，为期3个多月的天理教暴动基本平息。

天理教暴动被镇压后，清政府一方面采取积极的善后措施，如下令减免直、鲁、豫三省旱灾地区赋税，调拨口粮供给灾民，发给路费遣返因战乱流离失所的难民，抚恤在暴乱中死伤的官兵及平民等。另一方面，各省颁发告示，并将皇帝有关圣训和清律中有关禁令条文广为刊刷，令官员轮流在农村集市及城内商贾聚集处宣讲。此外，加强防范措施，清朝政府严饬各地方官员认真编查户口，推行循环互保和连坐之法，防止暴乱蔓延。

这次暴乱的规模虽然不大，但对嘉庆皇帝的打击却是巨大的，他在临终前不忘告诫群臣"永不忘十八年之变"。而在暴乱中射在隆宗门牌匾上的一个箭镞，一直被保留了下来，以警示后人。

当初端着一把鸟铳，带领侍卫和太监成功御敌的皇次子旻宁，在七年之后，将作为中国近代史上的第一位皇帝登基上位，他要面对的，将是一个充满了内忧外患、千疮百痍、风云激荡的近代中国。

❄ 坦博拉火山爆发与"道光萧条"

蝴蝶效应——1963年气象学家洛伦兹提出,一只南美洲亚马逊河流域热带雨林中的蝴蝶,偶尔扇动几下翅膀,可能在两周后在美国德克萨斯引起一场龙卷风。

1815年(嘉庆二十年)3月23日,清政府决定进一步查禁鸦片。

此时,万里之外的热带西太平洋上,驻守在爪哇岛上(属于印度尼西亚群岛)的士兵们听到远处传来了沉闷的轰隆隆的声音,他们判断这是敌军大炮的声音,于是迅速进入备战状态。

直到4月5日,守候多日的军队并没有等来敌人的进攻,而是看到了巨大的火光从几百千米外的松巴哇岛上冲天而起:原来不是敌军的大炮,而是岛上的坦博拉火山喷发了!

漫天飞舞的烟柱和气体持续地向天空喷射,灰尘和石块直冲云霄,炙热的岩浆从火山口喷涌而出,以每小时上百千米的速度无情地漫过草地和森林,扫荡过处一片废墟。岩浆沸腾着,扎入海洋长达几十千米,激起冲天水雾,巨大的岩石滚落着并撞碎停在港口的船只。松巴哇岛变成了人间炼狱。

这次火山喷发从4月5日一直持续到7月中旬,喷入空中的火山灰和碎石估计多达170万吨,其中火山灰总体积约150立方千米,而且抵达高至44千米的平流层,据说远至英国伦敦,都可以看见因火山灰而出现的日落彩霞。这是世界上有文字记载的规模最大的一次火山爆发,火山爆发指数(VEI)为7。

(备注:火山爆发指数(Volcanic Explosivity Index,简称VEI)是1982年美国地质调查局的纽豪尔教授和夏威夷大学马诺阿分校的斯蒂芬·塞尔夫提出的量表,以喷出物体积、火山云和定性观测用来度量火山爆发的程度。火山爆发指数每增1级表示火山爆发威力大10倍,火山爆发指数最高为8级。)

　　当烟雾消散后，坦博拉火山已"喷掉了山顶"，其高度从约 4200 米骤降至 2863 米。火山爆发时伴随的地震使海底地壳沉陷，引起了海啸，巨浪吞没了位于火山旁的坦博拉镇。火山喷出的大量熔岩、灰尘使附近岛屿的生态系统遭受了灭顶之灾，并直接导致松巴哇岛附近的几个苏丹小王国消失。这次灾难造成至少 10 万余人遇难，成为有文字记载以来伤亡最为惨重的火山灾难。

　　坦博拉火山爆发对全球气候产生的影响是深远的。

　　一方面，火山喷出物中大量的二氧化硫与水蒸气结合形成了硫酸气溶胶，随大气环流逐渐扩散至全球，遮住了太阳光的能量，全球性的低温席卷了亚洲、欧洲和美洲；另一方面，这些硫酸气溶胶颗粒又为水汽提供了凝结核，增加了全球的降雨量，同时雨云的反射太阳光作用也进一步加强了降温趋势。此外，叠加了太阳活动减弱等诸因素的影响，导致全球平均温度在之后一两年下降了 0.4 ～ 0.7 ℃。

　　19 世纪初期的地球正处于"小冰期"的寒冷期，1815 年的坦博拉山火山爆发犹如雪上加霜，加剧了北半球气温下降，开启了长达 15 年左右的气候波动期，随之而来的是干旱、暴风雨雪等极端天气、气候事件频发，这些自然灾害催生的能量推动了历史进程。而 1816 年，因气候异常寒冷，被人们称为"无夏之年"。

　　这些气候异常在欧洲和北美引起了饥荒、疾病和社会动荡，在中国则对道光萧条起到了推波助澜的作用。

　　欧洲，因为低温造成农作物大面积减产，法国和德国的葡萄受灾严重，1816 年的葡萄酒产量少、质量差。这一年的暴雨也让欧洲包括莱茵河在内的很多河流泛滥，引发洪涝灾害。

　　《泰晤士报》在 1816 年 7 月报道："寒冷潮湿的天气正在毁灭英格兰的草场和苜蓿，这对农民来说是一场灾难，毁灭了大多数人生活的希望。"

　　到处都是乞丐。法国勃艮第的《旅行者》这样记叙："乞丐本来已经很多，现在数量猛增；每到一站都有成群的妇女、儿童和老人聚集在马车周围。""但绝对没有在爱尔兰包围旅行者的人数那么多。"

瑞士，大批乞丐挤满了道路，"目光充满绝望，面颊上泛着死者的苍白。"

爱尔兰，斑疹伤寒等传染病大面积爆发，1816—1819 年，大约 10 万爱尔兰人死亡。

英国广播公司（BBC）根据瑞士的档案资料进行推测，1816 年全欧洲的人口死亡数约为 20 万，比常年大约增加了 1 倍。

"粮食骚乱"引燃了席卷欧洲的革命激情。

法国，路易十八迫于压力，于 1816 年 9 月签署法令，宣布解散议会。

由于社会的动荡，西班牙自顾不暇，其殖民地阿根廷在 1816 年独立。

1819 年夏天，巴伐利亚城镇维尔茨堡爆发了德国近代历史上第一次反犹太人骚乱。骚乱蔓延至全国，并发展至荷兰的阿姆斯特丹和丹麦的哥本哈根。

当然，事物总有两面性，苦难也催生了不少应对

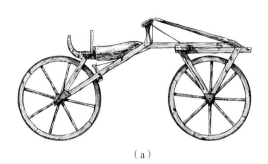

（a）

（b）

（c）

德国人德莱斯发明自行车

（a 来自 Vector Stock，作者是 suricoma；b 和 c 来自 Getty Creative，作者分别是 ilbusca 和 clu）

饥荒的技术发明。例如，德国的化学家尤斯图斯·冯·李比希经历了这次灾荒后，开始研究植物营养学，发明了化学肥料，大幅度提高了农作物的产量。又例如，饥荒令食品价格飞涨，马的主要食物燕麦价格一年涨了 8 倍，促使德国发明家卡尔·德莱斯去研究无须马拉的新交通工具，于是他发明了"德莱辛"——自行车的前身。

也是因为粮食危机，欧洲的资本家开始在世界范围内扩张，转嫁危机，世界各地弱小的国家开始沦为殖民地。

美国，1816 年春天的脚步姗姗来迟，4 月的气温依然很低，河面上结着薄冰，地面上存着积雪。即便进入 5 月，天空还飘着雪花。这一年的夏天是冷夏，霜冻袭击了新泽西州和弗吉尼亚州等地，此时正好是庄稼生长的黄金季节，北美部分地区农作物因此绝收，农作物减产导致农产品价格不断上涨，农民的生存受到了威胁，生活困苦不堪。

托玛斯·杰弗逊，这位独立宣言的起草人、美国第三任总统，此时已经完成自己的两届总统任期，隐居在蒙地沙罗。他的农场收成也少得可怜，甚至无法帮他偿还贷款。

饥荒促使美国农民往西迁徙，寻找更加适合的气候和更为肥沃的土地。大规模的人口向西部流动迁移，加速了西部大开发，粮食主产区从东部转移至西部，也改变了美国的农业结构。西部的印第安纳、伊利诺伊分别在 1816 年和 1818 年成为美国独立的一个州。

欧洲开始向美国大量移民，开启了第一次移民高潮。移民的涌入和西部大开发，加快了美国发展进程，美国开始逐渐强大。

1820 年美国人口约有 960 万，1840 年美国人口达到 1700 万，1850 年则超过 2310 万，30 年人口增加至 2 倍多。

再看中国。

中国经济在 19 世纪上叶出现了重大逆转，从 18 世纪"康乾盛世"的长期繁荣转入 19 世纪中期以后的长期衰退，中国社会出现"19 世纪危机"，清朝治下民生凋敝，经济严重下滑，国家财政收不抵支成为常态，历经道光、咸丰二朝都没能解决，直至晚清时期枯木逢春的"同光中兴"才有了扭转的势头。1821年是清朝入主中原后第六代皇帝道光的登基之年，这次盛衰之逆始于嘉庆末年至道光初年，因此史称"道光萧条"。

关于道光萧条的最早记录可能出自诗人龚自珍，他在嘉庆末年（约1820年）这样描写了当时的社会现状："大抵富户变贫户，贫户变饿者，四民之首，奔走下贱，各省大局，岌岌乎皆不可以支日月，奚暇问年岁。"

他后来写下了著名的《己亥杂诗》：

> 九州生气恃风雷，万马齐喑究可哀。
>
> 我劝天公重抖擞，不拘一格降人才。

"万马齐喑究可哀"就是当时社会的真实写照。

道光萧条主要是市场萧条，最突出的表现是银贵钱贱，物价下跌，交易停滞，商民皆困。

清朝时期主要通行两种货币，即白银和铜钱，白银主要用于大宗商品购买、官员的薪俸支付和国家财政税，铜钱主要用于零售市场交易及日常工价的支付。嘉庆十三年至道光三十年（1808—1850年），白银大量外流，有学者估计，大概减少了30%的白银供给，从而导致了"通货紧缩"。白银的外流以及铜钱供给增加率的降低使得货币短缺的问题日益加重，而银钱比价也因此剧烈波动，白银相对于铜钱不断升值，银价由每两合钱1000文增至2200文，江南的米价则跌落约了25%。

有国外学者运用实际购买力的计算方法，对过去中国和世界主要经济体的GDP（国内生产总值）进行了计算：1700年整个欧洲的GDP和中国的GDP相当，1700—1820年的一个多世纪，中国经济的年均增长速度甚至快于欧洲。然而，在1820年以后的一个半世纪，中国经济在世界经济中的份额一直处于下滑态势，成为世界六大经济体中唯一出现人均GDP下降的地区。从这方面看，作为道光前期的1820年确实可以说是中国经济发生大转折的起点。

道光萧条在曾经富庶的江南表现得尤为明显。江南处于全国市场的中心，成为经济萧条主要受害者。江苏巡抚陶澍在1825年曾提到："江（宁）、镇

（江）、苏（州）、常（州）等处，小民生计，外虽见有余，内实形其不足。"

农业方面，首先是农业减产，田价大降。1816年，江南地区粮食减产两三成，此后年年减产，而生产成本却居高不下，农民无利可图，收入锐减，致使大量农民破产，土地荒芜，一亩良田从"可值十余千"，递降至"一二千钱不等"，鱼米之乡江南呈现一片萧条。

农业方面的另一个影响是激化了人口与土地的矛盾。道光时期，人口增速虽然有所放缓，但是人口总量却达到清代人口的顶峰（从18世纪初的1.7亿，增加至19世纪中叶的4.3亿），这些人口的增长主要发生在农村。由于银贵钱贱引起的税赋增加以及地方政府的盘剥，导致大批农民破产最后丧失土地，甚至有不少小土地所有者、中小地主也陷入了贫困和破落的境地。道光年间频发的灾荒也加速了土地兼并的过程。根据过去研究，人均耕地至少在3亩以上才能维持清代中期一个人的最低生活标准。而道光初年，人均耕地面积已减少至2亩，导致大量的流民与人口迁移，阶级也进一步分化，贫富差距不断扩大。而贫富分化和收入分配不公则使得市场萎缩，严重限制了老百姓的购买力。

手工业生产方面，地主、商人和高利贷者的结合严重破坏了农村家庭手工业。吏治腐败、天灾频繁，民众购买力下降，原材料价格上涨则使得城乡手工业难以为继。政策方面，政府没有像乾隆时期那样为手工业、矿业的发展提供便利，反而加强了限制，致使民办工矿业衰落。此外，这一时期纺织业还受到外国廉价商品的冲击。总之，占手工业生产主导地位的个体经营和农民家庭副业形式的小商品生产遭到破坏，但是工场手工业仍得一定程度的发展。

商业方面，通货紧缩、市场萎缩和农工两业衰落都限制了商业的发展。农民的贫困、购买力低下限制了广大的农村市场和日用品的流通，只有统治阶级的奢侈品贸易才有畸形的发展。商业之中受到影响最大的当属居于商界首位的盐业。由于国家财政困难，从食盐上取得收入就成为主要的弥补方法，因而增课、加价层出不穷，使盐业陷入困境。不利的商业环境造成商业资本衰落的同时，使得大量商业资本转向了高利贷资本，或者是投入到农村吸收土地，进而加剧了土地的集中。这些商业利润并未回到生产和流通领域，而是继续流向了投机行业，进一步恶化了实体商业。

导致道光萧条的原因很复杂，学者们从历史学、社会学、经济学、自然科学等不同研究方向出发，研究历史事件和历史演化的背后成因，得出了不少结论。其中有两个很重要的原因，分别是白银外流与劳动力匮乏，两者都与欧洲鸦片大量输入中国有关。如果从自然的角度分析，19 世纪初期的气候剧变所带来的影响是导致道光萧条的重要原因之一，而坦博拉火山爆发则是造成气候剧变的主要元凶。

坦博拉火山爆发与“道光萧条”（方雪砚／绘制）

先来看鸦片对道光萧条的影响。

18 世纪，中西贸易的基本结构是西方国家以其殖民地产品（主要为白银、棉花、胡椒等）来交换中国的茶、丝、瓷器等，白银是海外商人的主要支付手段。到了 18 世纪后期，英国在印度开始鸦片专卖并以中国为主要销售对象，使鸦片逐渐取代白银成为中英贸易的重要支付手段。

鸦片大量输入导致中国的白银外流，关税收支结构也由此逐渐改变，致使中国对外贸易赤字，经济陷入困境。清朝自雍正七年（1729 年）开始

禁烟，但是始终流于形式，并没有取得实质性的成效。到了乾隆晚年，鸦片开始在民间肆意蔓延。刚开始的时候还只是富人抽鸦片，到了嘉庆年间，中产阶级也开始沾染上这种恶习，而发展至道光时期，一般的农民甚至乞丐也开始吸食大烟。

中国对欧洲各国的贸易原本为顺差，而大量的鸦片如潮水般涌入各地，致使贸易盈余逐渐缩小，至道光十年时开始变为逆差，这样一来白银就会大量流往海外。加上 19 世纪初期，拉丁美洲的白银减产使得全球白银紧缺，结果导致国内白银供给不足，白银相对于铜钱不断升值，出现"银贵钱贱"的局面。

鸦片带来的另一个恶劣影响就是造成国内劳动力匮乏。

鸦片是一种依赖性强、极易吸食上瘾的毒品，人一旦对鸦片上瘾了，就会变得浑身乏力、面色枯黄、形销骨立。而中国古代是个农业社会，农民不干农活、不做手工就失去了最主要的经济来源，导致社会消费进一步萎缩。

根据 1838 年清朝官方统计，当时中国吸食鸦片的人数在 400～500 万，如此庞大的一个数字可想而知会对消费造成多么大的影响。而且，吸食鸦片的开销极大，久食鸦片的结果只能是"富者变穷，穷者男盗女娼"，这样下去必然会引起巨大的社会动荡，给本就千疮百孔的清王朝以沉重打击。

表　1795—1838 年中国平均每年鸦片进口量估计 （单位：箱）

年度	各类鸦片进口量
1795—1799 年	4124
1800—1804 年	3562
1805—1809 年	4281
1810—1814 年	4713
1815—1819 年	4420
1820—1824 年	7889
1825—1829 年	12576
1830—1834 年	20330
1835—1838 年	35445

（严中平 等《中国近代经济史统计资料选辑》）

表 19世纪前期中国白银净流出/入量估计 （单位：万两）

年度	白银净流出/入
1800—1804 年	出 503.4
1805—1809 年	出 665.1
1810—1814 年	入 468.0
1815—1819 年	入 668.5
1820—1824 年	入 533.2
1825—1829 年	出 1059.2
1830—1834 年（6 月）	出 2383.6
合计	出 2941.6

（吴永明《中国的现代化：市场与社会》）

从1795—1838年清朝鸦片进口量估计表中可以看出，18世纪末以来，欧洲输入中国的鸦片数量呈上升趋势，自1825年开始，输入的鸦片首次超过1万箱，此后每年平均鸦片进口量一直上升。从19世纪前期中国白银净流出/入估计表中可以看出，由于鸦片输入（1825年开始）引起的白银外流的数量增大，超过1000万两。总体来说，1800—1834年，白银合计流出达2941.6万两，远超过19世纪上半叶清政府每年财政收入的余额。

这一时期的清朝政府已逐渐感知到鸦片输入对于社会、民生以及白银问题的影响，开始推行禁烟。1815年（嘉庆二十年）3月23日，清政府决定进一步查禁鸦片。

1816年，英国阿美士德出使中国，想要打开中国的大门，终以失败告终。但这次出使的失败，让英国人心怀歹意，也让阿美士德窥视了中国沿海的地形和国情，加快了鸦片的输出，为20年后的鸦片战争埋下伏笔。

正是因为认识到鸦片危害之大，清朝在禁烟的立场上态度始终坚定，即使后来爆发了"鸦片战争"，统治者也始终没有改变对鸦片的禁令，这也算是晚清几位皇帝为后人所做的为数不多的好事之一了。

下面分析气候变化对道光萧条的影响。

前面已经提到，19世纪初期是全球性气候剧变期。由于坦博拉火山爆发，从1816年起，北半球气温剧降，最低时的年平均气温比1880—1975年的平均气温低0.6～0.7 ℃，为17世纪以来最低。此后便是一个长达15年的气候明显波动期，直到1830年以后，气候才变得稳定一些。

这个时期也是中国气候史上的一个转折期。气候史学者已证实：在经济基础较好的华中和华东地区，1740—1790年是长达半个世纪的温暖时期，年平均气温比20世纪80年代大约高出0.6 ℃。此后便是长达半个多世纪的寒冷期（1791—1850年），年平均气温比20世纪80年代大约低0.8 ℃。其中，最低的年平均气温也出现在1816年（在欧洲称为无夏之年），这一年中国的年平均气温比20世纪80年代低2 ℃左右，是自明清小冰期以来的最低气温。

气候剧变也表现在湿度的剧变上。我国大部分地区属于季风气候，湿度的变化与气温存在密切联系。由于变冷，北方冷空气持续南下，与来自南方的暖湿气流长时间地交汇滞留于华东、华中一带，进而导致这些地区的降水量增大。

上述气候剧变所带来的影响主要体现在两点：一是造成了全国大范围的降温，二是局部地区出现了严重的洪涝，两者均对农业生产产生不利影响。

1823年，也就是道光三年清朝发生了全国范围的水灾，对当时的社会经济造成巨大影响，史称"癸未大水"。据史料记载，直隶、江苏、浙江、安徽、山东、河南、湖北、江西和湖南等地受灾严重，云南、贵州、四川、广东、陕西和山西等地也有灾情。水灾在全国范围内如此密集发生，实属少见。从受灾时段来看，受灾最严重的时间集中于5—7月，并伴随着旱涝急转的发生。以江苏和浙江为例，这一年约有92个州、县被淹，除田亩受灾外，一些盐场也遭到水淹。当时任署布政司的林则徐曾这样形容："苏（苏州）属被灾之重，为从来所未有。……此数十万饥饿余生，将何术以处之哉？……总之灾分太重，灾民太多，灾区太广……"（清·光绪《松江府续志》卷十四《田赋志·赈恤》）

就南方的水稻产区来说，在栽培技术不变的情况下，气温较高，则水稻生长的生态环境较佳，亩产量也较高。而在较劣的气候条件下，用同样的人工、种子与肥料，却只能获得较低的产量。

典型的例子是松江府（今上海）华亭、娄县两县的水稻平均亩产量，18 世纪末和 19 世纪初一般在 3 石左右，而在 1823 年水灾以后，下降至 2 石以下。江南其他地区的主要农作物情况也大体如是。例如：棉花是松江东部上海等县的主要农产品，但是癸未大水导致上海县木棉歉收，"每亩约一二十斤，乡民忽起捉落花，结队至田，主不能禁，有采铃子用火烘者"（清·同治《上海县志》卷三十《祥异》）。棉花产量下降和棉价上涨致使纺织无利可图，从而又沉重地打击了江南的另一经济支柱。此情况一直延续下去，江南经济自然陷入长期衰退。

气候异常造成的农作物歉收，也常常演变为灾荒和人口死亡。因逃荒形成的人口迁徙则会造成环境破坏，河工、漕运、荒政以及政治腐败也加重了自然灾害对农业和生产的影响。

在鸦片战争之前，通过海外贸易与货币的联系，中国经济自主、能动地融入到全球经济之中，但是随着自身固有生产方式的制约性越来越显现，中国融入世界的方式也越来越被动。鸦片战争之后，西方文明强烈的冲击使得中国原本的演化轨迹被强大的外力推上一个新的轨道。交错于外在的巨大冲击和内在的沿承千年演化之间的中国，在走向近代的道路上历尽了艰辛。

道光萧条的出现标志着清王朝彻底地向康乾盛世告别，19 世纪的中国，自此跌跌撞撞进入了一个百年衰退的大时代，并成为引燃太平天国运动的重要导火索。

道光其人——省吃俭用"经济男"

　　道光，全名爱新觉罗·旻宁（1782 年 9 月 16 日—1850 年 2 月 25 日），1821 年登基，年号道光，是清朝 11 位皇帝中唯一以嫡长子身份继承皇位的皇帝。道光亲历了鸦片战争——一场被视为中国古代社会和近代社会的分水岭的战争，是近代社会的第一位皇帝，而道光的父亲嘉庆帝则成为中国古代社会的最后一位皇帝。

　　旻宁年少时就很引人注目，10 岁跟随祖父乾隆皇帝在承德木兰围场打猎，猎获颇多，深受乾隆嘉许，赐黄马褂、花翎，称他是"不坠满洲家风"。嘉庆十八年（1813 年）发生"禁门之变"，身为皇子的旻宁曾以鸟铳击毙天理教徒 1 人，伤 1 人，嘉庆封旻宁为和硕智亲王，赏食亲王双俸。

　　中国历代王朝，皇位基本上是传给嫡长子的，但清朝却没有这个传统。旻宁之所以能够继承皇位，两个人的作用很大。一个是他的母亲孝淑睿皇后，她是嘉庆皇帝的第一任皇后，而且两个人感情很好。第二个优势更大，那就是乾隆的垂爱。乾隆晚年非常喜欢旻宁这个孙子，经常教导旻宁，其他的皇孙则没有这个待遇。当初，乾隆的父亲四阿哥胤禛（雍正皇帝）之所以能够从康熙皇帝手里继位，也与康熙非常喜欢乾隆这个孙子有关系。

道光画像

道光在位期间，整顿吏治，整理盐政，通行海运，严禁鸦片，勤于政务，力行节俭，但没能改变社会走向衰退的根本现状。1840年中英鸦片战争爆发，清廷战败，被迫签订了中国近代史上第一个丧权辱国的《南京条约》。此后，道光苟安姑息，拒绝变革，直至1850年驾崩。

中国皇帝的人数超过1000位，包括正统朝代和少数民族建立的政权，还有一些政变、夺权所建立的政权，再加上农民起义建立的政权。

在这上千位皇帝中，有号称明君典范的唐太宗李世民，开创了"贞观盛世"。

有对戏剧、歌舞、音乐深有研究的皇帝，如唐玄宗李隆基，被戏曲艺人尊为"梨园祖师"。

有精于书画的皇帝，如宋徽宗赵佶，其书法"自成一派，称瘦金体"。

有热衷于科学的皇帝，如新朝的王莽，他曾命医生进行人体解剖实验，支持飞行试验，他还是人工食品的研究者，进行过人造乳酪的试验。

有以"惧内"闻名的皇帝，如隋朝的开国皇帝杨坚。

还有痴迷于木工活的明代皇帝明熹宗朱由检，被世人称为"木匠皇帝"。

这位道光皇帝，则是以节俭出名，而且是节俭到了令人感到不可思议的程度。

1821年，道光帝即位之后就颁布了一份倡议书《御制声色货利谕》，号召天下臣民一起勤俭节约，同时还下了一道旨意：停止各省向皇家进贡。但是，进贡也是官员相互输送利益的渠道，彻底禁止是不现实的，于是折中改为削减贡品数量。比如沈阳（当时称盛京）进贡的"香水梨"由每年2000个削减至200个，而这200个梨还不能吃，得留着上供用。

道光大幅度压缩宫廷开支，缩减到每年 20 万两银子。20 万两是什么概念呢？清末最后一位皇帝溥仪退位时可以领到每年 400 万两银子的退休金。所以道光的后宫嫔妃们就要勒紧裤腰带过日子了。

首先是吃的方面。道光每餐不超四样菜肴，且以素为主，各种生日、庆典是能省则省。后宫女子位在嫔以下的，每日素食，不遇庆典不得吃肉。以往盛夏宫内都吃西瓜解暑，道光下令："西瓜太贵，喝水就行。"

道光十年五月，是皇后佟佳氏的 40 岁生日。道光帝下了一个很大的决心，要给皇后办一次"千秋"寿宴，这是佟佳氏当上皇后之后过的第一次生日宴。消息传出后，后宫佳丽奔走相告，为这突如其来的喜讯激动不已。等到生日宴那天，王公大臣们都献上了厚礼恭贺皇后大寿。开席时他们却傻眼了：每人只有一碗打卤面，上面撒着零星的肉末。

穿的方面也是节省得让人吃惊。道光帝带头穿旧衣服，龙袍破了打上补丁继续穿。此外他还"衣非三浣不易"，三浣即三旬，也就是一个月才换一次衣服。道光还规定：嫔妃不得穿锦绣华服。皇帝嫔妃穿得如此朴素，大臣自然不敢穿好的。于是每次上朝，满朝文武衣衫褴褛，如开"丐帮大会"。当时官员之间流行谁比谁穿得更寒碜，有的官员不买新衣只买二手旧衣，以至于有些旧衣店卖的衣服比新衣服还贵。

有一次开会，大学士曹振镛故意露出膝盖上的两个大补丁，道光看见后很高兴，因为他的膝盖上只有一个补丁。道光问曹："你裤子打掌要多少钱？"曹说："要三两银子。"道光帝说："你们在宫外做东西便宜，我在宫内还要五两。"

打一个补丁真的需要 3 两或是 5 两的银子么？在流通白银的明清时期，城市居民每月大约能赚到 1 两银子，可以买 200 斤大米或 60 斤猪肉。乾隆十三年，北京内城新帘子胡同（长安街南，新华门与和平门之间），4 间瓦房值 70 两。按现在的标准来计算，假设 4 间瓦房的占地面积为 70 平方米，那么 1 两银子就能买 1 平方米了。所以，打一个补丁如果需要 3 ～ 5 两银子的话，只能说皇帝和大臣都不关注物价，更谈不上了解经济。一个不去主动体察社会真相和民间实情的皇帝不是一个称职的皇帝。

道光带头节衣缩食，但是榜样的力量却没有发挥出来，依然整治不了官场腐败。他在汹涌而至的鸦片面前采取了先帝一贯坚持的禁止政策，派林则徐以钦差大臣身份赴广州禁烟。后来英国发动鸦片战争，他以为不可怕，"天朝"可以速胜。可是当英国舰船北犯，到达天津海口并向清政府提出割地赔款要求时，道光妥协了。道光帝在鸦片战争中立场动摇，指挥失败，使中国蒙受耻辱，实在可悲。但他更为可悲的是在鸦片战争之后没有反思，没有任何振兴王朝的举措。

道光虽然省吃俭用，可是一场鸦片战争就使清政府给英国的赔款高达 2100 万两白银，真是"辛辛苦苦几十年，一夜回到解放前"。

道光才具平庸，低效率的勤奋是他一生勤政图治却鲜有作为、政治日荒的根本原因。

❄ 气候变化与鲱鱼资源

鲱鱼是全球重要的经济鱼类之一，属于海洋中上层冷温性鱼类，主要分布在太平洋和大西洋，分别被称为太平洋鲱和大西洋鲱。我国的黄、渤海产有黄海鲱，是太平洋鲱中的一个地方性种群，也称青鱼、鲲鱼，它们终年不出黄海，栖息在水温低于 10 ℃的海域内。

近 200 多年来，鲱鱼种群数量的变动幅度在黄、渤海所有鱼类中是最剧烈的。在乾隆、嘉庆和道光年间，黄、渤海鲱鱼处于盛产期；而到了光绪至民国时期，鲱鱼数量急剧下降。通过这段时期的历史文献记录可以看出鲱鱼数量的巨大变化。

清代前期，山东威海地区的多种经济鱼类都处于盛产期。如乾隆七年

（1742 年）《威海卫志》卷五《食货·水族》中有详细记载："海鲜最贵，泅入获利颇厚。青鱼最多，惊蛰以后，谷雨以前，重网或至数十万。"可见在 1742 年之前，鲱鱼是威海海鱼中数量最大的一种。

鲱鱼盛产的情况延续到道光年间。道光二十五年（1845 年）山东《胶州志》卷十四《志三·物产》记载："青鱼，二月间出最广。"在当时，山东半岛的荣成县到威海的近岸各湾口是黄海鲱的主要产卵场所，而胶州算是处于边缘地带，由此可见道光末年山东一带的鲱鱼资源相当丰富。

除了上述地方志，当时文人的记载也反映了乾隆、嘉庆和道光年间鲱鱼丰收的场景。如郝懿行（清代著名学者，嘉庆年间进士，曾任户部主事）在《记海错》中写道："青鱼大者长尺许，腹背鳞色俱青，以是得名。冰解春融，海鱼大上，挂网之繁，无虑千万。"又如，王培荀（清代著名学者，号雪道人）在道光年间所著的《乡园忆旧录》中写道："青鱼，至期驾潮而上，海水为赤，鱼眼射波红也。价低而别味，比户皆买……"

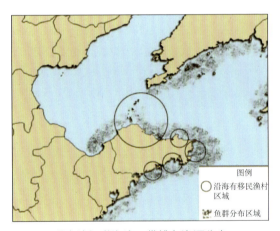

明末清初渤海湾一带鲱鱼资源分布

（图片引自李尚玉 2010 年发表在《中国农史》上的文章《1600 年之后黄海鲱的旺发及其生态影响》。）

到了同治年间，鲱鱼仍然是当地重要鱼类，在地方府县志中有所记载。

但是，到了光绪年间和民国时期，根据方志记载，青鱼的数量开始急剧下降。如光绪二十三年（1897 年）威海的《文登县志》卷十三《土产》

记载："自洋船飞驰海面，火轮激水声如雷震，青鱼皆畏而远去。今竟为难得之物。"1862年（同治元年），烟台成为山东第一个开埠通商口岸，此后17个国家在此设立领事或代理领事，所以"洋船飞驰海面"很可能是在烟台开埠之后，据此推测鲱鱼数量的急剧下滑应该不早于同治年间。而过了35年之后的1897年，鲱鱼已经稀少到变成"难得之物"了。

民国时期，鲱鱼数量也在减少。如民国二十年（1931年）的《增修胶志》（即对山东胶州方志的增修）卷九《疆域·物产》记载："青鱼，二月间最多，今渐少。"

又如，民国二十五年（1936年）的《牟平县志》（隶属于烟台市）卷一《地理志》记载："鲱，俗名青鱼……我国五十年前，盛产此鱼，后乃徙至朝鲜及海参崴等处，近始稍稍发现。"按照县志说法，1886年之前牟平县盛产鲱鱼，在此之后，黄、渤海域鲱鱼数量减少，而朝鲜和海参崴一带鲱鱼数量增多，成为重要产区。到了1936年前后，黄海才出现鲱鱼复苏的迹象，但产量仍然不大。

鲱鱼数量在空间上的变化，引起了渔民捕捞区域的变化。

康熙初年，海口所有权归威海卫的军队占有，他们通过出卖捕捞权谋生。当时渔民捕捞的船只主要是"桴"，这是由树干简单拼扎起来的木筏，只能近海捕捞，无法远洋渔获。根据清·光绪《荣成县志》卷三《物产》记载，道光二十年，渔船也只在荣成、威海沿海捕捞，尚未到达长山列岛和朝鲜沿岸。

但是，到了咸丰年间，不少渔民远赴朝鲜沿海捕鱼。通过《清史稿》中的记载可知："咸丰二年，清朝禁止渔民前往朝鲜沿海渔采。"也就是说，从道光末年至咸丰初年，已有山东半岛的渔民去朝鲜捕捞鲱鱼。

当时去朝鲜捕捞鲱鱼被称作"打柞"。这是因为渔汛期间气候寒冷，需要烧柞木取暖。渔民将捕捞上来的鲱鱼在朝鲜沿海地区贩卖后，又在当地山中砍伐柞木，以备来年取暖之用。所以，当时清廷禁止的"渔采"包括了禁止捕捞鲱鱼和砍伐柞木。但事实上，这个禁令并没起到什么作用，烟台、威海一带的渔民仍然去朝鲜沿海捕鱼。民以食为天，对老百姓而

言，解决温饱问题是头等大事，再也没有什么能比它更重要了。

到了 20 世纪初，由于鲱鱼数量大幅度减少，迫使渔民开始捕捞海洋下层鱼类，主要是黄花鱼和黄姑鱼。由咸丰初年开始，持续了半个世纪的"打柞"逐渐被捕捞黄花鱼的"打风网"所替代。

下面来分析清代鲱鱼数量变化的原因。

根据我国学者研究，黄、渤海鲱鱼资源由清代前中期的盛产，到清代中末期锐减，并非过度捕捞产卵鱼群引起，而是受气候环境影响的一种自然波动。当海水温度分别上升 1 ℃和 2 ℃时，黄海鲱的产量将分别减少 10% 和 20%。这其中的原因是，鲱鱼属冷温性鱼类，随着水温升高，适宜产卵的水温出现时期缩短，进而降低了产卵量和仔鱼成活率，最终导致产量下降。

17 世纪初至 18 世纪初是中国气候史上相当寒冷的时期，特别是 17 世纪中叶之后，进入小冰期的鼎盛期，当时的北京冬季气温大约比现在低 2 ℃左右。这段时间是清代初期顺治、康熙年间。气候变冷使得鲱鱼产卵的区域得以扩大，当时山东烟台一带的鲱鱼资源极其丰富，甚至出现了民众迁往沿海和海岛的"赶渔"移民潮。

18 世纪末至 19 世纪中叶，是嘉庆和道光年间，这期间气候依然寒冷，例如本书的"坦博拉火山与'道光萧条'"一节中曾提到，1815 年之后的 10 年，中国又进入了极寒时期。嘉庆、道光时期鲱鱼不仅数量众多，而且产地分布甚广，南至黄海的胶州，北至渤海的临榆县（今河北省秦皇岛市辖区），都盛产此鱼。

19 世纪中叶至 19 世纪末，是同治和光绪年间，鲱鱼产卵区域开始萎缩，山东半岛和渤海的鲱鱼数量已较道光年间有了很大的下降。与此同时，朝鲜半岛南部至日本海一带的鲱鱼数量却急剧上升。这时期依然是气候寒冷期，何以山东半岛和渤海的鲱鱼数量会下降呢？这或许与黄海冷水团在这个时期的北移有关。这说明鲱鱼的生存环境不仅与气候冷、暖的大背景有关，也与海洋水文变化直接相关。在此期间，渔民追随着鲱鱼的迁徙路径，逐渐将捕捞区域从黄海西部转移至黄海东部。

到了 1890 年之后，随着气候回暖，不仅黄海西部，就连朝鲜半岛南部的沿海区域，鲱鱼数量都大幅度减少，从此长达半个世纪的"打桩"活动尘封入历史。

延伸阅读 1

黄海鲱鱼的生物特征

鲱鱼，有大西洋鲱和太平洋鲱之分，为北方鱼类，体态有差异。我国的鲱鱼是黄海鲱，也称青鱼、鰛鱼，分布于渤海、黄海，属于鲱科动物太平洋鲱。

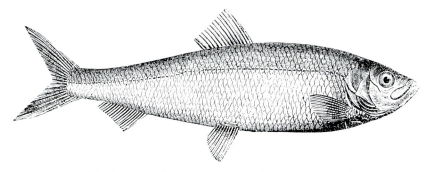

鲱鱼形态（图片来自 Getty Creative，作者是 ilbusca | ilbusca）

黄海鲱鱼为冷水性中上层鱼类，食浮游生物，栖息于水深80米左右的海区，一般于次年3月中旬至4月上旬产卵，山东产卵场在荣成、威海沿海。

黄海鲱鱼肉质较松，其形态特征是：体侧扁，形如梭，长25～35厘米。头中大，头顶有一浅凹；口小而斜，前颌骨小；鳃孔大，鳃耙细长而扁；圆鳞细小；尾鳍深叉形。体背侧蓝黑色，侧上方微绿，两侧及腹部银白色。骨细且多鱼籽多、脂肪。

鲱鱼具有一定的药用价值，《中国动物药》记载："利尿，解毒。治浮肿、小便不利、肺结核。"

延伸阅读2

荷兰帝国崛起从鲱鱼开始

荷兰人对鲱鱼有着非同一般的感情，因为荷兰帝国在17世纪的崛起就是从捕捞和贸易鲱鱼开始的。

荷兰位于欧洲西北部，濒临北海。洋流有着季节性变化的特点，每到夏季，就有大批鲱鱼洄游至荷兰北部的沿海区域。在14世纪前后，荷兰全国人口不到100万，却有约20万人从事捕鱼业，银白色的小小鲱鱼解决了荷兰20%人口的生计问题，并成为荷兰的经济支柱。

鲱鱼资源并非荷兰独有，生活在北海一带的其他国家和民族，也组织船队捕捞鲱鱼。鲱鱼保鲜的时间只有几天，而当时还没有制冷设施，随着大量的鲱鱼涌入欧洲市场，荷兰人的鲱鱼难免出现滞销、腐烂，给荷兰的经济带来危机。为了减少其他国家的捕捞量，争夺鲱鱼渔场，荷兰曾和他们的邻居苏格兰爆发过数次战争，但战争也没能从根本上改变局面。

1358年，一位名叫威廉姆·伯克尔斯宗的荷兰渔夫用一把小刀扭转了局面，为荷兰奠定了垄断鲱鱼贸易的地位。威廉姆发明了一种特制的小刀，使用这种小刀，可以只用一刀就除去整条鲱鱼的鱼肠，然后再把盐填到鱼腹里，这样就基本解决了鲱鱼容易腐烂的问题。经过这样处理的鲱鱼，可以保存一年多的时间不变质。在没有冰箱的时代，这种独特的保鲜方法让荷兰的鲱鱼在激烈竞争中脱颖而出，最终战胜对手，畅销整个欧洲。

于是，荷兰渔民凭借一把小刀，将一种人人都可以染指的自然资源，转化为本国独占优势的资本。借助畅销的鲱鱼，荷兰人开启了商旅生涯和海上贸易。到17世纪，这个仅有150万人口的国家已成为全世界的经济中心，并将本国势力延伸到世界的多个角落，赢得了"海上第一强国"称号。

　　如今，每年 5 月的最后一个星期六是荷兰人的鲱鱼节，这个节日已经延续了上百年。节日期间，江河湖海中大小船只成群结队，张灯结彩。渔民们也都穿上传统的民族服装，尽情地表演民族歌舞。全国大大小小的餐厅，街道沿途，都贴着"鲱鱼节"的赞美之词，处处是浓郁的节日气氛。荷兰人吃鲱鱼的方式也很特别，不是用煎或烤，而是将腌制好并去掉头和内脏的生鲱鱼一刨两半，去掉鱼骨，抹上新鲜的、切成小方块的洋葱，用手拎起鱼尾巴，仰起脖子直接把整条鱼吞下肚子。

　　在荷兰港口城市鹿特丹的市中心，矗立着威廉姆的塑像，"他"一手握着那把著名的小刀，一手拿着一条鲱鱼。这个塑像似乎在诉说："荷兰的崛起，就是从威廉姆的那把小刀开始的。"

❄ 京杭大运河的漕运兴衰

　　漕运，是利用水道（河道和海道）调运粮食（主要是公粮）的一种专门运输，是一项重要的经济活动，也是中国历朝历代都有的运输方式。

　　我国内河发达，水系众多，可航行的水道漫长。漕运起源很早，秦始皇统一天下后，于公元前214年修建了灵渠，将广西兴安县东面的海洋河和西面的大溶江相连，沟通了湘江、漓江，由此连通了长江水系和珠江水系，打通了南北水上通道，北方的军队和粮草可以从长江走内河，直达岭南地区。这是世界上最古老的运河之一，将岭南地区融入了中原王朝。

　　星罗棋布的内河水系，造就了我国漕运的兴旺。南来北往的商船带动了南北经济与文化的交流。

　　隋朝时，南北经济交流频繁，朝廷在前人开通的运河上，大幅度扩建，把许多地方连接起来，变成一条比较长的运河。当时隋朝的首都在长安，运河就经过长江、淮河、黄河等水系，抵达隋朝首都，此时的运河称为"隋唐大运河",它纵向沟通了海河、淮河、黄河、长江与钱塘江五大水系。

北宋时,对运河进行了一系列整治,创建了复式船闸,加之京都位于汴京(今河南开封),漕线较隋唐时期缩短近半,运输能力大增。

元朝时,定都北京,于是运河改道,直接通往北京。

后又经过元、明、清的修建与管理,形成了今天的"京杭大运河"。从杭州出发,途经浙江、江苏、山东、河北、天津至北京,跨越了钱塘江、长江、淮河、黄河、海河等水系,长约1790千米,成为世界上最长的人工运河。京杭大运河在经济、政治、军事、文化方面都发挥了不可代替的作用,漕运作为京杭大运河一项最重要职能,更是占据着主导作用。

明清两代首都均在北京,与东南富庶之区相隔遥远,唯有保持京杭大运河畅通,才能使南方财赋源源不断地汇向中央,使之成为关系国计民生的大事。在清朝整个漕运史上,京杭大运河的运量超过所有漕运运量的一半,是一条黄金水道。南经济,北政治,京杭大运河是一条纽带,连接两地。漕运带动运河两岸发展,许多地方因运河而繁荣,沿线造就了不少中心枢纽城市。

京杭大运河

清代每年从山东、河南、江苏、浙江、安徽、江西、湖北、湖南八省征收漕粮 400 万石，除去改征折色（中国历代赋税中，原定征收的实物而改征其他实物或货币，称折色）及截留他用的部分，实际征收大约 300 万石，由京杭大运河转运至京师。

漕粮以米为主，主要来自苏、浙、皖、赣、湘、鄂六省，是宫廷的主要食粮来源，也是王公百官的俸米和八旗旗人兵丁的饷米。其中约有 22 万石为糯米，又称白粮，从江苏省的苏州、常州、松江三府与太仓州，以及浙江省的嘉兴、湖州二府征收，供应内务府、光禄寺，也作为宫廷和紫禁城兵丁、内监与王公官员俸米等。

漕粮也征小麦，主要征于河南，供内务府宫廷之用。豆（黑豆）征于山东、河南二省，作为京师官兵畜养马、驼的饲料。

每年大批漕粮都是由水路，主要是沿京杭大运河向北运至通州。在通州卸船以后，再将其中一部分运往京师，分仓储存。输送京师粮仓的漕粮，称为"正兑米"，供八旗兵丁饷米；留储通州仓的漕粮，称为"改兑米"，是供王公百官的俸米。王公百官的俸米，须自行前往通州领取。以上几项，以入京仓的八旗甲兵的米粮数额最大，每年约 240 万石。

因此，官俸兵饷一切仰仗漕粮，漕粮运输对于维护京师粮食供应，乃至整个帝国的稳定，具有不可估量的重要作用。

清代漕运采用标准的麻袋，由官方押运。除了运载漕粮以外，朝廷还允许漕船携带各种土宜（即地方特产），目的在于促进百货流通，同时增加旗丁、水手的收入，以使他们顺利完成运粮任务。例如，嘉庆四年（1799 年），朝廷规定每船可以携带免税土宜 150 石；到了道光八年（1828 年），增加到 180 石。道光年间漕船约有 6000 艘，漕运过程中所携带的合法土宜应在 100 万石以上。事实上，旗丁和水手往往不顾朝廷禁令，非法多带土宜，甚至是私盐、硝磺等违禁品。康熙年间（1662—1722 年），就已经超过所装载的漕米数额，每船有数百千石不等。当北上的漕运船返航时，因是空船，允许载客返回南方，这样获得不少的银两，这都是朝廷根据实际情况而做出的改变。由此可以推算，漕船所带土宜以及附载客货，数量巨大，满足了京师日常生活、生产的需要。

　　除了官方漕运，京杭大运河上奔跑更多的是民间商业运输，甚至出现了运输集团，由此形成特殊的"经济—社会"背景，再配上它的运输、防洪、防旱等功能，大运河彰显出其特有的魅力。

　　"漕运、盐法、河工"是清朝的三大政。漕粮是朝廷赖以生存的物质基础，盐业是政府经济收入的重要来源，河工则是漕粮与盐业得以有效运输的基本保障。

《京杭道里图》（部分）

（康熙时期绘制的《京杭道里图》，全长 2032 厘米，卷首起自杭州湾，卷尾止于京城，采用鸟瞰图绘制技法，描绘京杭大运河流经城池及两岸景观。现收藏于浙江省博物馆。）

　　由于横亘东西的黄河夺淮入海，与大运河交汇于苏北，以其"善淤、善决、善徙"成为运河的死敌。明清时期黄、淮两河决溢频仍，使得作为帝国生命线的运河面临冲毁、淤垫的威胁。为了保持漕粮运道的畅通，明清两代建立了完备的河工制度，耗费了大量财力、物力和人力，在黄淮与运河交汇之处，大兴修筑河堤、开浚河道等治河工程。黄河经常改道和引发水患，频繁造成北方航段阻塞，1644—1676 年，黄河决口高达 32 次，几乎每年一次。康熙帝用了 30 年的时间来治理内河，终有成效，并完善了专门管理漕运的制度体系，建立了庞大而严密的专门管理机构。

清朝设置漕运总督，驻扎在江苏淮安，是清朝管理京杭大运河漕运的最高级别长官，品级为从一品或正二品，大致相当于现在副国级首长级别。下设道、厅、汛三级管理，"道"的职位设有河标副将、参将；"厅"与地方的州、府同等级，设有同知、通判；"汛"与县同级，设有县丞、主薄。清朝前期，对漕运形成了一套完整的制度，对每个环节都有规定，并制定奖罚制度。从清朝对漕运的运作、管理、维护、制度、奖罚等看，清朝对京杭大运河漕运的管理，达到前所未有的高度。清代漕运制度之全面，规定之细密，法令之严整，也是为历代所不及的，清代漕运在康熙年间开始兴旺。

但是，进入 19 世纪的清代中期，即嘉庆、道光时期，漕运开始出现衰落。嘉庆元年（1796 年）之前，每年漕运可达 400 万石，嘉庆年间清朝社会开始走下坡路，道光三十年（1850 年）之后运到京师的米、麦减至200 ~ 300 万石。此时清朝面临的局面是：黄河决溢、运河浅涸、官吏贪污、制度腐败、内有叛乱等，漕运的弊端逐渐显现出来。就这样，在自然生态与政治生态的双重恶化之下，漕粮河运的弊病日益凸显，且每年治河糜费数百万，已成为困扰整个社会的严重问题，漕粮河运陷入了形势竭蹶的境地。

嘉庆帝多次提起漕粮海运的问题，但有的大臣不同意，以"祖宗之法不可变"等理由限制嘉庆帝的海运想法，加上漕运一脉贪污严重，已形成了固化的官僚体系和利益集团，他们不会轻易放弃漕运这块"肥肉"，最终漕粮海运失败。

道光时期，曾有两年实施了漕粮海运，分别是道光六年（1826 年）和道光二十八年（1848 年）。当时江苏漕粮由河运转为海运，但仅实行了这两次就断然中止，又改为河运。这两次海运，有其特殊原因。

道光四年（1824 年），高堰溃决，运河淤塞浅阻，苏北一段大批漕船搁浅，不仅运输需要大量资金，而且严重影响漕粮的如期、如数运达。在这种情况下，一些开明官吏上书力主海运，试图借此革除漕务中的各种弊

端，解决庞大的运河治理费用问题。

道光帝在无计可施的情况下，任命江苏巡抚陶澍等试办海运。道光六年，陶澍在上海督办海运，招集商船兑运江苏漕米160多万石，结果商船海运顺利，安全抵达天津。由于海运省去了河运中各地机构的诸多规费、开支等，这次运费大大少于河运，运期也缩短了，所雇商船也得到了利益。

海运本是利国、利民、利商之举，魏源（中国近代启蒙思想家，近代中国"睁眼看世界"的先行者之一）称海运为"东南拯敝第一策"，本当扩大推行，却遭到以河运为利益的漕务官和保守官员的反对。道光帝是典型的保守皇帝，一贯以"率由旧章、谨守祖制"为原则，决不会轻易变革祖制。另外，他也担忧一旦扩大海运，原以河漕为职业的大批沿河贫民、运丁水手等将成无业之民，影响社会治安。于是道光帝视海运为权宜之计，同时又拨款疏浚运河河道。当改革者们正积极筹备来年海运诸事之时，道光却以"河湖渐臻顺轨，军船可以畅行"为由，停止了海运。

20余年后的道光二十八年（1848年），由于朝廷财政拮据，再次实行海运，苏州、松江、太仓的漕粮由上海出发，海运至天津。此后，由于河运利益集团的竭力阻挠，缺乏改革魄力的道光帝又一次取消海运。

京杭大运河漕运能力的下降，与进入19世纪后京杭大运河管理机制的落后、官员的腐败和运河的失修有关，同时也摆脱不了气候条件恶化的影响。

过去500年来，降温速率最大的100年出现在18世纪中叶相对温暖期向19世纪中叶寒冷期的转变之时，年平均气温下降了1.1～1.2 ℃。气候向寒冷期的转变伴随着自然灾害的增多、粮食产量的下降和粮食价格的上升。

18世纪的乾隆盛世，南北灾害强度较小且发生不同步，在北方地区灾害频发时，可通过漕运将南方粮食运到北方稳定粮食市场，当南方灾年严重时，又可通过蠲（音 juān）免制度免征南方漕粮从而控制南方粮价。

可是到了灾害强度变大的19世纪，南方和北方的自然灾害强度不但上升了一个等级，而且两者间出现较强的同步性，南方自顾不暇无力完漕，使得可通过京杭大运河运输的粮食减少，引起大米粮价波动上涨，缺乏足够粮食的北方应对灾害的能力变得更弱。特别是 1850 年之后，自然灾害愈加严重，1855 年黄河改道夺大清河，从山东利津入海，致使山东境内黄河两岸的运河淤塞，此后漕运以黄河为界南北分运，增大了漕运的难度，也是从这个时段开始，北方小麦粮价一直高于大米粮价且涨幅更大。

由此可见，京杭大运河在漕运历史上功能的退化是伴随着 19 世纪自然灾害加重而发生的。在灾害较轻的时期，发挥正常作用的京杭大运河在稳定南北方粮价方面有着极其重要的意义，而当农业社会发生大范围的严重自然灾害时，京杭大运河的调剂作用会减弱甚至失灵。加上气候转冷、自然环境恶化的大背景，区域水旱失衡现象尤为突出，对河道运输承载力产生直接影响。

1850 年（道光三十年）以后，太平天国运动爆发，太平军攻占了江苏、安徽等地，加上黄河决口，改道入海，京杭河运已极其困难，所以大部分漕粮逐渐改为海运。

19 世纪后期随着洋务运动的兴起和海运的发展，大运河无法航行庞大的船只，在海上能游弋通畅，海运逐渐超越了大运河的运输量。大运河的运输业每况日下，但一些商人还是坚持走大运河，因为这里独特的风景，水面平静，更有来来往往的平民，还能领略到不同地方的风土人情。

1901 年（光绪二十七年），清政府停止运河漕运。

鸦片战争后遗症

谈及清代历史，鸦片战争是一个"绕不开、避不过、躲不了"的话题，这是一个沉重到令人感觉痛苦的话题，这个里程碑式的重大事件，是中国从独立的封建社会沦为半殖民地半封建社会的历史转折点，拉开了中国近代史的序幕。

中国的近代史分为两个阶段。第一个阶段是从 1840 年鸦片战争爆发到 1919 年五四运动前夕，是旧民主主义革命阶段；第二个阶段是从 1919 年五四运动到 1949 年中华人民共和国成立前夕，是新民主主义革命阶段。

从 1616 年清太祖努尔哈赤建立后金政权算起，到 1912 年末代皇

帝溥仪退位，清代将近 300 年的时间里，处于近代史时期的有 72 年（1840—1912 年）。在这 72 年里，鸦片战争给中华民族带来深远长久的影响和痛楚。

简要回顾鸦片战争的起因、经过和结果。

18 世纪中叶，西方国家陆续进入资本主义时代，英国人瓦特改良蒸汽机之后，一系列技术革命接踵而至，带动了从手工劳动向动力机器生产转变的重大飞跃。这是一场以机器取代人力，以大规模工厂化生产取代个体工场手工生产的技术革命，被称为第一次工业革命。它开始于英国，然后快速地传播到整个欧洲大陆，并在 19 世纪传至北美。

随着资本主义工业发展，其工业产量急剧上升。到了 19 世纪上半叶，法国的工业产量跃居世界第二位，成为仅次于英国的资本主义国家。当时的美国进入上升阶段，国内的资产阶级忙于劫掠印第安人和墨西哥人的土地，排除欧洲资本主义在拉丁美洲的势力。俄国于 1861 年改革农奴制后，资本主义工商业也迅速发展，它从北面虎视眈眈地盯着中国。

由于工业产量剧增，资本主义国家"不断扩大产品销路的需要，驱使资产阶级奔走于全球各地"，资本家开始努力寻找新的资源，开拓新的产品销售空间。他们为了扩大商品市场，争夺原料产地，加快了征服殖民地的活动。

到 19 世纪 40 年代，中国的周边国家和邻近地区，已陆续成为西方国家的殖民地或势力范围。中国作为一个幅员辽阔但工业体系与国防体系相当落后的国家，自然而然就成为了殖民主义侵略者眼中的一块"肥肉"。

处于 1840 年前夕的中国，仍然是一个独立的封建国家，曾经强盛的国势，从乾隆末年已开始呈现江河日下之势。吏治败坏、国防空虚、土地兼并日趋严重，以小农业和家庭手工业相结合的自给自足的自然经济，依然占据中国社会经济的主导地位。在对外关系上，清朝长期实行闭关锁国政策，无疑切断了中国向西方学习科学技术和发展理念的机会。

此时的英国，已经完成了工业革命，需要更广阔的市场作为货品倾销的出口。当时英国从中国进口的主要是茶叶、瓷器、丝绸等商品，尤其茶叶是英国家庭的重要消费品。英国对中国出口的主要是棉花、羊毛、呢绒等工业制品，但中国对这些商品的需求量并不大，这使得中英之间的贸易给英国带来庞大的贸易逆差。

贸易逆差：又称"贸易入超"，是指一个国家（或地区）在一定时期内进口额大于出口额的现象。当一个国家出现贸易逆差时，表明该国外汇储备减少，其商品的国际竞争力削弱，该国在该时期内的对外贸易处于不利地位。大量的贸易逆差将使国内资源外流加剧，外债增加，影响国民经济正常、有效运行。

英国在 18 世纪已开始实行金本位货币政策，但清朝是以白银作为货币，所以与中国的所有贸易都要以银两折算，英国必须从欧洲、美洲购入白银来支付给清朝，金银货币之间的买卖兑换，再加上清朝实行浮动汇率兑换，让英国的利润进一步受损。税率方面，中国对从英国进口的商品都要抽取 20% 的高税率，也使英国大为不满。

到了 19 世纪 20—30 年代，英国对中国的贸易逆差达到了每年两三百万两银子，为了改变这种不利的贸易局面，英国迫切希望全面打开中国市场。在乾隆、嘉庆年间，英国多次派出代表与清政府协商谈判，但清朝统治者自认为地大物博、物产丰富的中国"啥都不缺"，没必要与英国进行贸易，谈判没取得实质性进展。所以英国在结束了与拿破仑的战争之后，就开始准备以军事手段来打开中国市场。同时，他们还想到了一个卑劣的办法，那就是向中国大量走私特殊商品——鸦片，以满足他们追逐利润的无限欲望。

再来说说鸦片。

鸦片，俗称大烟，属毒品，提取自一种叫做罂粟的植物。

罂粟是一年生草本植物，茎高 30～80 厘米，分枝，有伸展的糙毛。叶互生，羽状深裂，裂片两面有糙毛。花单生，花蕾卵球形，花瓣 4 片，近圆形或近扇形，有各种花色。果实球形或椭圆形，长 4～7 厘米，直径 4～5 厘米，无毛，成熟时褐色。花果期 3—11 月。罂粟喜阳光充足、土质湿润透气的酸性土壤，不喜欢多雨水，但喜欢湿润，在亚热带地区一年四季均可种植。

有"毒美人"之称的罂粟花（图片来自 Getty Creative，作者是 imageBROKER）

迄今为止，发现最早种植罂粟的地方位于亚洲西部的小亚细亚半岛，从罂粟果实中获取鸦片已有 6000 多年的历史，起初主要为药用。荷马的《奥德赛》里，鸦片被描述成"忘忧药"；古希腊医典中记录了鸦片可以治疗的疾病包括：头痛、目眩、耳聋、癫痫、中风、弱视、支气管炎、气喘、咳嗽、咯血、腹痛、发烧、浮肿、麻风病、月经不调、忧郁症以及毒虫叮咬等。

鸦片最早传到中国的时间，至少是在西汉的张骞出使西域之后。据传，三国时神医华佗曾使用大麻和鸦片作为麻醉剂。唐代，从阿拉伯进来的鸦片被称为"阿芙蓉"。明代李时珍在《本草纲目》的"阿芙蓉"篇中写道："阿芙蓉，前代罕闻，……气味酸涩，温，微毒，主治泻痢、脱肛不止，能涩丈夫精气，俗人房中术用之。"鸦片在明朝时期以药用为主，其药用价值主要体现在治疗虐疾、痢疾以及刺激性欲等方面，民间尚未形成吸食之风。

鸦片虽然是药物，但长期或过量使用，会造成严重的药物依赖性；如果作为毒品吸食，则会对人体产生巨大损害甚至致死。当长期食用鸦片后停止，就会发生渴求药物、不安易怒、流涕流泪、发抖寒战、便秘腹泻、身体卷曲、抽筋厌食等症状，还会破坏内分泌和免疫系统功能，致使吸食者自身抵抗力大大降低。

近代鸦片的主要生产基地在印度。马克思在《鸦片贸易史》中记载了输入中国的鸦片在数量上的变化："在 1767 年以前，由印度输出的鸦片数量不超过 200 箱，中国法律许可鸦片作为药品输入，每箱鸦片抽税 3 美元左右……大约在 1798 年，东印度公司不再是鸦片的直接出口商，而成了鸦片的生产者……1800 年，输入中国的鸦片已经达到 2000 箱。中国皇帝为了制止自己臣民的自杀行为，下令禁止外国人输入和本国人吸食这种毒品，而东印度公司却迅速地把在印度种植鸦片和向中国私卖鸦片变成自己财政系统的不可分割的部分。半野蛮人坚持道德原则，而文明人却以自私自利的原则与之对抗。"由于屡禁不止，到了道光年间，流入中国的鸦片已暴增至 18712 箱（1835 年）。全国各府各县，鸦片烟馆"遍地开花"，无论平民还是富豪，都沾染上了鸦片。

鸦片贸易给英国人带来了惊人的暴利，也打破了中国对外贸易的长期优势。鸦片的大量输入，使中国每年白银外流高达 600 万两，国内银荒渐现并愈发严重，出现"白银贵、铜钱贱"的局面，本就空虚的国库面临财政枯竭的危机，中国也由原来的出超国变成了入超国。

鸦片输入严重败坏了社会风气，摧残了百姓的身心健康。鸦片泛滥不仅给中国人在精神上、肉体上带来双重损害，同时也破坏了社会生产力，工商业和农业普遍出现萧条和衰落。

鸦片贸易带来的严重危害，引起了清政府的重视，1821—1834 年，清政府八次颁布了严禁鸦片的禁令。1838 年 12 月，道光皇帝任命湖广总督林则徐为钦差大臣，前往广东禁烟。

1839 年 3 月，林则徐抵达广州后，勒令外国烟贩交出所有鸦片，并承诺不再贩卖，保证"嗣后来船永不敢夹带鸦片，如有带来，一经查出，货尽没官，人即正法，情甘服罪"。6月3日，林则徐下令在虎门海滩当众销毁鸦片。具体销毁方法是这样的：事先在海边开挖一个大池子，投入石灰，然后倒入鸦片，使之完全溶入池中的海水，然后随着涨潮和退潮，鸦片溶液冲入大海，消失在人们的视野里。虎门销烟一直持续到6月25日结束，历时23天。据统计，这些被销毁鸦片共计19187箱和2119袋，总重量高达238万斤，大部分是英国人的库存鸦片。这就是历史上著名的"虎门销烟"，禁烟英雄林则徐因此被大家尊为民族英雄。

在蓝色白云下，在潮起潮落的海滩上，一箱又一箱鸦片化为乌有，围观的人们心在跳动，他们相信，经过这场销烟运动就不会再有噩梦。可谁也没想到，噩梦其实才刚刚开始。

因为禁烟运动直接损害了英国资产阶级的利益，英国政府决定对中国发动蓄谋已久的侵略战争，"虎门销烟"成为英国向中国宣战的一个绝佳借口。

1840年6月，英军统帅懿律率领英国舰船40余艘及士兵4000人的机动舰队从印度出发到达中国广州海面，打响了鸦片战争的第一炮。

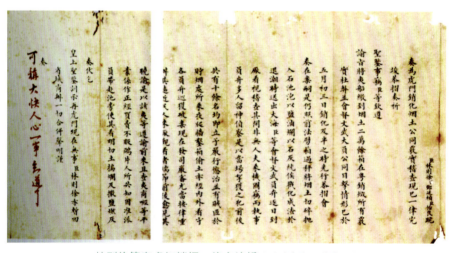

林则徐等奏虎门销烟一律完竣折（图片来自视觉中国）

英军很快封锁了广州、厦门等处海口。7月，攻占浙江定海（今舟山市）。8月，英舰以惊人的速度攻城略地，抵达天津大沽口。本来主张战争的道光帝，被英军惊人的战斗力所震慑，开始动摇，令钦差大臣琦善转告英人，同意通商和惩办林则徐，以此求得英舰撤至广州，并派琦善南下广州谈判。

由于英军对谈判的进展不满意，双方下了谈判桌又开打。这场因鸦片引发的战争一直持续到1842年8月，最后以清军战败，签订中国近代第一个不平等条约《南京条约》而告终，史称"第一次鸦片战争"。读者可参阅有关鸦片战争的文献资料，此处不对战争过程作赘述。

鸦片战争的失败和一系列不平等条约的签订，使得中国社会性质发生了根本性的变化。中国向英国割让香港岛，赔款2100万两白银，开放广州、福州、厦门、宁波、上海五口通商，以及协定关税权、领事裁判权、片面最惠国待遇等一系列特权，严重损害了中国的独立主权。《南京条约》签订后，美国、法国接踵而来，乘机索取特权，强迫清政府签订了一系列不平等条约。

鸦片战争标志着中国从封建社会沦为半殖民地半封建社会，从此丧失了独立自主的地位，促进了小农经济的解体，也揭开了近代中国人民反抗外来侵略的历史新篇章，中国人民开始面对着更为复杂曲折的斗争。

以上就是鸦片战争的来龙和去脉。

那么，在短短几十年间，大清国怎么就变得烟馆遍地了呢？富人抽鸦片，穷人也抽鸦片，清代的中国被称为"世界上最大的鸦片消费市场"。可能没有人能够完全解释清楚，进入中后期的清代社会，何至于沦陷到出现社会各阶层争食鸦片这样的世界级奇观呢？

除了西方列强的外部原因，还有来自中国内部的因素。比如，在惊人的市场需求量下，中国本土也开始种植罂粟，做起了鸦片生意。地处中国西南边陲的云南、贵州和四川三省，在这一片迷烟毒气之中受害最重。

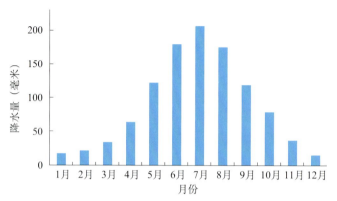

云南、贵州、四川三省历月平均降水量（1981—2010 年平均值）

　　云南地处青藏高原东南侧，基本属于亚热带高原季风型气候，立体气候特点明显，类型众多、年温差小、日温差大、具有明显的湿季（5—10月）和干季（11 月—次年 4 月）。湿季，受西南季风的影响，大量的水汽进入云南使得降水量季节性偏多，常年降水量达到 950 毫米左右，占全年总降水量的 8 成以上，气候凉爽；干季，西南季风结束后受大陆高压前偏东气流或青藏高原南则西风气流的影响，降水稀少，多表现为干燥而温暖的气候。

　　贵州全境位于云贵高原，以山地居多，素有"八山一水一分田"之说，基本属亚热带湿润季风气候。夏季受季风影响多降水，冬半年多阴雨天气但总降水量不多。年内气温变化幅度不大，冬暖夏凉。由于受大气环流及地形等影响，贵州气候也呈多样性且不稳定，多灾害性天气。

　　四川不同地区的气候差异也很大。川西北海拔高差大，气候立体变化明显，主要是高山高原高寒气候区；川西南山地属亚热带半湿润气候区；四川盆地则为亚热带湿润气候区。总体上，东部冬暖、春旱、夏热、秋雨、多云雾、少日照；西部寒冷冬长、基本无夏、日照充足、降水集中、干湿季分明。

　　云南、贵州和四川三省由于地形地貌和大气环流条件不同，气候类型复杂，气候差别显著，多"一山分四季，十里不同天"的自然景象。另一方面，也是气象灾害种类多、发生频率高的地区。干旱、暴雨、洪涝、低温、冰雹等经常发生，对农业生产危害严重，是造成西南地区经济相对落后、贫困人口众多的重要原因之一。

但是，这里的自然环境、气候和土壤却适宜种植罂粟。近代鸦片的主要生产基地在印度，中国西南地区与印度的气候有一定相似之处，具备种植鸦片的基础条件，所以在英国向清朝倾销鸦片之前，西南一带就已经有零星种植。西南山区医疗条件相对落后，贫穷的农民往往靠吸食鸦片来治疗各种疾病。道光年间云南巡抚颜伯焘就曾谈到"滇之边地，瘴气甚盛，百姓土民以吸烟可避瘴，乃竞相吸之"。在利益驱使之下，农民们选择种植罂粟。

嘉庆、道光年间，鸦片经由缅甸进入清朝边境，云南一带是国家力量的薄弱区，朝廷颁布的禁烟令往往得不到有效执行，种植区得以稳定存在。

道光年间，云南本土生产的鸦片已开始流出省境销往他省，虽然制造质量不如印度，但胜在价格低廉，所以销路极广，特别是邻近云南的贵州、四川、广西等地，种植范围很快扩展到全省。"各府厅州、县，地方辽阔，接壤边陲，昔种豆麦之田今成罂粟之地。"御史陆应谷向道光皇帝汇报工作时，曾这样描述云南种植鸦片的情况。

云南各地因气候和水土条件不同，产出的鸦片也有质量差别，在市场上形成了等级之分，主要分为三类：迤（音 yǐ）南土、迤西土和迤东土，其中最好的是迤南土。迤南、迤西、迤东是清朝在云南省设立的三个道，迤南距离缅甸最近，其首府位于普洱市，此地现今以盛产普洱茶闻名全国，可当年这里丰厚的水土，滋养的却是罂粟花海。据道光年间海关汇总的数据，云南全省鸦片销售量约 5 万担[①]，其中迤南道就有 3.1 万担，超过总数的 6 成。

到了清末，英国人戴维斯在滇西南一带实地考察时发现，这里"几乎没有贸易，偶尔有从大理或云州来的骡子组成的商队来卖盐、铁锅和其他

---

① 1 担 =50 千克。

产品，购买汉人在附近山上种植的鸦片，而这似乎是唯一的出口产品"。可以说，无论是传统的粮食作物（如稻米、小麦、豆类），还是经济类作物（如茶叶），基本都被罂粟替代。

四川省大面积种植罂粟的时间比云南要晚 10 ～ 20 年。《清史纪事本末》有记载，鸦片"寻由印度传之云南，而南土兴。辗转传至四川而有川土，又传至甘肃而有西土"。

鸦片战争结束后，清朝的禁烟政策被西方列强摧毁，国内鸦片市场彻底放开，四川的罂粟种植面积和鸦片生产规模呈现出后来者居上之势，随后便赶超了云南。1869—1879 年的短短 10 年，四川鸦片产量从 7500 担剧增至 17700 担。到了 20 世纪初，更是疯狂地涨到近 24 万担。在四川所有出口的物资中，鸦片的价值折合后占到 40%。1909 年 2 月，国际鸦片委员会会议在中国上海召开，史称"万国禁烟会"，委员会经调查后认为，四川省是中国第一大鸦片生产省。

深处苗岭的贵州，向来民风朴实，由于山多田少，产粮不多，老百姓种粮勉强维持生存所需，大多盼着多收几斗粮食。所以在道光年间只有个别地区种植罂粟，规模远不及云南、四川。

鸦片战争后，随着云南、四川罂粟种植量增大和鸦片的深入，罂粟种植也深深困扰了这块相对闭塞的土地上的百姓，越来越多的贵州人动起了"歪心思"。据《贵州通志》记载，贵州抛开了川、滇二省"先边境，后中心"的策略，也无视朝廷的封禁政策，从省府贵阳附近开始种植，安顺、兴义、遵义等府也逐渐"鸦片遍山弥谷"。

贵州的气候和土质适宜种植罂粟，仅仅 20 年的时间，贵州罂粟种植区从贵阳一带已扩展到全省，几乎无山不开花、无县不制毒，鸦片产量暴增至 1.5 万担。咸丰六年（1856 年）"黔省之田已是连畦接壤，种植罂粟，借以渔利"。到了 19 世纪末，贵州年产鸦片 4 万担，比肩川、滇，位列全国第三。

根据《益闻录》记载，1880—1881 年，川、滇、黔三省共出烟土 26.5万担。

鸦片在川、滇、黔三省的广泛种植造成了严重后果，最根本后果是破坏了社会生产力的发展，农业则是首当其冲受到冲击的。曾有学者针对清代后期贵州一带种植鸦片对农业的冲击破坏进行了较为深入的分析，本书借以引用阐述。

清代初期，得益于清政府鼓励垦荒政策，贵州耕地面积逐年增多。在农业生产工具和种植技术方面，铁制农具和牛耕在全省范围内已普遍使用，农民也掌握了在不同土壤环境中使用不同肥料、栽培不同农作物的技术，总结出了水田适宜种粳稻、坡田宜种糯谷、高山土宜种玉米、干松土地宜种荞麦等这些在当时较为先进的生产经验。

水利灌溉方面，农民已会使用桔棒、水车、水筒等灌溉工具。

粮食种类方面，各地都普遍种植稻谷、豆类、高粱、玉米、荞、麦、粟等，种类比较齐全。而且同在一种作物中又可细分出若干类，如在安顺地区，稻谷可分为早谷、晚谷、红谷、羊毛谷、糯谷等。

经济作物品种也较为丰富，有油菜、茶子、棉花、茶叶、桑、麻等。其中茶叶、棉花、种桑养蚕在农副业中占比很大，在清代前期已遍布全省，形成相当大的规模。

也就是说，在鸦片战争以前，贵州虽然地处西南山区，但农业已经发展得较为完备，为贵州经济社会发展打下了良好的基础。

但是，鸦片战争之后，情况发生了巨大变化。种植鸦片侵占了农村大片耕地，农业生产遭到极大破坏，一切生长在土地上的农作物几乎都受到了排挤。

鸦片对粮食生产的冲击。贵州虽然地处高原，重峦叠嶂，但气候条件适宜粮食生产。可是由于种罂粟的获利是种粮食的 3～5 倍，所以农民更愿意去种罂粟。随着鸦片需求量不断攀升，地主也纷纷从农民手中抽回土地，雇小工大面积种植罂粟。到了 19 世纪 80 年代末，全贵州省用来种罂粟的土地占了耕地总面积的 2/3 左右，导致粮食产量急剧下降。罂粟种得越多，粮食生产自然越少，结果就是粮价上涨，严重影响百姓生活。

鸦片对茶业的冲击。贵州原本盛产茶叶，陆羽在《茶经》中曾写道："茶之出黔中，生思州、播州、费州、夷州，往往得之，其味极佳。"这里提到的四个州，是唐朝时期贵州辖内的州名。清初期，贵州主要产茶地集中在乌江流域，如贵定、安顺、湄潭、仁怀、习水、石阡等县，各地所产茶叶各具特色。贵定有阳宝山，海拔高，多云雾，所产茶叶名为云雾茶，是贵州茶叶之冠。安顺产丛茶和毛尖茶，湄潭产毛尖细茶，遵义产金鼎山茶，桐梓产师庙茶等，都色味俱佳，远销国内各地。其中，以安顺和石阡的产茶量最大。安顺是清代贵州西部茶叶的汇集及转销地，石阡是茶叶品种多，其中以苦丁茶驰名中外，有清凉降压功效。到了清代后期，这两地的年产茶量已达 20 余万斤之多，全省的年产茶量超过 27000 担，曾是贵州重要的外销物资。

但是，随着罂粟在贵州的种植泛滥，导致农民忙于种罂粟，无暇顾及种茶，很多茶树陷入"自生自灭"的状态。此外，外省商人到贵州贩运鸦片时，也会用外省茶、外国茶换取鸦片的方式进行交易，使得大量外来茶叶进入贵州市场，排挤了贵州的茶叶生产。到了 19 世纪末，安顺的本地土产茶贸易已濒于消失。

鸦片对棉纺业的冲击。贵州的棉花种植业在明代开始发展，进入清代已盛产棉花，棉花的高产量带动了以家庭为单位的棉纺业的发展，出现了专营棉花的商人，有"纺家"和"织家"的分工，棉织产品远销外省。实力雄厚的商人控制了棉织业的原料供给，能左右纺织者，标志着棉织业的包买商即将出现。

但在鸦片战争后，鸦片高利润的优势使棉花的种植面积和产量日益萎缩。而且随着贵州鸦片产量不断上升，越来越多的商人涌向贵州，和带入的外来茶叶一样，他们也带来了洋布和外省的土布，用以换取鸦片，又使棉花种植及棉纺业多遭受一层打击，种棉花更显得无利可图，棉花产量愈趋锐减。例如在安顺，自从洋纱进入贵州后，土纱价格一落千丈，纺纱行业全部宣告停顿；在兴仁，城内弹棉花的手工业者原有弓五百张，而到了 19 世纪末，因无棉可弹，弓降至只剩数张。由于鸦片之害，棉花种植业遭到巨大的冲击，农村家庭棉纺织业也随之衰败。

　　罂粟种植不仅冲击农业生产，同时也侵蚀农民的身心。农村种植罂粟泛滥，农民吸罂粟有了"近水楼台先得月"之便。光绪初年，贵州遵义一带"几乎无地不种，无人不吸"，农民中吸食鸦片的人越来越多。农民如同病夫，面色蜡黄，精神委靡不振，四肢乏力，无法正常从事农业生产。清末贵州农村"吸食遍人家"的状况，是农业衰落的一个重要原因。鸦片烟毒困扰着农民，实则是动摇了农业的根本，摧毁了农业生产力。

　　鸦片战争打开清朝国门，英国迫使中国承认鸦片贸易合法。自此，清政府对待鸦片的态度也从原来的严禁政策，转成了开放政策。

　　根据当时中外商定的条约，鸦片贸易也要遵守国际贸易原则，输入清朝的鸦片和其他货物一样交纳关税。1858 年，清朝与英、法、美三国签署《通商章程善后条约：海关税则》，规定洋药（鸦片）每百斤纳税 30 两白银。同时还规定了鸦片进入清朝内地市场流通后，再抽多少税厘由清政府自主决定。

　　清政府认为：反正洋人输入鸦片的脚步是挡不住了，那就干脆放开征税，增加国库收入。1859 年，清朝开始对鸦片征收厘金。到了 1885 年，清朝征税已经达到每百斤鸦片 80 两白银，远远超过了海关征税。

　　而在国内，以川、滇、黔三省为首，带领着全国各地，凡是能种植罂粟的，都"开足马力"种植，导致很多地方连基本的粮食作物都废而不种，云南的大米一度靠越南进口来维持。有些地方甚至规定，农民交税可以用鸦片抵充白银。

　　面对清朝土鸦片的疯狂竞争，洋鸦片销量应声回落。据统计，1867 年清朝进口货物中鸦片占比 46.15%，到了 1894 年这一数字锐减至 20.65%。

　　随着鸦片问题的深入，禁烟问题在国内渐成"绝症"。一方面，清朝政府财政极度困难，无法解除对鸦片税的依赖，只能"一手打着自己的脸，一手继续收着鸦片税"；另一方面，地方官府、商人、烟农在长期的

种、销、税流程中，形成利益链条，每一箱鸦片赚得的银子，大头都流入官员手中，政府要解决鸦片问题阻力重重，无法克服。最令人痛心的是，鸦片问题对清代的社会风气造成了严重损害，吸食鸦片成为难以杜绝的顽症，直到清王朝覆灭也没能解决。

❄ 晚清时期的自然灾害

所谓灾荒，是由于自然界的破坏力对人类生活的打击超过了人类的抵抗力而起的损害。在阶级社会里，灾荒基本上是由于人和人的社会关系的失调而引起，人对于自然条件控制的失败所招致的社会物质生活上的损害和破坏。——邓云特《中国救荒史》

自然灾害也称灾荒，是指自然界的恶劣现象给人类社会生活造成的各种损害、破坏。

清朝从 1644 年建立，到 1911 年灭亡，历时 267 年，从时间上可划分为早、中、晚三个时期。其中，晚清始于 1840 年，经历了道光、咸丰、同治、光绪、宣统 5 位皇帝，共 71 年。

虽然只有短暂的 71 年，但是各种灾荒却在晚清时期频繁发生，成为中国历史上自然灾害的高发期。这些灾荒囊括了各种主要气象灾害，比如洪涝、干旱、大风、霜冻、暴雪、冰雹等，以及地震、虫害、瘟疫、火灾等其他自然灾害。这些自然灾害削弱了清廷的国力，加剧了社会的动荡，是促使晚清走向覆灭的重要原因之一。

一、晚清时期的主要自然灾害

1. 洪涝

自古以来，洪涝灾害都是对历朝社会影响最大的自然灾害。洪涝灾害通常是指长时间降水过多、区域性的持续强降水（大雨、暴雨甚至更强）以及局地短时强降水等引起江河洪水泛滥，冲毁堤坝、房屋、道路、桥梁、淹没农田、城镇等，进而造成农业或其他财产损失和人员伤亡的一种自然灾害。

黄河和长江孕育了华夏民族，同时也给人民带来了深刻苦难。中华文明发展史也是一部伴随着中华民族治理水患、抗衡洪涝的历史，比如"大禹治水""李冰父子建造都江堰""关羽水淹七军"等，都是大家耳熟能详的与水灾有关的故事。

从道光二十年至宣统三年（1840—1911年），我国共计发生水灾236次，其中尤以黄河、长江流域的水患最为严重。

● 知识点

　　我国气象灾害具有种类多、范围广、频率高、持续时间长、群发性突出、连锁反应显著、灾情重等特点。根据统计，1984—2018年，在所有自然灾害造成的直接经济损失中，由气象灾害造成的直接经济损失占到了总量的71%，共计7.3万亿元，即年均直接经济损失2074亿元，约占国民生产总值的2%。其中，又以洪涝灾害最甚，占到了总量的36%，干旱和台风次之。

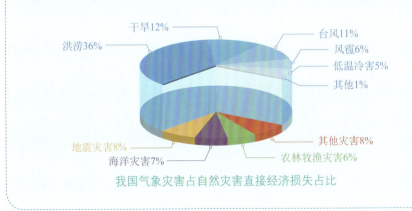

我国气象灾害占自然灾害直接经济损失占比

黄河，被誉为"百水之首"，源远流长，全长超过5400千米，流域面积超过 75 万平方千米，是世界第五长河，中国第二长河。《尔雅·释水》将黄河列为"四渎之宗"（四渎是我国古代对四条独流入海的大河的称呼，即"江、河、淮、济"，也就是现在的长江、黄河、淮河、济水。其中淮河、济水在古代也是独流入海，但淮河、济水先后被黄河改道所夺，淮河下游淤塞后改注入长江，而济水故道即现今的黄河下游）。人们在对黄河尊崇之余，更多的却是恐惧，因为它是历史上决口泛滥最多的一条大河。

晚清 70 余年间，黄河平均两年漫决（因水流满溢而使堤岸破裂）一次，有时竟至一年数决。黄河下游洪水按发生的时间，以物候分为四汛：凌汛、桃汛、伏汛、秋汛，其中以伏、秋二汛与凌汛威胁最大。

● 知识点

凌汛：冰凌对水流产生阻力而引起的江河水位明显上涨的水文现象。通俗地讲，就是水表有冰层，且破裂成块状，冰下有水流，带动冰块向下游运动，当河道狭窄时冰层不断堆积，造成对堤坝的压力过大。冬季的封河期和春季的开河期都有可能发生凌汛。当冰凌造成水位大幅度地抬高，最终漫滩或决堤，称为凌洪。

桃汛：每年春季的 2—3 月（农历），黄河因冰凌融化而发生的河水暴涨，此时正值山桃花盛开，故称之为桃汛，也叫春汛。

伏汛：伏天里发生的河水暴涨。我国是典型的大陆性季风气候国家，降水主要集中在夏半年。盛夏时节，特别是 7 月中下旬至 8 月上中旬，北方地区进入雨季，黄河流域因降水增多，出现了水流涌涨的现象。此时正是伏天时节，故称之为伏汛。

秋汛：黄河在 9—10 月发生的洪水称为秋汛，其特点是洪峰历时较长，洪峰水量较大，含沙量较低。秋汛主要由黄河上中游地区大面积持续的连阴雨造成。

1841 年 8 月 2 日（道光二十一年六月十六日），河南省开封府城西北十余里南厅祥符汛三十一堡的黄河堤防决口，河水奔腾咆哮，排山倒海般扑涌而来，瞬息间淹至开封，被水淹毙者不计其数。城中以城墙为堤防堵洪水，城外则是"浪若山排，声如雷吼""民间惶恐颠连之状，呼号惨怛之音，非独耳目不忍见闻，并非语言所能殚述"。开封城被洪水围困了8个月，在洪水最猛烈的9月，城墙坍塌不下10余次，陆沉时刻威胁着全城。直到1842年4月，祥符安堵工程告竣，开封之急才算解除。

1843年（道光二十三年）夏天，位于河南省陕县境内黄河上的一处著名渡口——太阳渡（春秋时期的"假道灭虢"一战就发生在这个渡口）一带出现洪峰。万锦滩洪水在8月8日涨水7尺，后续9日陕州洪水涨至2丈[①]多，据称为千年以来黄河下游最大的一次洪水。这次水灾毁坏了大片良田，夺走了无数人的生命，给人们留下了深刻记忆，当时有歌谣这样描写：

道光二十三，黄河涨上天。

冲走太阳渡，捎带万锦滩。

1855年（咸丰五年）6月中旬，黄河在河南兰阳铜瓦厢决口，奔涌的黄河水弃江苏河道，夺山东大清河入海，河南、直隶、山东等地陷入洪灾，给黄河下游地区带来了巨大灾难。铜瓦厢决口的一个重要后果是导致黄河改道，这是黄河史上的一件大事。此后的30多年，清政府内部就黄河到底是该走新河道还是旧河道的问题争论不休。其中尤以同治中后期和光绪十至十五年（1884—1889年）的争议为最多。山东巡抚张曜在光绪十五年的一道奏折中说："山东地方十余年来，黄河为患，灾祲频仍，民间地亩或成巨浸，或被沙压，不能耕种，生计日蹙。"这一年，黄河下游漫决多达5次。

1904年（光绪三十年）7月，黄河上游贵德以上地区和大夏河、洮河一带连降暴雨，导致兰州一带洪流泛滥。洪水冲断浮桥，冲走桥船，贯穿黄河南北的交通大动脉为之瘫痪，酿成黄河上游"百余年来所仅见之水患"。

---

① 1丈≈3.3333米。

晚清 70 余年间，长江共漫决 30 次左右。与黄河相比，虽然洪峰较小（河流洪水期间的单一时间最大流量称为洪峰，也可理解为洪水时的最高水位），涝灾却十分严重，几乎每年都有。其涝灾发生次数之多，分布面积之广，持续时间之长，堪称江河之冠。长江中下游地区的涝灾，以洞庭湖地区、太湖地区、江汉平原等最为严重，一般年份受涝田亩都超过百万亩。

长江的重要支流——淮河，水灾频发且严重。淮河流域长期以来一直是"大雨大灾，小雨小灾，无雨旱灾"。1910 年（宣统二年），侍读学士恽毓鼎上奏："沿淮州、县，年报水灾，浸灌城邑，漂没田庐，自正阳至高、宝，尽为泽国。"其中，安徽和江苏是淮河流域受灾最重的地区。

洞庭湖是我国四大淡水湖（即鄱阳湖、洞庭湖、太湖和洪泽湖）之一，沿湖四周几乎年年被水成灾，"各灾民糊口无资，栖身无所，情形极其困苦，且多纷纷外出觅食。"

江汉平原也是洪涝灾害频繁发生的地区。根据《晚清时期的自然灾害及其成因、影响约议》一文描述，涝灾超过 100 次的四个州、县——江陵、沔阳、天门、潜江，全属该区。该区的其他州、县，水灾出现次数全部在 50 次以上，且 80 次以上的占绝大部分，超过了全长江流域其他任何地区的水灾发生率。江汉平原多水灾与汉水的洪水发生频率有关，从道光二十一年至三十年（1841—1850 年），汉水洪水泛滥 16 次，从咸丰元年至宣统三年（1851—1911 年）达 31 次。

号称"天府之国"的四川，也曾因严重水灾而致哀鸿遍野。光绪二十二年（1896 年）秋，川东的夔州、绥定、重庆、忠州等地因连阴雨成灾，酿成严重饥荒，出现"人吃人之惨"。

"鱼米之乡"浙江地区，晚清时期屡发水灾。据不完全统计，同治三年至光绪十五年（1864—1889 年），大的水患达到 20 次。

其他大河在晚清时期也是洪涝频发。

位于北京附近的永定河，因两岸皆沙无土，堤阶无固，防卫之难，水患之多不亚于黄河，有"小黄河"之称。晚清的 71 年里，永定河漫决多达 33 次，其中同治六年至光绪元年（1867—1875 年）决口达 11 次之多。

南方的珠江流域水灾也不乏见。以广东为例，晚清 71 年间，共计有水灾 30 多次。两广总督张之洞在光绪十二年（1886 年）的奏折中说，广东水害"近二十年来，几于无岁无之"。

除了江河水灾之外，江浙地区还有海塘水患。林则徐在当地为官时多次提及"海塘大坏"。晚清时期，海塘溃决连年发生，以致"田地被淹，流民遍地"。

2. 旱灾

干旱是指因水分的收与支或供与求不平衡而形成的持续水分短缺现象，这种水分短缺可以表现为降水量不足、土壤水分缺乏或江河湖泊水位偏低等。从类型上，干旱可以分为气象干旱、农业干旱、水文干旱和社会经济干旱。

气象干旱指某时段内，由于蒸发量和降水量的收支不平衡，水分支出大于水分收入而造成的水分短缺现象。

农业干旱指在农作物生育期内，由于土壤水分持续不足而造成的农作物体内水分亏缺，影响作物正常生长发育的现象。

水文干旱是指由于降水的长期短缺而造成某段时间内，地表水或地下水收支不平衡，出现水分短缺，使江河流量、湖泊水位、水库蓄水等减少的现象。

社会经济干旱是指由自然系统与人类社会经济系统中水资源供需不平衡造成的异常水分短缺现象。社会对水的需求通常分为工业需水、农业需水和生活与服务行业需水等，如果需求大于供应，就会发生社会经济干旱。

在四类干旱中，气象干旱是一种自然现象，农业、水文和社会经济干旱则更关注对人类社会的影响。气象干旱是其他三种类型干旱的基础，通常持续几周的气象干旱，会导致农作物、草原和牧场因土壤水分不足出现农业干旱；而持续几个月的气象干旱将导致江河径流、水库水位、湖泊水位、地下水位下降，出现水文干旱；当水分短缺影响到人类生活或经济需水时，就发生社会经济干旱。所以，气象干旱在持续一段时间后，就有可能发生农业、水文和社会经济干旱，并产生相应的灾情，形成旱灾。

2018 年夏季湖南湘乡市发生严重干旱（陈鲜艳／拍摄）
（图为湘乡市龙洞镇衡山县白果镇水稻田受旱，土地干裂。）

　　中国是典型的大陆性季风气候国家，降水量从东南沿海向西北内陆渐次减少，同时在东部季风区，降水也呈现"南多北少"的分布特征，所以旱灾主要发生在北方地区，南方地区相对较少。据《中国历代天灾人祸表》（陈高佣等编）统计，自道光二十年至宣统三年（1840—1911 年），全国共发生旱灾 140 次，是我国历史上干旱发生频率较高的时期。

　　光绪初年（1877—1879 年），中国北方地区发生大旱灾，这次旱灾是中国历史上最严重的旱灾之一，受灾地区波及陕西、山西、河南、河北及山东部分地区，受灾地区之广、时间之长、饥民之众、死亡之多，可谓古今罕见。据有关统计，此次旱灾造成死亡人数高达 1300 万，历史学家将这次大旱灾称为"丁戊奇荒"。

此次大旱灾以后，黄土高原上的几个省还发生了几次较大的旱灾，其中发生在光绪十八年至二十年（1892—1894年）的大旱，据美国人柔克义估计，死亡人数约100万。

对于南方地区的长江流域，虽然雨量充沛，但由于降水的时间不能和耕种季节完全相配合，加上灌溉设施不健全，也经常发生阶段性旱灾。特别是山区、丘陵地区，一般20天无雨即有旱象，30天无雨就形成旱灾，40天以上无雨则赤地千里，土地龟裂，禾苗枯萎，甚而颗粒无收。

长江中下游地区的湖北省，自道光二十年至宣统三年（1840—1911年），遭受旱灾侵袭的县超过58个。浙江地区也旱灾不断，如同治五年（1866年）夏，江山县大旱；同治十年（1871年）夏，镇海县大旱，次年河枯，舟楫不通；光绪二年（1876年），萧山县大旱，河底涸露；光绪五年（1879年）夏，镇河县大旱，七乡河皆龟裂，稼禾尽枯。

四川，光绪二十六年（1900年），四川总督奎俊在奏折中描述为"各属复遭旱荒，米价腾贵，饥民载道"。到20世纪初，四川又发生了"壬寅大旱"和"甲辰大旱"这两次特大旱灾，百姓饥饿死亡之状，目不忍睹，惨绝人寰。安徽省在晚清时期也发生了数十次旱灾。

3. 风灾

空气运动产生的气流称为风，它是一个同时具有方向和大小的概念，风向是指风吹来的方向，风速是指空气移动的速度。我国气象观测业务中规定，当瞬时风力等级达到或超过8级（17.2米/秒）时，称为大风。

大风是一种气象灾害，形成大风的原因很多，如冷空气南下、台风过境、强对流天气系统强烈发展，或是地形原因等都能生成大风，并由此可能引发大风灾害。

晚清时期风灾频发，据《中国历代天灾人祸表》统计，大风灾有40次。

道光二十二年（1842年），湖北潜江狂风大作，风石拔木，损坏民居不计其数。

道光二十八年（1848年），湖北武昌大风起于江中，吹翻行舟，多人溺死。

咸丰三年（1853年），湖北宜昌大风，树木被连根拔起，甚至牛马被吹卷上天，民居折损无数。

同治元年（1862年），广东省城及佛山、新会厅、虎门太平墟等处，突然遭遇风灾，纵横千里，湮没田庐，伤毙人口数万。同年，山东蓬莱等六地大风连天，庄稼禾苗被摧毁。

同治三年（1864年），一场台风，使上海黄浦一带人死无数，浙江定海坏各埠船，溺死大批兵民。

同治十年（1871年），浙江省城及余杭等地出现暴风，倒塌民居、伤毙人口无数。

同治十三年（1874年），香港、澳门遭遇风灾，并波及广东，统计省内各处死于风灾的民众超过万人。

0级烟柱直冲天　　1级青烟随风偏　　2级风来吹脸面　　3级叶动红旗展

4级风吹飞纸片　　5级带叶小树摇　　6级举伞步行艰　　7级迎风走不便

8级风吹树枝断　　9级层顶飞瓦片　　10级拔树又倒屋　　11,12级陆上很少见

0～12级风力的影响（陈云峰《气象防灾减灾科普手册》）

光绪四年（1878 年），广州遭大风侵袭，倒坍房屋千余间，覆溺船只数百只，伤亡人口数以千计。

光绪三十二年（1906 年），香港及广东潮州一带飓风成灾，为数十年所未有，人员、财产损失无数。

4. 震灾

中国属地震多发区，地震灾害虽然不属于气象灾害，但为主要自然灾害之一。根据有关部门统计，最近 20 年来，我国平均每年因地震灾害造成的直接经济损失为 370 亿元左右，约占自然灾害造成的直接经济损失总数的 8%。

晚清时期，我国地震发生率很高。据《中国历代天灾人祸表》记载，道光二十年至宣统三年（1840—1911 年），全国共发生地震数百次，其中 6 级以上地震就有 40 多次。

道光三十年（1850 年），四川西昌发生地震，城垣、衙署、仓库、监狱均坍塌，伤亡 2.06 万人。

咸丰二年（1852 年），甘肃中卫县地震，震倒房屋 2 万余间，造成 300 余人死亡。

咸丰七年至八年（1857—1858 年），山东蓬莱接连发生 30 余次地震，造成了严重的人员伤亡和财产损失。

咸丰十一年（1861 年），奉天金州（今属辽宁大连地区）地震，震倒旗民住房 640 余间，死伤百十户。

光绪二十二年（1896 年）春，四川 10 余州、县地震，川南富顺、南溪尤甚。仅在春、夏两季富顺发生地震 30 余次。刘光第（清末"戊戌六君子"之一）曾在《自京师与自流井刘安怀堂手札》提到："今年川南地震特久，然川东乃至山崩地陷，石出滩拥，数百年罕见之灾发于一旦。""川东为水冲去者，为地陷者，殆不下数千家。"

晚清时期，北起黑龙江，西至新疆，南起台湾，东至山东，大都发生过地震，造成程度不等的灾害。

5. 虫灾

虫灾中以蝗虫害最为严重，盛夏时节是蝗灾最易肆虐的季节。蝗虫以侵害旱作植物为主，而"大泽之涯"旱涝无常之处是蝗虫滋生的有利场所，这就决定了其滋生、猖獗地区多在我国的北方。长江以南地区的虫灾也时有发生，但受灾程度稍逊于北方。蝗灾往往造成农作物减产，严重的则颗粒无收，伴随而来的则是饥荒、瘟疫和人口死亡，其危害性足以影响国家经济的发展和社会的稳定。晚清史籍与方志中有关蝗灾的记载屡见不绝，主要虫灾如下。

咸丰二年（1852年），安徽宁国县粮食歉收，飞蝗蔽天，所集田苗稼禾立尽。3年后，蝗灾再次降临该县。

咸丰六年（1856年），河南商邱等县、湖北黄州、襄阳等县及近畿所属数县飞蝗成灾。次年，河北邢台蝗灾，发生"谷俱尽"的惨剧。

光绪三年（1877年），豫东、苏、皖蝗虫成灾。安徽五河县秋旱，蝗飞蔽天。宿州、泗县发生"秋蝗"，定远县、芜湖县飞蝗蔽天。庐江县、广德州夏飞蝗过境。

光绪十八年（1892年），北京、江苏、安徽、山西等地都发生蝗灾。

除了水、旱、风、震、虫这五种自然灾害外，晚清时期，雹、霜、雪、火、低温冻害、泥石流等灾害也都不时逞凶肆虐，给经济发展和社会稳定造成不利影响。

根据《中国救荒史》统计，秦汉时期有记载的灾害为375次，魏晋时期为304次，南北朝时期为315次，隋唐时期为515次，五代时期为51次，两宋为874次，元代为513次，明代为1011次，清代为1121次。上述不完全统计表明，清代灾荒发生的次数居历朝之冠，而晚清时期的灾荒更具有明显的频发性特点。如邓云特所说："我国历代灾荒，不但在空间上日益趋于普遍化，而且在时间上也愈见普遍。空间上普遍化的结果，形成了无处无灾、无处不荒的现象；时间上普遍化的结果，形成了无年无灾、无年不荒的现象。"

晚清时期如此频繁而严重的自然灾害，无疑给人民的生命和财产造成重大损失，使社会生活环境进一步恶化，晚清政权在风雨飘摇中走向落幕终点。

二、晚清时期自然灾害频发的主要原因

小冰期气候大背景下的生态环境遭到人为破坏，是晚清时期自然灾害频发的主要原因之一。

生态环境是人类社会赖以生存的根本条件。当人们改造自然环境的活动陷于盲目无序状态，破坏了生态环境与人类生存的和谐平衡时，大自然的惩罚便会以自然灾害的形式降临到人类社会。

清代以来，因人口迅猛增长而出现了大规模的移民垦荒，滥垦滥伐对自然环境的破坏力是极强的，再加上清后期国外势力经济侵略带来的破坏，使得晚清时期的生态环境每况愈下。

例如，内蒙古科尔沁草原昌图额尔克地区，在未开垦之前，本是理想的天然游牧区。当这些水草丰盛的游牧地变为农耕地后，广大牧民被排挤到贫瘠僻静的地方去放牧牲畜，致使牧草资源遭到掠夺性利用。对于那些原本不适宜农垦的地区，清廷设立的垦务局为了政绩考核也强令牧垦。这种做法不仅农业收获甚微，更糟糕的是打破了自然环境原有的生态平衡。

又例如，北疆地区曾经是原始森林郁郁葱葱，而到了晚清，由于当地官民滥砍滥伐和外国侵略者的大肆掠夺，致使交通方便地区的森林几乎都难逃一劫，林区森林面积显著减少，森林资源遭到严重破坏。

森林是野生动物生存的家园，更是保护人类生存环境的重要因素之一，它对于水土保持、空气净化、调节局地气候具有重要意义。清末北方边疆地区的森林遭到大规模破坏，结果导致许多地区水土流失，土地沙化，水源枯竭，气候异常，以至于自然灾害（特别是气象灾害）频繁发生。

内蒙古西部的大青山地区，由于森林遭破坏，使得草场日益退化缩减。鄂尔多斯高原历来以干旱、少雨、多风沙著称，随着森林的破坏，草

场出现了大面积沙化。北疆许多地区在森林被毁坏后，气候变得极为反常，或是连年少雨，或是暴雨成灾，出现了"易涝易旱、旱涝并重"的局面。

道光二十四年（1844年），齐齐哈尔、墨尔根、布特哈尔等地区（今黑龙江省辖内），秋后霪雨连绵，造成嫩江、精奇里江等河水漫溢，人畜被淹无数。咸丰八年（1858年）春，定远厅康保尔镇（今陕西省辖内）大风，积沙尺余，良田变成沙田。光绪九年（1883年）秋，内蒙古赤峰县骤起"黑色风暴"，时间长达三天三夜，庄稼尽毁，颗粒无收。

内地，关于环境破坏的记载也是数不胜数。很多地方因为盲目围垦河湖滩荒，导致壅塞水路，只要一下大雨，河渠就容易泛滥成灾，酿成水患。长江流域经过大规模垦伐后，山地丘陵面貌大为改观，原先"郁乎苍苍，参天蔽野，处处烟峦皆奇幻"的山地景观，在斧刀砍伐之后，森林尽失，植被荡然，山石裸露。只要"一经淋雨，浮石冲动，划然下流，砂石交游……熟田半没于河洲，而膏腴竟为石田"，也就是易发生山体滑坡和泥石流，导致良田被毁。

光绪年间，一位文人曾对水患产生的原因进行了总结："大水由水溢，水溢由河底之淤，河底之淤由积渐沙泥之雍，沙泥之雍由上游山地开垦之繁兴。"意思是说，洪水形成的原因是河底里淤泥太多，致使河水溢出；而淤泥堆积是因为上游过度的森林砍伐导致水土流失，使得大量沙土涌入河道。寥寥数语，道出了江河水患的根源。

晚清时期自然灾害频发的另一个重要原因是政治腐败。孙中山先生曾在《中国的现在和未来》一文中抨击清朝官场吏治败坏，官员腐败误政，导致河工废弛，酿成水患。他一针见血地指出："中国所有一切的灾难只有一个原因，那就是普遍的又是有系统的贪污，这种贪污是产生饥荒、水灾、疫病的主要原因。"所以，政治腐败虽然是社会现象，但它造成的后果却是官员堕落，败坏政务，致使国家的防灾、治灾制度和措施执行不到位，甚至付诸东流，无异于灾害的制造者。例如，光绪十三年八月十三日（1887年9月29日），黄河在郑州决口，此前两日，郑州段已出现极大险情，但河道总督成孚却借口避开，拒不上阵指挥抢险。等到黄河真的决口了，他又不采取任何补救措施，唯有"屏息俯首，听人怒骂"。同样，在同治末年，四川发生水灾，酆都知县徐溶镛并未救护受灾的百姓，而是一走了之。

战争也是导致晚清时期灾荒的重要原因，主要表现在两个方面。一是战争极大地破坏了国家自然生态环境，助长了灾情的蔓延。战争中，大片森林或被战火焚烧，或被砍伐用以构筑营垒、建造船只等军事装备。如江苏、浙江、安徽、江西等地的林木在太平天国战争期间几乎被砍伐殆尽，许多富庶的地方被战火焚毁成荒芜之地。原为鱼米之乡的江南，经过这场战争浩劫，田园林木毁尽，民不聊生。二是战争导致清政府用于治灾的经费被削减，直接削弱了国家的抗灾能力。光绪二十年（1894 年），曾国藩的弟子、东河河道总督许振祎在奏折中谈到河工经费因连年用兵而被大幅削减的情况，称道："道光年间，河务修理，自可足用，今自咸丰年间，军事日棘，部款难筹，或拨四分之一，或拨四分之二……而河工之废弛已深。"咸丰五年（1855 年），黄河在铜瓦厢（今河南兰考西北黄河东岸）决口后，清廷忙于应付农民起义，无力顾及河决之事，咸丰帝下诏"暂行缓堵"。由于治水经费的减少，导致河渠半多淤塞，原有闸坝堤埝无一不坏。

三、自然灾害对晚清社会的影响

自然灾害对于晚清社会的负面影响沉重且深远，不仅造成大量的人口伤亡和财物损失，直接制约了社会经济的发展，而且延伸到社会政治领域，导致社会动荡，成为加剧晚清社会危机的重要因素。

自然灾害对晚清社会的影响，首当其冲的是造成经济衰退，主要表现为人口减少、农业生产凋敝、百姓生活水平下降等各方面。

晚清时期因灾荒而死的人口究竟有多少，目前尚无确切的统计数字，但可以肯定的是，这个数字一定不会小。邓云特曾列举了晚清几次大灾荒中的死亡人数：道光二十六年（1846 年），江苏、山东、江西均有水灾，陕西大

旱，浙江地震，死亡约 28 万人；道光二十九年（1849 年），直隶地震、发
大水，浙江、湖北发大水，浙江发生大疫，甘肃大旱，死亡约 1500 万人；咸
丰七年（1857 年），河北 10 余州、县及陕西 10 余州、县大蝗灾，湖北发大水，
湖北另有 7 州、县发生旱灾、大蝗灾，黄河决口，山东大饥荒，总计死亡约
800 万人；光绪二年至四年（1876—1878 年），江苏、浙江、山东、直隶、山
西、陕西、江西、湖北等省发大水，安徽、陕西、山东大旱，死亡约 1000
万人；光绪十四年（1888 年），河北、山东地震，黄河决口，河南郑州、河
北发大水，死亡约 350 万人。以上大灾的死亡人数总计约 3378 万人。

光绪初年的北方大旱灾（"丁戊奇荒"），造成了 1300 万人死亡，这是
仅次于欧洲中世纪黑死病等极少数世界性大灾害的死亡人数。其中，仅山
西一省就有 500 万人死亡，约占全省总人口的 1/3。

灾荒一方面造成人员的大量死亡，致使劳动力减少，另一方面致使更
多的灾民挣扎在饥饿死亡线的边缘，无力再有效地从事生产劳动。封建社
会的农耕经济正是在"破坏—恢复—发展—再破坏—再恢复—再发展"的
怪圈中艰难蹒跚运行。

人们生活水平低下，导致生产资金匮乏，社会经济要恢复到灾前水平，
非短期能奏效。尤其在遇灾之后，牛、马、骡、驴等用于生产劳动的牲畜
遭到大批宰杀，严重地破坏了恢复生产的能力。灾荒重击下的农业经济元
气尽丧，手工业、新式工业也备受制约，晚清经济的发展步履维艰。

自然灾害带来的第二个影响是造成社会动荡。大灾之后，民众生活凄
苦、食不果腹，灾民为寻求谋生之路，通常选择远走他乡，集体迁徙异
地，由此形成流民群体。流民是一个极具悲情色彩且又极不稳定的社会群
体，官府一旦处理不慎，就容易激发走投无路的流民"铤而走险、干犯王
法"。张振鹤等编的《清末民变年表》中记录的因荒灾而引发的民变如下，

1843 年，安徽萧县饥民乱踞荒山，官府派兵平乱。

1852 年，河南永城地震，灾民趁震作乱。

1853 年，河南确山大饥，流民为盗。

1902 年，福建海澄受灾，灾民因官府不赈灾而闹事。同年，四川安

岳、简州饥民聚众吃大户。

1906年，湖南衡州、永州灾民聚众到县衙求赈，知县开枪射杀灾民。

1907年，安徽芜湖饥民聚众抢富户，大张谒帖。

1909年，浙江湖州书吏匿灾勒征，灾民聚众抗粮。

1910年，湖南沅江饥民数千人起事等。

因自然灾害引发的经济衰退、社会动荡等一系列后果，致使清政府忙于应付内部危机，无暇对外，以致抗外乏力。以甲午战争为例，光绪二十年（1894年），直隶（今河北）、奉天（今辽宁）、山东等地发生水灾，其中，奉天、山东两地为清、日军交战的区域，灾区变成战区，灾荒对战争产生了较大的影响。因为灾荒，清军必须拿出部分军粮和军饷赈贫民。湘军统帅吴大澂一到前线，便遇到锦州发大灾，不得不在军务繁忙之际兼顾筹赈。而且灾荒致使粮源少且价高，军粮采购十分困难。此外，灾荒使得清军无法在一些战略要地屯驻立足，团练也因之难以兴办。晚清时期，我国历次对外战争多以失败而告终，频发的灾荒是重要原因之一。

延伸阅读

《尔雅》

《尔雅》是中国古代最早的词典，成书的时间大约在战国至西汉初年，书中收集了比较丰富的古代汉语词汇，被称为辞书之祖。"尔"是"近"的意思，"雅"是"正"的意思，在这里专指"雅言"，即在语音、词汇和语法等方面都合乎规范的标准语。所以《尔雅》的意思是接近、符合雅言，即以雅正之言解释古语词、方言词，使之近于规范。

《尔雅》全书共20篇，现存19篇，分为2000多个条目。这些条目按类别分为"释诂""释言""释训""释亲""释宫""释器""释乐""释天""释地""释丘""释山""释水""释草""释木""释虫""释鱼""释鸟""释兽""释畜"等19篇。

> 谓我舅者，吾谓之甥也。（释亲）
> 水注川曰溪，注溪曰谷，注谷曰沟，注沟曰浍，注浍曰渎。（释水）
> 有足谓之虫，无足谓之豸。（释虫）
> 木谓之华，草谓之荣，不荣而实者谓之秀，荣而不实者谓之英。
> （释草）

❄ 从气候变化看太平天国运动兴败

一、关于太平天国运动

第一次鸦片战争（1840—1842 年）结束后，中国从封建社会沦为半殖民地半封建社会。西方列强凭借《南京条约》等一系列不平等条约，从政治、经济各方面大肆侵华。清政府支付高达 2100 万银元的战争赔款，加上鸦片大量输入，而造成了严重的国库虚空，道光中后期，平均每年差不多流出白银 1000 万两。为弥补财政亏空，清政府加紧横征暴敛，增加税收 1～3 倍甚至更高。加上当时外国工业品开始在中国大量倾销，使得国内城乡手工业备受摧残，导致农民和手工业者纷纷破产，地主阶级则乘机兼并土地，加重剥削。

民族矛盾的加剧激化了国内阶级矛盾，广大农民生活困顿，走投无路之下纷纷揭竿而起。鸦片战争后 10 年间，国内反清起义多达 100 余次。广西是多民族聚居区，清朝统治者对广大少数民族的民族压迫和阶级剥削十分严酷，加上自然灾害频发，天灾人祸重压之下的农民苦不堪言，终于在道光末年（1851 年 1 月）爆发了洪秀全领导的大规模农民起义，即太平天国运动。

太平天国运动是道光末年至同治三年（1851—1864 年），以洪秀全为首的领导集团从广西金田村率先发起的反对清朝封建统治和外国资本主义侵略的农民起义运动，是 19 世纪中叶中国最大规模的反清运动。下面用 7

组关键词简要梳理太平天国运动14年的兴衰胜败。

1. 金田起义。1844年（道光二十四年），落第秀才洪秀全偕表弟冯云山在广西传教并成立拜上帝会，秘密进行反清活动。1850年夏，洪秀全号召各地拜上帝会众到桂平金田村"团营"。1851年1月11日，洪秀全生日，2万余人在广西金田村正式宣布起义，建号太平天国。3月23日，洪秀全在广西武宣登基称太平王，后改称天王。

2. 永安建制。1851年秋，太平军占领广西永安州（今蒙山县）。同年12月，洪秀全在永安城分封诸王：封杨秀清为"左辅正军师"东王，称九千岁；萧朝贵为"右弼又正军师"西王，称八千岁；冯云山为"前导副军师"南王，称七千岁；韦昌辉为"后护又副军师"北王，称六千岁；石达开为翼王；所封各王皆受东王节制。太平天国建立了初期的官制、礼制、军制，推行自创的历法——"太平天历"。

3. 定都天京。1852年4月，太平军自永安突围，攻桂林不下，转攻全州，冯云山中炮身亡。后折入湖南道州（今道县），并做出"专意金陵（今南京），据为根本"的战略决策。9月攻长沙，萧朝贵战死。1853年1月攻下武昌，震动清廷。2月，洪秀全等率领号称50万众、船1万余艘，夹江东下，连克九江、安庆、芜湖，势如破竹。3月占领江南重镇江宁（南京），定为都城，改称天京，并颁布了纲领性文件《天朝田亩制度》。太平军还攻占了镇江、扬州，与天京形成犄角之势。

4. 出师北伐。1853年5月，林凤祥和李开芳等率领太平军2万余人马由南京浦口出发，奉命北伐。太平军经安徽、河南、山西、直隶（河北）长驱北上，于同年10月底进抵天津西南的静海、独流镇，驻守待援。清廷震惊，派重兵"进剿"。北伐军因孤军深入，陷于清军重兵包围之中，时值隆冬，军资缺乏，援军不至，处境日艰，被迫于1854年2月突围，先后退至河北阜城、河北东光、山东高唐等地。清军紧追不舍，北伐军几度被围。1855年3月，林凤祥在东光县连镇受伤被俘；6月，李开芳在山东茌平县冯官屯被俘，二人均被押到北京处死。

注："北伐失败与气候困局"一节专门讲述出师北伐。

太平天国时期的《天朝田亩制度》和《资政新篇》（图片来自人民视觉）

太平天国时期的钱币（图片来自人民视觉）

5. 领军西征。 太平军在北伐的同时，开始西征。1853 年 6 月，胡以晃、赖汉英等率战船千余艘，步军两三万人，由天京溯江西征，并先后攻下安徽安庆、江西九江、湖北武汉等军事要地。1854 年，西征军在湖南遭遇由曾国藩新建立的湘军抵抗，湘军反攻至九江附近。1855 年初，翼王石达开率军驰援，在湖口、九江大破湘军水师，扭转不利战局。1855 年 10 月，石达开又率部西上，败湘军于咸宁、崇阳，困曾国藩于南昌，西征军达到巅峰。

自太平军北伐、西征后，天京一直处于清军江南、江北大营的包围之中。1856 年 3 月，石达开奉命率主力回救天京，西征作战结束。1856 年 4 月，太平军攻破"江北大营"，重占扬州。同年 6 月，太平军攻破南京城东孝陵卫的"江南大营"，解天京三年之围。

6. 天京事变。 1856 年 8 月，东王杨秀清居功自傲，逼洪秀全封他为"万岁"，洪秀全密令韦昌辉、石达开回京相救。9 月初，杨秀清及其部属数万人被韦昌辉残杀，史称"天京事变"。不久，韦昌辉又被洪秀全处死。

天京事变之后，天国合朝推荐石达开主持朝政，但洪秀全忌惮石达开的声望才能，只封他为"圣神电通军主将义王"。石达开因遭洪秀全疑忌，于1857年5月负气出走，率数万将士脱离天朝，独立作战，于1863年6月在四川大渡河畔覆灭。天京事变中太平天国东王杨秀清、北王韦昌辉及燕王秦日纲等三王先后被杀，翼王石达升远走，军事形势不断恶化，武汉、九江相继失守，湖北、江西根据地大部分丢失，只有安徽战场控制地区略有扩大。从此，太平天国转入衰败。

7. 天京失守。1864年6月，洪秀全病逝，幼天王洪天贵福继位。同年7月，湘军轰塌天京太平门附近城墙，蜂拥入城，天京失守。城内太平军或战死，或自焚，无一降者。随后清军屠城，众多平民百姓被杀，其惨况不可描述。

天京的陷落，标志着太平天国农民运动的失败。但分散在长江南北各个战场上的数十万太平军仍英勇顽强地抗击清军的进攻。经国内外专家学者的研究考证，太平天国运动失败后，许多太平军将士及其亲属为躲避清廷迫害流亡海外，他们远涉重洋，足迹遍布拉美及太平洋部分岛屿。现海外留存着不少太平军将领使用过的佩剑和国内现已十分罕见的太平天国时期铸造的纪念金币。

清同治宫廷画《平定太平天国陆战图》

(描绘清军和太平天国军队在丘陵地带互相冲杀，桥上为败退的太平军向左撤，清军从左右两侧夹击；右侧的清军在追击，左侧的清军在堵截，阻挡溃败的太平军的退路，桥下还有落水的太平军。太平军败局已定。)

二、人地矛盾、气候变化与太平天国运动

统治机构腐烂、官僚政治道德沦丧、吏治败坏、社会严重不公平，这些都是引发中国历次农民起义共有的问题。中国科学院葛全胜研究员提到，作为19世纪最大规模的农民起义，太平天国运动的爆发，既有深刻的历史共性根源，也有清王朝特殊的因素。清代人口剧增而致的人地矛盾日趋紧张，是清朝特有的社会问题；19世纪气候再次变冷，导致气象灾害频发是影响农业生产和社会稳定的重要自然因素。

清代中期以来人口急剧增长，乾隆后期（1736—1795年）人口数量达到3亿，较清代初期约增长了1倍；到了嘉庆和道光两朝（1737—1850年），全国人口超过4亿。在农耕时代，人口的大幅度增长意味着需要有更多的土地来给予供养，可问题是，清朝的全国农耕土地面积并没有多少增加。

从实际控制的疆域范围来看，清朝较以前的朝代更为广阔。极盛时期的清朝（19世纪初叶）西抵葱岭（今帕米尔高原）和巴尔喀什湖，西北包括唐努乌梁海（蒙古国西北），北至漠北和西伯利亚，东到太平洋（包括库页岛），南达南沙群岛，国土面积超过1300万平方千米。但清代可用来农耕的土地与以前各朝大体相当，这受限于中国的气候条件。

自古以来，我国华南地区和长江流域为稻米主产区，华北平原为产麦区，这些地区在西汉以来已有农耕。再往北的东北地区，是满清的发祥地，清朝将其视为"龙兴之地"，为保护"风水"，在清朝中期仍禁止汉民进入垦殖。至于西北地区，乾隆时期的清朝已征服了天山南北，虽然西北内陆地域广袤，农作物所需的光、热条件都好，但是年降水量太少（大多数地区年降水量不足100毫米，部分地区甚至不足50毫米），而水分蒸发量却大到惊人（潜在蒸发量甚至超过2000毫米）。这就意味着即使有等同于长江流域的年降水量（1000～1200毫米），也不足以应对这里强大的蒸发量。因此，干旱是西北地区的主要气候特征，水资源短缺显然不利于农作。

所以清代的农耕区域依然还是以华南、长江流域、华北平原为主。根据《清代通史》记载：中国农耕田"明洪武 8507623 顷，崇祯 7837500 顷，清顺治初 5493370 顷，乾隆 7414095 顷，嘉庆 7915251 顷，道光 7420000 顷。"为逃避田赋税，农民常常隐瞒田亩数，明清时期的农田总量应该高于《清代通史》所记载的数字。但显然清朝的农田并没有因康乾时代广辟疆土而比前朝多多少，特别是从乾隆到道光末年人口增加了 1 亿多，而全国农田总数并无多少变化。根据《全汉升清雍正年间得米价》记载："每人平均的耕地面积，在雍正年间，约为二十六七亩，到了乾隆三十一年，便只有四、五六亩。"

土地分配不均也是加剧人地矛盾的重要因素。清代名臣湖南巡抚杨锡绂在乾隆十三年（1748 年）的奏章中这样写道："近日田之归于富户者，大约十之五六。旧时有田之人，今俱为佃耕之户。"意思是说当时全国有 5～6 成的土地集中在地主手中，而过去很多曾经拥有土地的老百姓，如今纷纷丧失土地，变成了向地主租地耕种的佃户。在这份奏章里，杨锡绂还没有提到官田的情况，在当时，归属于八旗贵族的旗田及官庄屯田约占全国总田亩的 1 成。也就是说，占人口绝大多数的农民，仅靠十分之三四的土地来存活。于是社会形成贫富鲜明对比：一边是农民生活困顿、温饱难解，到了灾年更是惨绝人寰；另一边，则是地主富豪"席丰厚，乐骄逸，诙调歌舞"。如此强烈的对照，就不难理解太平军为何要提出《天朝田亩制度》了。

清朝政府为了缓和日益严重的人地矛盾，在提高农业生产力、提高粮食亩产量方面着实下了不少功夫。如兴修水利，推广种植高产的外来农作物（马铃薯、红薯、玉米、花生，来自南美洲的高产经济作物），进行双季稻的精耕细作，效仿江南水乡在京津地区垦种水稻等。此外，清朝中叶进行的大规模移民运动，都是为了缓和趋于紧张的人地关系。即便如此，人口对土地的压力还是愈来愈严重，特别是清代中叶以来开始的移民潮，移民与当地民族之间的土地竞争尤为激烈，由此引发冲突，严重者升级为动乱和农民起义。

当然，凡事都有两面性。人口增长不能单纯地解读为一种灾难，还要看到随着人口增长带动的消费增长，以及更多的可创造社会财富的劳动力的出现，它会推进市场经济的发展，这在一定程度上有助于消化已丧失土地的劳动力，缓解人地矛盾。在清代中叶，虽然商业化程度不是很高，但至少能满足地方贸易日益增长的需要。到了乾隆末年（18世纪末），在中国经济发达地区，信用制度已经比较发达，汇兑和支票等信用手续已逐渐流行。

但是，清代的经济依然是以农业经济为支柱。在太平天国运动爆发之前，全国农业人口约占90%，清政府充满智慧且具备足够的适应挑战的能力，如果当时气候条件不是如此异常（影响农业收成），那么维持社会稳定是可以实现的。但情况正好相反，人口增长意味着出现更多的灾难和饥馑，从而给清政府统治带来了毁灭性的打击。

下面来看气候变化带来的不利影响。

大约在19世纪20年代，中国的气温普遍转低。到了1840年之后，年平均气温创下18世纪以来最低值。

注：见本书有关章节"坦博拉火山爆发与'道光萧条'"。

我国现代气象学奠基人竺可桢先生根据13—20世纪江湖冻结年代及16世纪以来热带地区降雪落霜年份的统计，在1972年提出："1840—1890年是过去500年中国最寒冷的时段之一。"中国科学院的张丕远教授通过整理中国历史文献中关于冷冬和暖冬的记载后也指出："1800—1830年，中国气温开始转冷。"

北京大学的王绍武先生通过分析中国大量的历史文献，在20世纪90年代初指出："我国华北地区在1800年前后进入寒冷期，华东地区在1820年前后开始转冷。19世纪30—40年代，中国气候进入明清小冰期的第二个峰值期，年平均气温达到近300年来最低点（比近500年来中国年平均气温低了0.5 ℃以上），而且冬、夏、秋三季均为明显低温。"

从降水上看，大约从1810年起，中国的洪涝灾害开始增多，1840年前后达到一个峰值。此外，雹灾和雪灾也比以往100年明显增多。

这种气候上的变化对于正处在内外交困的清政府是沉重的打击。因为严冬使得长江中下游越冬的大田作物，如冬小麦和各种蔬菜为之受害；华北一带的薯类、水稻等过冬农作物也蒙受损失。冷夏则缩短了农作物的生长季，使得水稻减产；同时低温还会延缓水稻授粉、受精、灌浆成熟过程，造成水稻不育或结实减小。至于洪涝和雹灾，意味着农田被淹、作物被毁、产量减少。

农业是封建社会的立国之本，与气候变化相关的粮食供需关系失调是诱发农民起义的重要因素之一。北京师范大学方修琦教授在 23 条主要的可能影响传递路径中，梳理出了 7 条具有气候意义的影响传递路径，其中因变冷导致的粮食歉收，通常给社会造成中度到重度的饥荒局面，这是引发农民起义的导火索之一。

我们可以来看因气候造成农业损失的具体数据。因气候变化的影响，进入 1800 年后，中国的农业收成开始变差。夏收在 1832 年表现为"全国性收成略减"，到了 1840 年达到低谷，为"全国性寡收"。至于秋收，1830—1850 年的收成比前一个世纪也跌落了一个量级。在太平天国发起地广西南宁地区，农业失收更为严重，至少出现了 10 个差年景。

根据《中国救荒史》记载，19 世纪前半叶，因气候灾害造成全国直接死亡人数达 53 万。在如此广泛的天灾和饥荒的背景下，任何剧烈的社会动荡都是可以想象的。

三、北伐失败与气候困局

1853 年 5 月，太平军天国将领林凤祥和李开芳等率领 2 万余人马由南京浦口出发，奉命北伐。这支北伐军由扬州、南京的太平军抽调组成，其中广西的老士兵较多，战斗力很强，是东王杨秀清的嫡系部队，也是太平天国最精锐的军队。

这是太平天国派兵挺进华北、企图攻取清廷都城北京的一次重大战略行动。杨秀清对这支北伐军的指示是："直奔北京，不要贪图攻取沿途城池。" 2 万余人马，而且后续难有支援军队，这种进攻方式，在军事学上有一个通俗易懂的术语——孤军深入。

太平军经安徽、河南、山西、直隶（河北）长驱北上，于同年 10 月底进抵天津西南的静海、独流镇，驻守待援。清廷震惊，咸丰帝宣布京师戒严，派重兵进剿。洪秀全、杨秀清得悉北伐军在天津受阻待援，于 1854 年 2 月调集援军 7500 人，从安庆北上增援。而北伐军因孤军深入，陷于清军重兵包围之中，时值隆冬，军资缺乏，援军不至，处境日艰，被迫也在同年 2 月突围南撤，先后退至河北阜城、河北东光、山东高唐等地。清军则紧追不舍，北伐军几度被围。1855 年 3 月，林凤祥在东光县连镇受伤被俘；6 月，李开芳在山东荏平县冯官屯被俘。二人均被押到北京处死，2 万余太平军随即烟消云散。

这是太平军最接近胜利的一次行动，最后却以全军覆没的方式落下帷幕。

客观地讲，北伐军队出师时共有 2 万多人，完全是战斗兵，况且行军途中还可补充兵员，单就兵力而论，他们即使打到北京，胜负也未可知。

但是，这次北伐战争，太平军在战略上的决策是错误的。虽然军队一路高歌猛进，从出征后几乎就没败过，然而，不占城池、不建根据地的恶果让这些短暂的胜利瞬间化为乌有。太平军很快就发现，越往北走，自己便陷入清军越大的包围圈，最后成为被围剿的"困兽"。

北伐失败的另一个重要原因与气候有关，可以从三个方面来分析。

第一个方面，是气候影响北伐军的战斗力。

北伐军抵达静海的时间是 1854 年 1 月 28 日。1 月是全年里最冷的月份，而 1853 年华北的冬季更是寒冷异常。《中国历史时期冬半年气候冷暖变迁》一书中提到："1451—1900 年，华北区冬半年寒期为 1853 年、1859 年、1860 年，其中 1853 年和 1859 年为较大寒年，1860 年为大寒年。较大寒年的自然环境表现为'平均积雪深度达二尺以上，黄河封冻，人可步行'。"也就是说，北伐军在华北地区最寒冷的季节驻守于天津一带，而 1853 年恰好又是较大寒年，真是冷上加冷，此时的冬季以及北伐时期的整个阶段的冬天都处于严寒状态。北伐的太平军将士并非华北地区的常住居民，许多人来自南方的两广地区，还有相当一部分是在湖广地区招募的士

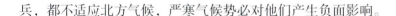

兵，都不适应北方气候，严寒气候势必对他们产生负面影响。

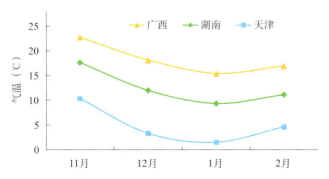

广西、湖南、天津各月平均气温对比（1961—2019 年平均值）

这些突击北上的南方将士，无法快速适应华北的气候和水土，导致战斗力急剧下降。在天寒地冻里，北伐将士们虽然头脑清醒，但神经却高度紧张而局促不安，从而影响了他们的"劳动效率"。

根据现代气候应用学的研究结论，"劳动效率"与气温的高低有显著关系。当气温低于−1 ℃或者高于35 ℃时，劳动效率降至最高效率的1/2；当气温低于−23 ℃或者高于43 ℃时，劳动效率只有最高效率的1/4。1853 年的冬季，华北平原降雪达1 尺以上，异常寒冷，恶劣的气候条件成为北伐军的大敌，导致将士们战斗力急速下降，甚至完全丧失。由于世代生长在炎热地方的人对短时严寒的忍受能力比起世代居住在寒冷地方的人要差得多，在冰天雪地中行军的南方士兵，苦不堪言，手脚冻裂，伤亡惨重。冰凌上，冻死的北伐士兵沿路皆是。大堤上，或坐或卧的北伐军士兵，初看上去像熟睡，待连声呼唤，就是不醒，原来已被冻死。

第二个方面，是气候影响北伐军的后勤补给。

"后勤补给，特别是粮食补给是军队的命脉。"[①] 从古到今的战争历来都是兵马未动，粮草先行。因此，军队作战，尤其是大规模兵团作战，一旦粮食断绝，就等于丧失战斗力。太平军北伐失败与后勤物资补给没有及时

---

① 引自《中国军事史》编写组《中国军事史（第四卷　兵法）》。

跟上有直接的关系。

中国大陆性季风气候的特点，决定了华北地区的初夏容易出现干旱（因为这个季节的雨带主要位于江南、华南等地），特别是夏季风偏弱的年份，季风北上所带来的水汽偏少，华北地区整个夏季都可能面临少雨干旱的境况。山东一带，特别是鲁西南地区，因受黄河旱涝灾害影响，灾荒严重。1853 年（咸丰三年）春、夏之交，山东"东平等州、县，途间饥民纷纷求食……十室九空"。

在北伐初期，太平军所到之处，受到了广大人民群众的支持和拥护，促进了当地农民运动的发展。但是，北伐军进军速度过快，既没有连接通往大本营南京的道路，也没有可稳定供给粮草和军资的后勤部队。由于华北地区以旱作物为主，水稻种植少，以南方兵为主的北伐军不惯食用小麦等北方面食，再加 1853 年的旱灾影响粮食产量，广大农民也缺少粮食，接济北伐军粮草又谈何容易。

北伐军在进抵河南的朱仙镇时，粮食供应就已经出现问题了，但没有得到彻底解决。正如林凤翔所说："此时之际，各项俱皆丰足，但欠谷米一事。"到了 1853 年的暮秋，北伐军到达天津附近，分别由林凤祥、李开芳率领军队分驻静海和所属独流镇，转眼即是天寒地冻，粮食不足，冬衣无着落。1854 年 1 月，北伐军在据守静海、独流 3 个多月后，粮食已所剩无几，而后勤补给供应不上，北伐军饥寒交迫，伤亡惨重。

由于北方恶劣的气候条件导致粮食产量锐减，使得北伐军无粮草可补充；加之气候条件不适合耕种，不能靠种植粮食作物来达到军粮的自给自足；此外，军需后勤装备也补给短缺，致使北伐军陷入清军包围，无法摆脱。

第三个方面，气候影响北伐战局。

天气与气候的变化能使战争双方的实力格局发生变化甚至转变，并最终主导战争的结局。不管是神话故事，还是历史事件，都有很多这样的例子。比如，《封神演义》中的"冰冻岐山"；《三国演义》中的"诸葛亮借东风"；拿破仑进攻俄国，却因寒冷气候大败而归；第二次世界大战的诺曼底登陆战役，英、美等盟军乘有利天气形势成功登陆法国诺曼底，加速了德军法西斯的灭亡等。这样的军事案例不胜枚举。

气候对太平军的北伐战局也产生了重要影响。

1853 年 6 月，北伐军逼近河南开封府（古称汴梁）。然而在进攻开封的过程中却遇到了很大的困难，这个困难便与气候有关。太平军常用挖穴攻城或埋地雷攻城，但在开封因暴雨而遭遇失败。当时正值暴雨季节，大雨倾盆而下，大水围住了开封，城郊不能立足，太平军只能驻扎于开封城外 40 里的朱仙镇。清守军缒城而下冲锋搏战，或用火焚烧北伐军的营垒。由于太平军携带军资不足，营帐也不完备，暴露的军备火药被狂风暴雨打湿，战斗力损失较大。气候对太平军攻打开封造成严重影响，清军则充分利用天气对太平军的不利形势对太平军将士进行打击。

1853 年 7 月，北伐军进攻河南怀庆府（今河南沁阳市）。怀庆交通便利，是黄河北岸军事重镇，粮草储备丰富，因此太平军决定拿下怀庆。但怀庆府防守非常严密，有清兵 300 多人及团勇壮丁 1 万多人据守。北伐军攻克不下，于是将四关围困，控制南北要冲，日间佯攻，夜里则穴地攻城。7 月 23 日，太平军计划于东城、西城两处埋设地雷，用同时轰炸的战术，使城中清军顾此失彼，不能兼顾。当天，东门地雷先发，城墙倒塌，怀庆府知府裘宝镛竟被震落城下，后被清兵救起，守城兵勇负砖石上城顶补城墙，阻止了北伐军的涌入。到了西门地雷将发，时近正午，忽降大雨，火药全湿，地雷不能轰发，最终攻城失败。

1853 年 10 月底，北伐军先后占领运河岸边青县和静海，李开芳率部分人马驻独流、杨柳青，形成掎角之势。清朝名将僧格林沁亲王等先后率兵抵达静海。此时秋雨连绵，交通不便，北伐军缺乏补给渠道。而且随着严冬到来，北伐军缺少御寒棉衣，将士的健康甚至生命都受到严重危害，加大了防御的困难。天津是清军统治的腹地，无论从兵力、装备，还是物资供应，清军都优于太平军。因此，当时的气候条件，尤其是严冬酷寒对太平军北伐战局的影响很大。

尽管北伐军遇到了恶劣的气候和各方面不利条件，但他们仍然顽强抵抗，在静海、独流据守 3 个月后，退至高唐据守，清军围之数月竟不能克。夏季的华北地区雨量较少，但暴雨集中，僧格林沁利用雨水增大的气象条件，以水淹北伐军，致使北伐军东连镇的屯粮被淹，米麦渐缺，使得原本就缺粮的北伐军陷入绝境。到了 1854 年 10 月，将士们只能以黑豆为粮，马的草料更是短缺。到了 1855 年初，北伐军已基本断粮，战略物资更是严重匮乏，导致太平军北伐最终失败。

气候对太平天国北伐造成了多方面、深层次的不利影响，成为导致北伐失败的一个极为重要的外因。

❄ "丁戊奇荒"与白银帝国

从 17 世纪到 19 世纪，明朝灭亡、满清入关、道光萧条、光绪衰落这些重大历史事件，或者称之为历史转折点，都发生在小冰期鼎盛期。光绪初年出现大范围严重干旱是导致光绪衰落的重要自然原因。

光绪二年至五年（1876—1879 年），一场惨绝人寰的特大旱灾肆虐在中国大地，这次大旱持续时间长、覆盖面广、致灾程度重，受灾地区主要包括山西、河南、陕西、直隶（今河北）、山东等北方五省，并波及苏北、皖北、陇东和川北等地区，受灾饥民多达 2 亿，占当时全国总人口的 1/2。据当时驻在天津的万国救济委员会估计，因饥饿、疾病或暴力而死亡的人口在 900 万～1300 万，这是清朝"二百三十余年未见之凄惨、未闻之悲剧"。

这次旱灾以 1877 年和 1878 年为最重，而这两年的阴历干支纪年属丁丑、戊寅，所以后人称之为"丁戊奇荒"。丁戊奇荒以山西和河南受灾最为严重，因此也被称为"晋豫大荒"，其中山西省人口约 1600 万，死亡人数达 500 万，接近全省人数的 1/3。

1875 年（光绪元年），清朝在经历了鸦片战争等一系列重大打击之后，正在努力恢复元气。对外，朝廷和洋人之间取得了暂时的和平；对内，太平天国和捻军也已被镇压，恍惚之中，清帝国似乎出现了一丝"回光返照"的迹象。这一年，是一场旷世大旱即将大面积爆发的前夕，此时的北方，很多地方已经陆续出现干旱的苗头，京师和直隶地区在仲春时节便有灾情，一直到冬天，仍然雨水稀少。与此同时，山东、河南、山西、陕西、甘肃等省，都在这一年秋后相继出现干旱。

1876 年（光绪二年），旱情加重，受灾范围进一步扩大。以华北为主要灾区，北至辽宁、西至陕甘、南达苏皖，形成了一片前所未有的广袤旱区。

京津冀：京师及直隶地区，因旱情加重，收成减半。旱灾还引发蝗灾，从天津以北向南各地，蝗虫遮天蔽日，残存的庄稼被吞噬一空。到夏、秋之间，又因阴雨连绵，大清河、南运河、漳河、卫河等同时泛滥，致使遭受了旱、蝗之灾的土地又被水淹。这一年，直隶省遭受水、旱、风、雹的地区达 63 个州、县。

河南：从春到夏，旱情加重。特别是黄河以北的彰德、怀庆、卫辉三府，旱情尤为严峻。入夏以后，旱情稍有缓解，但彰德、卫辉和光州等地又遭水灾，庄稼受损。全省农业减产达一半左右，导致"乏食贫民，所在多有"，如开封府一地，靠赈灾粥厂就食的灾民达 7 万余人。

山东：全年皆旱。除章丘等小部地区阶段性遭遇水灾外，大部分地区均遭遇旱灾，全省收成不到三成。据《申报》1876 年 12 月 11 日的报道，由于旱灾，山东各地灾民纷纷逃荒、闹荒或祈雨，但祈雨无济于事，各处"饥黎鬻妻卖子流离死亡者多，其苦不堪言状"。

苏北：江苏北部各地全年少雨，海州（今连云港）、棉田等地大片农田减产或绝牧。旱灾引发蝗灾，禾苗被吞食而尽，灾民"逃亡饿死者不计其数"，甚至出现"饥则掠人食"的吃人现象。为了活命，饥民纷纷渡江南下，由苏南的地方官员和乡绅在苏州、江阴、镇江、扬州等地收容的流民达 9 万余人。

山西：因旱灾严重，秋禾收成欠薄。介休、平遥等县几乎颗粒无收。

陕西：全年干旱，夏、秋歉收，冬、春多数地方无法种植庄稼。

辽宁：广大农民因旱灾歉收挣扎在饥饿痛苦的边缘。义州（今辽宁义县）因大旱无雨，饥户多达 10 万。

　　1877 年（光绪三年，丁丑年），华北大部分地区的灾情继续加重，达到了"前所未有的状态"，特别是山西省"旱荒空前"。

　　山西巡抚曾国荃（清朝名臣曾国藩的九弟，曾为湘军首领，因善于围城，有"曾铁桶"之称，官至太子太保、两江总督）在奏议中说山西灾区"赤地千有余里，饥民至五六百万之众，大祲（音 jìn）奇灾，古所未见"。毁灭性的旱灾，致使山西的农作物大面积减产或绝收，将农民推向死亡的边缘。饥饿难当的灾民或"取小石子磨粉，和面为食"，或"掘观音白泥以充饥"，结果"不数日间，泥性发胀，腹破肠摧，同归于尽"。到了这一年的冬天，山西到处都有人吃人的现象，吃人肉、卖人肉者，比比皆是……无情旱魔，把重灾区变成了人间炼狱。

　　河南的灾情与山西一样严重。曾经富饶的中州平原，历经两年大旱，已变成"千里赤地"。当时的《申报》描述河南省"歉收者 50 余州、县，全荒者 28 州、县"。

　　陕西，走投无路的饥民铤而走险，聚众抢粮，有的"拦路纠抢，私立大纛（音 dào，意为军队大旗），上书'王法难犯，饥饿难当'"。陕西的大荔、朝邑、邰阳（今武功）、澄城、韩城、白水及附近各县，灾情均极重极惨。

　　陇东、川北、直隶等地区以及山东、江苏、安徽等各省，也遭遇了百年不遇大旱的折磨。"丁丑岁，川之北亦旱，而巴（中）、南（江）、通（江）三州、县尤甚……赤地数百里，禾苗焚槁，颗粒乏登，米价腾涌，日甚一日，而贫民遂有乏食之惨矣：蔬糠既竭，继以草木，面麻根、蕨根、棕梧、枇杷诸树皮掘剥殆尽……登高四望，比户萧条，炊烟断缕，鸡犬绝声。服鸩投环、堕岩赴涧轻视其身者日闻于野。父弃其子，兄弃其弟，夫弃其妻，号哭于路途……是冬及次年春，或举家悄毙。成人相残食，馑殍不下数万。"这是民国《南江县志》对川北旱灾的详细记载。

　　灾荒之年，社会动荡，灾民们向死求生，自发组织，进行抢粮。例如，在武强县，有所谓的"砍刀会"，霸州、通州等地也多有灾民组织武装。在河北，仅河间（今属沧州）一府就有灾民 200 余万。

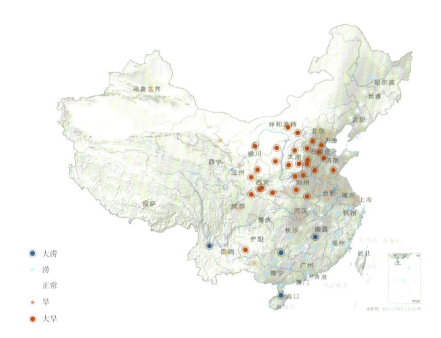

"丁戊奇荒"时期（1877年）中国旱涝分布（张永宁 中国旱涝五百年 [EB/OL].http://tq121.weather.
com.cn/sciname/modules/datanew/pc/index.html, 2019-06-24）

1878年（光绪四年，戊寅年），北方大部分地区仍然持续干旱，但灾区的整体旱情开始减轻，山东、河南、陕西、直隶等省的旱情都趋于缓解。可是，经过连续3年的特大旱灾后，老百姓对于天灾的承受能力已近乎极限，这艘载满了因旱灾造成的人间惨剧的巨轮，并未随着旱情的缓解戛然而止，而是在巨大的惯性作用下，继续加重着灾害的影响。山西，越来越多的家庭和村庄毁于灾荒；河南，侥幸活下来的饥民大多奄奄一息，"既无可食之肉，又无割人之力"；直隶，饥民"竟在领受赈济的动作中倒地而死"。还有雪上加霜的是，在这一年春、夏之交，一场大面积瘟疫向灾区袭来。山西因疫而死的民众达十之二三，河南几乎十人九病，陕西"灾后继以疫疠，道殣相望"。

进入1879年（光绪五年），山西大旱如故，但在北方其他大部分地区，有效降水开始形成，龟裂的土地重返久违的绿意，干涸的河道漾起阔别的清波，此时的旱灾已近尾声，苦难的岁月即将告别。可是，正当饱经沧桑的百姓准备重建家园时，一场新的灾难骤然降临，1879年7月1日，甘肃武都发生震级8级、烈度11度的大地震，而在地震中受到破坏或受到影响的地区，大部分处于旱区。

● 知识点　　　地震震级与地震烈度的区别

1. **概念不同**：震级是表征地震强弱的量度，是划分震源放出的能量大小的等级，通常用字母M表示。烈度指某一地区的地面和各类建筑物遭受一次地震影响的强弱程度。

2. **相关因素不同**：震级与震源发出的地震波能量有关。烈度与震源深度、震中距、方位角、地质构造以及土壤性质等诸多因素有关。

3. **标准不同**：地震震级由美国地震学家里克特所制定，它的范围在1～10级。烈度区划是根据国家抗震设防需要和当前的科学技术水平，按照长时期内各地可能遭受的地震危险程度对国土进行划分，范围在1～12度。

清代末年这场特大旱灾，是中华民族历史上的一场大劫难，受灾地区主要包括山西、河南、陕西、直隶（今河北）、山东等北方5省，并涉及到苏北、皖北、陇东、川北等地区。据不完全统计，1876—1878年，遭受旱灾的州、县包括山西402个、直隶331个、山东222个，共955个。整个灾区受到旱灾及饥荒严重影响的居民人数，估计在1.6亿～2亿，约占当时全国人口的1/2；直接死于饥荒和瘟疫的人数，在1000万人左右；从重灾区逃亡在外的灾民不少于2000万。无数的山西人、陕西人、河北人不得不背井离乡，奔赴口外（通往蒙古）谋生，形成了"走西口"的人口迁徙浪潮。

注：见本书"万水千山客家人"一节。

总结这场奇灾发生的原因，主要是两个方面：一个是气候异常导致长期干旱无雨，这是自然原因；另一个是当时清廷治下特有的社会原因。

先谈自然原因，这里主要讲气候影响。

影响中国气候的因子众多，其相互关系也非常复杂。按照现代气候学所提出的气候系统的概念，这些影响因子主要来自组成气候系统的各个分量，即大气、海洋、陆地等气候系统内部分量及其相互作用的变化。其影响因子既有东亚季风系统、大气涛动和遥相关、ENSO、太平洋年代际振荡、西太平洋暖池和印度洋暖池、极冰、积雪、土壤湿度、地温、植被等各种自然因子，也有人类活动的非自然因子。

● 知识点

气候系统通常定义为由大气圈、水圈、冰冻圈、岩石圈和生物圈等组成的相互作用的整体。这五个部分的物理、化学性质的差异是很大的，功能也各不相同，所以称这五个部分为气候系统的五个子系统。五个子系统虽相互作用，但又长期地独立存在。大气、海洋、冰雪等系统，即气候系统中的由气体和水构成的部分，可以看成是气候的内系统，而把全部陆地和地球周围的宇宙看成外系统或强迫系统。

● 知识点

ENSO 是 El Niño 与 SO 的缩写，El Niño 为厄尔尼诺，是赤道中东太平洋海表温度异常升高的现象；SO 为南方涛动，是赤道中西太平洋与东太平洋的洋面的大气压之差，是监测厄尔尼诺现象的重要指标，当出现厄尔尼诺时，南方涛动指数呈明显负值。厄尔尼诺每隔 2～7 年出现一次，是一种周期性的气候现象，海温升高得越多，厄尔尼诺的影响强度就越强。

这些因子可按照所在方位划分为五大类，分别来自中国的东、西、南、北、中五个方向。东面主要是来自海洋的影响，反映赤道太平洋和暖池海温异常（ENSO现象和热带对流活动异常）；西面主要是来自青藏高原的影响，反映高原积雪的热力作用和中高层大气高度场异常；南面主要是来自季风的影响，反映赤道辐合带、热带和南半球环流异常；北面主要是来自中高纬度环流系统的影响，反映中纬度西风急流、阻塞高压和冷空气活动等的影响；中间主要是来自副热带高压的影响，它对中国的气候，特别是季风雨带的位置有直接影响。其他地理位置更远的因子，诸如北极海冰、大西洋海温、南印度洋—南太平洋的越赤道气流等，会通过影响上述五个方面的因子对中国气候产生间接影响，这种间接影响也叫遥相关。

鉴于历史气候资料的不足（当时还没有气象仪器观测资料的记录），这里仅从海洋信号入手，定性分析其影响，也就是厄尔尼诺对中国气候的影响。根据现在的科学研究结论，当赤道中东太平洋出现厄尔尼诺现象时，我国容易出现暖冬凉夏的气温格局，同时北方降水偏少，汛期主要雨带位于长江中下游地区。根据历史记载，1876—1878年，厄尔尼诺降临赤道中东太平洋，而且是一次强厄尔尼诺事件，对全球很多地区的气候都产生了明显的影响，如东亚季风和南亚季风都减弱，澳大利亚出现干旱，非洲埃及尼罗河的洪水减弱等。

东北雨季
6月中旬—8月下旬

华北雨季
7月下旬—8月中旬

华西秋季
9月上旬—10月下旬

梅雨雨季
6月上旬—7月中旬

西南雨季
5月中旬—10月中旬

华南前汛期
4月上旬—6月下旬

中国常年雨季开始与结束时间

根据文献记载，光绪三年（1877 年），季风降水在我国江淮一带失常，江南地区的正常雨带没有形成，更别提有明显的梅雨季了。直到夏、秋之交，雨带才影响到江北地区，比常年明显偏晚。这些现象表明 1877年的东亚季风很弱，一是表现为北进的力度不够，二是表现为所携带的水汽不足，所以夏季风在向北行进过程中产生的降水量偏小。雨带进入北方地区后降水很少，记载中黄河万锦滩的洪峰仅出现一次，远少于常年次数。此外，这一年的南亚季风也减弱，导致进入我国西南地区的水汽也显著减少。

在这次强厄尔尼诺事件的影响下，我国北方地区降水量异常偏少，进而造成大范围的干旱，成为发生"丁戊奇荒"的主要气候原因之一。

还有学者从社会学角度分析了造成"丁戊奇荒"的原因，大致有四个方面。

第一个原因是晚清战乱频发，社会动荡。咸丰、同治年间，清廷全力镇压太平天国运动及遍及全国各地的民间起义，北方多省不同程度地遭到战争的破坏。河南、山东和陕西变成农民起义军与清军交战的战场，山西则是军队几经之地。遭受战争踩躏的北方各省，遍地是田亩荒芜。连年的战乱使农民耗尽了储粮，当灾荒降临时，他们丧失了基本的抵御饥荒的能力，出现饿殍遍野的悲惨景象。

第二个原因是政治腐败，水利失修。山西汾河谷地本为富庶之处，但在清廷腐朽统治下，汾河常年失修，稍遇干旱便会河流干涸，不能灌溉。陕西渭河平原也曾是富饶之地，但由于长期战乱，无力修整水利。河南与山东，黄河川流而过，非但不便于灌溉，反而要面对十年九决的水患。由于晚清政府无暇于水利工程，黄河流域出现"无水则无利、有水则为害"的尴尬局面，大大降低了社会抵御水旱灾害的能力。

第三个原因是吏治腐败，差徭沉重。清末"官以贿得，刑以钱免"普遍，只要舍得用钱，就能买到官位，犯了刑法的人，花钱即可免受牢狱之苦。妇孺皆知"三年清知府，十万雪花银"，好不容易当上了地方官，首先考虑的是怎么捞钱，而不是如何造福一方，为百姓谋利。官吏为了中饱私囊，"滥派差钱、正差浮收"的现象在北方各省十分严重。所谓正差，主要指兵差，实际是筹措军饷。据不完全统计，从同治十年至光绪二年（1871—1876年）这5年的时间里，山西欠廉俸银和饷银就高达231.8万两。官吏们为了从中获利，通过正差浮收的办法，向老百姓"粮银一两派差银数倍不等"。而清廷为了解决日益严重的财政危机则大量卖官鬻爵。这些买到差使的人，又假手向百姓勒索差费，如此形成了差徭渐重的恶性循环。广大农民为了交差，不得不出卖"种粮"，致使家贫如洗，稍遇灾荒便无力抵抗。

第四个原因是罂粟遍地，大量耕地被占用。光绪初年的清帝国并没有完全从两次鸦片战争的余波之中走出来，尽管清政府一再下令禁烟，但农民们出于贪婪依然"顶风犯案"，大规模地种植罂粟以制备鸦片。为争取罂粟丰收，农民将有限的水分用在灌溉罂粟田，把上好的肥料施于罂粟田。所以，无论是在土地利用上，还是耕种管理上，粮田都不被重视，结果造成粮食产量下降，使得本来就紧张的粮食储备更加紧张。北方受灾五省中，陕西和山西两省种植罂粟是灾荒的人为重要原因之一。清末名臣、灾后任山西巡抚的张之洞指出："晋民好种罂粟……以致亩无栖粮，家无储粟，丁戊奇荒，其祸实中于此。"

此外，还有学者提出晚清仓储制度的衰败是丁戊奇荒中饥荒惨重的重要原因，因此完善的仓储制度以及丰裕的仓储是国家经济发展、政治稳固的重要前提和保障。读者可参考有关文献，在此不做赘述。

丁戊奇荒发生时，正值清政府镇压太平天国和捻军起义之后，经济社会发展已经受到严重影响，民不聊生，清政府为安抚饥民，多方鼓励和支持赈灾。

我国古代农业社会是宗法社会，有官绅共治的传统。在丁戊奇荒面前，乡村社会延续了济贫扶困的古风，特别是在宗族自救方面，一般来说相对自觉。以清代名臣阎敬铭为例，他的祖籍在山西省朝邑县，自己出钱救助族人，不给政府添负担。当时他让侄子阎乃珏在家乡赵渡村专理此事："置义田，赡族人，凡男女老疾之稍贫者，皆按年给费……

遇年荒，必自筹数千金以赈恤之，不使一人食官粮。"至于各县救各县，各村救各村，一般是由官方出面倡导，进行"劝捐"，对富绅讲清要"保富"，必须"济贫"的道理，鼓励他们"顾桑梓而乐输将"，对本地和左邻右舍的饥民"毋得视同秦越"，对于服从大义，捐粮捐钱者予以表彰。这种乡里社会的帮扶救济具有积极作用，例如，光绪三年（1877年），在山西某县，政府曾发放赈款6000两，地方士绅则"捐助了13000两。

在丁戊奇荒中开展赈灾活动的，还有一个特殊的群体，切实发挥了不可替代的作用，那就是晋商，他们进行了各种各样的救灾赈济慈善活动，帮助山西百姓渡过难关。

中国自古以来就是农业国，也是贫银国，白银自产少。但自汉代以来，白银逐渐成为货币金属，到明代白银已实现货币化，实行的是银两制，以金属的重量计值，属于称量货币制度。大航海时代的来临，特别是美洲大量金银矿被发现之后，欧洲人将白银源源不断地运到中国，以换取丝绸、茶叶与瓷器，使中国成为世界最大的"白银帝国"。有西方学者估计："在1800年以前的两个半世纪里，中国获得了大约6万吨美洲白银，大概占世界有记录的白银产量的一半。"可以说，明清帝国因农耕和海禁而与世界相对隔绝，却因贸易和白银而与世界相互依存。

这一时期，尤其是清代中期以后，晋商在经济舞台上逐步兴起。

山西商业资本源远流长，早在先秦时代，晋南一带就有较大规模的商业活动。到隋唐时期，山西出了一个著名商人武士彟（音 yuē）。李渊父子从太原起兵时，从事木材生意的武氏在财力上给予大力资助，李渊父子就是凭借当时名噪天下的太原军队和武氏的财力开始夺取全国政权。唐朝建立后，武氏被封为国公，地位等同于秦琼、程咬金等开国大将。可以想象李渊父子当时从武氏那里得到多少财产，而武氏也通过极为敏感的政治嗅觉和极为划算的政治投资获得了巨大回报。武士彟生下了一个著名的女儿，就是中国历史上空前绝后的女皇武则天。

当然这是后话。晋商兴起在明朝，壮大在清朝。所以，通常我们谈

到的晋商，是指明清500年的山西商人。晋商经营盐业、票号等，尤以票号最为出名。晋商与徽商和粤商，并称为中国历史"三大商帮"，世界经济史学界把晋商和意大利商人相提并论，可见给予的评价很高。晋商也为后人留下了宝贵的建筑遗产，如乔家大院、常家庄园、王家大院等。

在丁戊奇荒的全国各地捐赈活动中，晋商的态度和表现都是十分积极的，主因有三。

其一，山西是晋商大本营和根据地，主要商号总部、主要富商家庭都居于本省，驻外各商号店铺从业人员的家眷亲友也都居于本省。面对饥民成群，如果不出面救济，发生动乱，吃大户的目标是首当其冲，其财产甚至人身安全也将受到威胁。所以，晋商从自身利益出发，主动参与赈灾事务，拿出钱粮派发，避免自身成为遭受饥民冲击或哄抢对象，这是晋商群体明智同时也是被迫的抉择。

其二，晋商向来崇拜"关公"，注重信誉，也将"乐善好施"做为美德来标榜和宣扬，本土本乡出现灾荒，若无举动，势必声誉扫地。主动拿出银两捐给官府进行赈灾，散粮救济乡亲，更能提高威望，结交官员，利于巩固拥有的社会地位和参与地方事务的权力。

其三，上有朝廷命令，下有各级官员举办赈务，所以捐赈是一种既劝导又强迫的活动，对中小商户更是如此。

从晋商本身发展阶段来讲，丁戊奇荒期间晋商的捐赈活动，仍属于继续走向鼎盛的时期，特别是票号业纷纷兴办，为晋商的经营增添了新的活力，也为经营者不断获得利润，并为此后晋中一带巨商积聚了巨额财富。因此，晋商对地方社会事务的参与有一定的积极性，有财力也有意愿通过捐赈提高社会地位，扩大社会影响。他们通过捐赈这条通道，加强了与各级官员的联系和交往，有利于商务活动的拓展。在丁戊奇荒中开展的捐赈活动，是继咸丰、同治年间军需捐赈活动之后，晋商再一次主动抓住了社会机遇，这对大户巨商的发展利大于弊。

但是，与之前咸丰、同治年间军需捐赈活动相同的是，这次捐赈也不仅仅是少数富商的行为，更是广大中小商人都参与的活动。他们在遭受自然灾害损失的同时又为救灾捐献粮银，付出了资金，做出了贡献。可以说，地方政府和绅士富户在救灾中是基本力量。但是，晚清政局动荡，荒政疲惫不堪，难以再负担像丁戊奇荒这样的巨大灾荒，旱魔持久为虐，一般富户也耗成了贫户，次贫变成了极贫。

最终给晋商致命一击的，是银行业的兴起和纸币的发行，这样银两汇兑便彻底失去了意义，而且清王朝的覆灭也让晋商在清宫中的大量借款瞬息间灰飞烟灭。

作为资源贫银国，中国实行银本位的重要后果之一，就是将主权货币委托于国外。而且，到了 19 世纪，随着白银采铸业劳动生产率的提高，白银价值不断降低，金银之间的比价大幅度波动。当欧美等资本主义国家纷纷采取金本位制度后，中国依旧是一个白银帝国，不仅出现了巨大的汇兑损失，更无法建立起货币信用，导致现代货币金融体系迟迟无法展开。

延伸阅读

　　"丁戊奇荒"是发生在清代最严重的旱灾事件，除此之外，乾隆时期也曾发生过严重旱灾，即 1743—1744 年旱灾。这次旱灾的重灾区主要集中在北京、天津、河北、河南、山东等地，其中 1743 年灾区降水量之少仅次于 1877 年，为当地清代第二大旱年。与旱灾相伴的是，1743 年夏天遍及华北地区的罕见高温天气，被学者评定为近 700 年中最严重的一次炎夏事件。本书中的"小冰期也有极端高温"一节已作了专门介绍。

❄ "晚清中兴"四大名臣

晚清时期自然灾害频发，加上吏治腐败、差徭沉重等社会因素，以及国外势力经济侵略等综合影响，制约了社会经济发展，加剧了社会动荡，是引发晚清社会危机的重要因素。但是，"大清无昏君，大清无奸臣"这句话是史学界对清代较为一致的公论。晚清虽然出现了"同治中兴"，但最终没能促使中国走向富强，之后光绪时代的"戊戌变法"也没有成功，但却不能抹杀晚清几位皇帝和数位名臣的努力。值得一提的是这段时期出现了"晚清中兴"四大名臣，他们是曾国藩、左宗棠、李鸿章、张之洞，还有种说法是曾国藩、左宗棠、胡林翼、彭玉麟，但史学界更倾向前者的说法。

　　本节作为本书的最后一个章节，不再以气候背景为主题，而是将主角换成了四位名臣，在大浪淘沙的晚清时代，他们以一己之力，以浓墨重彩为晚清历史打上了绚丽的烙印，影响了历史发展脉络，但终究无法抵挡社会前进的洪流。关于他们的研究可谓"汗牛充栋"，功过毁誉的评论也不计其数，所以笔者有意甄选一二，与读者分享他们的典故。

一、曾国藩

　　曾国藩（1811 年 11 月 26 日—1872年 3 月 12 日），字伯涵，号涤生，据传为宗圣曾子七十世孙，是晚清时期政治家、军事家、文学家、理学家、书法家，著名"湘军"的创立者和统帅。同治皇帝在曾国藩逝后封赐谥号"文正"，所以后人也敬称他"曾文正"或"曾文正公"。

　　曾国藩出生于湖南长沙府湘乡荷叶塘白杨坪（今湖南娄底双峰县荷叶镇大坪村）的一个普通耕读家庭，兄妹九人，曾国藩为长子。父亲曾麟书为塾师秀才，所以曾国藩自幼得到了较好的伦理教

曾国藩画像

育，加之勤奋好学，8 岁便能读四书、诵五经，14 岁能读《周礼》《史记》文选。

1835 年（道光十五年），曾国藩会试未中，寓居北京长沙会馆读书。次年恩科会试再次落第，于是返回长沙，居于湘乡会馆。1838 年（道光十八年），曾国藩第三次参加会试，终于成功登第，殿试位列三甲第四十二名，赐同进士出身，成为军机大臣穆彰阿的得意门生。殿试列一等第三名，道光帝亲拔为第二，选为翰林院庶吉士。

曾国藩修身律己，以德求官，以忠谋政，礼治为先，主张凡事要勤俭廉劳，不可为官自傲。他坚韧不拔地沿着仕途之道，步步升迁，官至内阁学士，礼部侍郎，署兵、工、刑、吏部侍郎（相当于现在的副部长、部长级别），两江总督，直隶总督，武英殿大学士，封一等毅勇侯。

太平天国运动时期，曾国藩组建湘军，力挽狂澜，扭转了清军节节败退的战局，经过多年鏖战后剿灭太平天国。可以说，是曾国藩在太平军即将覆灭清朝之际，将清朝从死亡线的边缘拽了回来，使清王朝寿命又往后延续了 50 多年，所以把曾国藩称为清王朝的守护神也不为过。

曾国藩的出现，对清王朝的政治、军事、经济、文化等方面都产生了深远的影响。在他的提议下，建立了中国第一所兵工学堂，建造了中国第一艘轮船，印刷翻译了第一批西方书籍，安排了第一批赴美留学生。可以说，曾国藩是中国近代化建设的开拓者，有人推崇他为"千古第一完人"，但也因忠于清廷、镇压太平天国运动而饱受争议。

1. 政治成就

曾国藩对于"康乾盛世"之后清王朝的腐败衰落，一针见血地指出：国家贫穷并不是最可怕的事，也不值得忧虑，最可怕的是民心涣散，社会风气的衰落败坏（原文"国贫不足患，惟民心涣散，则为患其大"，引自奏疏《备陈民间疾苦疏》）。他提出"行政之要，首在得人"，危急之时需用德器兼备之人，要倡廉正之风，行礼治之仁政，反对暴政、扰民，对于那些贪赃枉法、渔民肥己的官吏，一定要严惩不贷，体现了"德才兼备、以德为先"的用官标准。

对于关系民生国运的财政经济，曾国藩认为理财之道，全在酌盈剂虚（拿多余的弥补不足的或亏损的），洁己奉公，"渐求整顿，不在于求取速效"。他将农业提到国家经济中基础性的战略地位，"民生以稼事为先，国计以丰年为瑞"，要求"今日之州、县，以重农为第一要务"。新中国成立后，党中央每年发布的第一号文件都以农业、农村为主题，可见农业在国民经济发展中始终处于至关重要地位。

外交方面，曾国藩对中西邦交有独到见解。他亲历了两次鸦片战争的冲击，一方面十分痛恨西方列强侵略中国，认为卧榻之旁，岂容他人鼾睡；另一方面又不盲目排外，主张向西方学习先进的科学技术为我所用，"访募覃思之士，智巧之匠，始而演习，继而试造，可以剿发捻，可以勤远略。"

第二次鸦片战争结束后，清廷统治阶级内部逐渐形成了一个政治派别，他们主张通过引进西方军事装备、机器生产和科学技术等方式来挽救清朝统治，这就是晚清洋务派。洋务派在中央是以清朝末年的恭亲王奕䜣、文祥等满族王公大臣为代表，在地方是以曾国藩、李鸿章、左宗棠、张之洞等汉族官员为代表。

在曾国藩的规划下，江南机器制造总局于 1865 年 9 月在上海成立，这是洋务派开设的规模最大的近代军工企业，是晚清中国最重要的军工厂，也是江南造船厂的前身。该机构后由曾国藩的学生李鸿章实际负责，是李鸿章在上海创办的规模最大的洋务企业。

2. 军事成就

曾国藩的军事思想内涵丰富，集显过人之处。他将儒家学说治军的宗旨贯彻在选将、募兵、军队管理、协调军内外关系等方面。他认为"兵不在多而在于精""兵少而国强""兵愈多，则力愈弱；饷愈多，则国愈贫"，主张军政分理，各负其责。

曾国藩以选将为治军第一要务，选将标准是"德才兼备，智勇双全"，并把德放在首位，将其内涵概括为"忠义血性"。他提出"带勇之人，第一要才堪治民，第二要不怕死，第三要不计名利，第四要耐受辛苦"。罗尔纲在《湘军兵志》中进行了统计，凡姓名、籍贯、出身、职务可查的湘军将领 179 人中，儒生出身的 104 人，占 58%。儒生为将所占比例如此之高，这在中国军事史上是罕见的。

清朝采用的是世兵制，即八旗、绿营等将士世代当兵，曾国藩则提出了募兵制，并于 1853 年（咸丰三年）借着清政府急于寻求地方力量镇压太平天国运动的时机，在家乡湖南建立了一支地方团练，称湘勇，即后来著名的湘军。他说："数年来痛恨军营习气，武弁自守备以上无一人不丧尽天良。故决计不用营兵，不用镇将。"他组建湘军时，不在市民中而是在乡农中招募兵员，其用意就是乡农中招募的兵员朴实壮健，有利于灌输忠义伦理思想和便于适应艰苦残酷的战争环境。曾国藩要求以"将必亲选、兵必自找、层层节制"的原则组建军队，自统领至兵勇都是逐级进行募选，改变了绿营中"兵与兵不相知，兵与将不相习"的弊病。湘军的编制以营为基本作战单位，营以上不再设官，各营全辖于曾国藩一人。其后营数增多，才有统领和分统的称谓。

曾国藩在治军方略上坚持"用兵者必先自治，而后制敌"，以仁礼忠信作为治军之本，其目的就是维系军心，培植出一支完全绝对服从命令的军队。

湘军与太平军数年间的交锋激战，既有旗开得胜之时，也有一败涂地之际，正所谓"胜败乃兵家常事"。

1854 年 4 月，湘军在靖港水战中被太平军石祥贞部击败，曾国藩气急得要投水自尽，幸被幕僚章寿麟所救。因战事不利，曾国藩得旨革职。

同年 10 月，湘军攻克武昌、汉阳，曾国藩因功赏二品顶戴，署湖北巡抚，赏戴花翎。12 月，湘军攻陷田家镇，杀敌数万，焚舟五千，进围九江。曾国藩因调度有方，赏穿黄马褂。

而到了 1855 年 2 月，太平军将领石达开于湖口与湘军水营交战，烧毁湘军战船 100 余艘。曾国藩跳船得免，座船被俘。

1856 年，石达开进攻江西，曾国藩坐困南昌，湘军将领彭玉麟走千里杀入重围至南昌助守。直至同年 9 月，洪秀全与杨秀清内讧，史称"天京

事变"，石达开撤军，南昌方得解围。

1864 年 7 月，曾国藩带领湘军，经过浴血奋战，终于攻破了太平天国的都城天京（南京），抢得了保卫清廷的头功。同月，朝廷加曾国藩太子太保、一等侯爵，世袭罔替，并赏戴双眼花翎。

曾国藩和湘军创下了一个纪录，那就是不使用朝廷正规军，而以自发组织的乡勇团练，平定了如此大规模全国性的农民运动。此时的湘军声势达到了鼎盛。然而，就在攻破南京之后不久，曾国藩便开始着手裁撤湘军。

曾国藩主动裁撤湘军的原因是多方面的，包括缺少军饷、军队组成成分特殊等，但根本原因，恐怕还是他害怕功高镇主，免得落个"兔死狗烹"的结局，于是主动裁撤湘军，让清廷放心。1864 年 8 月，朝廷奏准，裁撤湘军 2 万多人。

曾国藩的军事思想影响了几代人，黄兴、蔡锷等资产阶级军事家对曾国藩治军方略推崇备至，民国军事家蒋方震在他的《国防论》中赞赏曾国藩是近代史上"一个军事天才"。

3. 学术成就

曾国藩一生奉行程朱理学。这是由北宋程颢、程颐开创，南宋朱熹集为大成的新儒学，其核心思想是：理是宇宙万物的起源。所以万物"之所以然"，必有一个"理"，而通过推究事物的道理（格物），可以达到认识真理的目的（致知）。宋明理学分为气学、理学和心学三个学派，程朱理学是宋明理学的主要派别之一，所以程朱理学也简称理学，与心学相对。

曾国藩在出将拜相的实践中渐渐体会到程朱理学也有局限性，他提到"指示之语，或失于隘、或病于琐、或偏于静"。由此可见，曾国藩并未盲目崇拜程朱之学，对心学表现出了宽容的学术姿态，对其他支派的思想亦多有汲取。对于程朱理学与陆王心学的学术争辩，他认为对于两家之争应取其同，避其异，扬其长，兼收并蓄，扬长避短，推进儒学的发展。

文学方面，曾国藩将桐城派（清代文坛最大的散文流派）发扬光大，并以此为基础，创立晚清古文的"湘乡派"。他适应时势需要，在桐城派标榜的"义理、考据、辞章"之外，又增加了"经济"，将这四者比之孔门的"德行、文学、言语、政事"四科，使古文反映现实政治、社会问题，更为实际有用。曾国藩"平生好雄奇瑰玮之文"，与桐城派清谈简朴文风不同。他论古文，讲求声调铿锵，所谓古文，深宏骏迈，有一种舒展雄厚的意境，为后世所赞。所著有《求阙斋文集》《诗集》《读书录》《日记》《奏议》《家书》《家训》《经史百家杂钞》《十八家诗钞》等，不下百数十卷，名曰《曾文正公全集》，传于世。另有其他论著颇多。清末及民初严复、谭嗣同、梁启超、林纾等均受其文风影响。

曾国藩十分热爱"教师"这个工作，可以说是甚过做官。他说"君子有三乐"，其中之一便是"宏奖人才，诱人日进"。曾国藩在他的幕府中对待下属，如同私塾中老师对待学生一样。他在给朋友的信中这样描述他与下属关系："此间尚无军中积习，略似塾师约束。"

1858年（咸丰八年），当李鸿章第一次进入曾国藩的幕府时，就发现这里很特殊。虽然在安徽期间，他也数度侧身高官幕府，但曾国藩幕府的作风完全不同，因为它很像一个学校，这个学校的校长，就是曾国藩。

曾国藩常利用吃饭的时间，在茶余饭后同大家谈古论今，表面上看是闲谈，实际上经常向幕僚传授自己的人生经验和读书心得。李鸿章后来回忆说："在营中，老师总要等我辈大家同时吃饭；饭罢后，即围坐谈论，证经论史，娓娓不倦，都是于学问经济有益实用的话。吃一顿饭，胜过上一回课。"

李鸿章这样描述曾国藩在众弟子面前的老师形象："他老人家最爱讲笑话，讲得大家肚子都笑疼了，个个东歪西倒。他自己偏偏不笑，只管捋胡子，穆然端坐，若无其事，教人笑又不敢笑，止又不能止，真被他摆布苦了。"

4. 曾国藩早年修身十三条

第一条：主敬（整齐严肃，无时不惧。无事时，心在腔子里；应事时，专一不杂）。

第二条：静坐（每日不拘何时，静坐片刻，来复仁心，正位凝命，如

鼎之镇）。

第三条：早起（黎明即起，醒后勿沾恋）。

第四条：读书不二（一书未点完，断不看他书。东翻西阅，都是徇外为人）。

第五条：读史（每日圈点十页，虽有事不间断）。

第六条：谨言（刻刻留心）。

第七条：养气（气藏丹田，无不可对人言之事）。

第八条：保身（节欲、节劳、节饮食）。

第九条：写日记（须端楷，凡日间身过、心过、口过，皆一一记出，终身不间断）。

第十条：日知所亡（每日记茶余偶谈一则，分德行门、学问门、经济门、艺术门）。

第十一条：月无忘所能（每月作诗文数首，以验积理的多寡，养气之盛否）。

第十二条：作字（早饭后作字。凡笔墨应酬，当作自己功课）。

第十三条：夜不出门（旷功疲神，切戒切戒）。

二、李鸿章

李鸿章（1823年2月15日—1901年11月7日），字子黻（音 fú）、渐甫，号少荃，晚清军政重臣，淮军创始人和统帅，洋务运动的主要领导人之一。光绪皇帝在李鸿章逝后封赐谥号"文忠"，世人多称"李中堂"。

李鸿章出生于安徽省合肥县东乡（今瑶海区）磨店乡，兄弟姐妹八人，他排行老二，民间称呼他"李二先生"。其父李文安，与曾国藩同一年中榜进士（道光十八年），殿试三甲，与林则徐之子林汝舟同年入职刑部，后官至四川主事、云南员外郎，督捕司郎中，记名御史。

李鸿章少年聪慧，6岁进入父亲开设的家馆"棣华书屋"学习，攻读经史，打下了扎实的文学功底。1844年（道光二十四年）应顺天府乡试，考中举人，住曾国藩宅邸受曾补习教导。1845年，入京会试，以年家子身份受业曾国藩门下（所谓"年家子"，是科举时代称呼有年谊的后辈，因为其父李文安与曾国藩同一年中榜进士）。李鸿章跟随曾国藩学习经世之学，奠定了一生事业和思想的基础。1847 年，中进士，列二甲第十三名，殿试后改翰林院庶吉士。

李鸿章照片

李鸿章仕途一生，官至东宫三师、文华殿大学士、北洋通商大臣、直隶总督，爵位一等肃毅伯，是卓越的军事家、出色的外交家、洋务运动的重要参与者和组织者，其书法、文学造诣也甚为深厚。晚清时代，中国积弱贫困，倍受资本主义帝国列强欺凌，李鸿章长期处于内忧外患的夹缝中，面对"弱国外交"的尴尬境地，既要忠于朝廷又不能过于刺激洋人，虽如履薄冰，小心翼翼，但终究不能挽救晚清大厦于将倾，成为中国近代史上最有争议的人物之一。曾国藩评价他："少荃天资与公牍最相近，将

来建树非凡，或竟青出于蓝也未可知。"梁启超在《李鸿章传》中称："鸿章必为数千年中国历史上一人物，无可疑也。"

1. 淮军统帅

1853年2月，李鸿章在京听到安徽省城安庆被太平军攻破的消息后，萌发了回家乡办团练的念头。他把想法告诉了刑部侍郎吕贤基（祖籍安徽旌德县），经吕首肯，李鸿章连夜为他赶写奏章，提出了编练地方民团、扩大兵源以补充官兵不足的建议。次日早朝，吕贤基呈上奏折，咸丰皇帝十分赞赏，封吕为团练大臣，回籍办理团练。就这样，原本没打算回老家的吕贤基，带着李鸿章和刑部几位皖籍官员回到了安徽，在宿州与兵部侍郎、皖北团练周天爵联合发布公文，通令各州、县即刻操办团练，并派李鸿章回合肥招募乡勇。

自此，李鸿章便率领乡团配合清军，转战于安徽各城。在与太平军交锋中，吕贤基、刑部主事朱麟祺、通判徐启山、安徽巡抚江忠源等清将均阵亡，李鸿章则九死一生，多次立功。1856年，李鸿章官封按察使（正三品），有道是"功高遭妒，树大招风"，一时之间谤言四起，李鸿章几不能自立于乡里。1857年，有人奏报朝廷，说李鸿章亲丧没有守制（其父去世），致使他不得不离开军营，结束了5年的团练生涯。而奏报之人，竟是他的"座师"安徽巡抚福济，官场之险恶使他十分伤心。

1859年，李鸿章赴江西建昌，入曾国藩幕府，成为曾氏左膀右臂，但也遭到湖南籍将领的排挤，于是决心建立自己的军队。1861年，太平军向上海进发，上海地方官绅派代表向曾国藩求援，李鸿章借机请命招募淮勇，于1862年2月在安庆编成一军，称为"淮勇"，又称"淮军"。淮军成立时约6500人，主要将领多来自于李鸿章早年办的团练队伍。同年，经曾国藩推荐，李鸿章任江苏巡抚。此后，淮军配合湘军在苏浙一带对抗太平军，队伍声势不断壮大。

太平天国首都天京（今南京）于1864年7月被清兵攻陷，同年秋、冬季，淮军经裁撤，尚存5万余人。1865—1868年，在曾国藩、李鸿章率领下，淮军作为清军的主力，先后在安徽、湖北、河南、山东、江苏、河北等地，与捻军作战。捻军被镇压后，淮军担负起北自天津、保定，南至上海、吴淞，南北数千里江海要地的防守。李鸿章以淮军势力为基础，逐渐掌握了国家外交、军事和经济大权，成为晚清政局中的重要人物。

2. 洋务重臣

1865 年，李鸿章署理两江总督，在曾国藩支持下，收购了上海虹口美商旗记铁厂，扩建为江南制造局。同时，把苏州机器局迁往南京，扩建为金陵机器局。1870 年，他调任直隶总督，接管天津机器局并扩大生产规模。于是，中国近代早期的四大军工企业中，李鸿章一人就创办了三个，正如他自己所言"练兵以制器为先。"

李鸿章认为中国之所以积弱不振，原因在于"患贫"，提出了"必先富而后能强"，将洋务运动的重点转向"求富"。

1882 年底，李鸿章督办创立了中国第一家民营轮船公司——轮船招商局，以徐润、朱其昂、盛宣怀为会办，奠定了"官督商办"政策的基调。轮船招商局承揽了朝廷"官物"一半的运输量，随后展开的客运业务竟挤垮了英美合办的旗昌公司。

在 19 世纪 70—80 年代，李鸿章先后创办了河北磁州煤铁矿、江西兴国煤矿、湖北广济煤矿、开平矿务局、山东峄县煤矿、上海机器织布局、上海华盛纺织总厂、上海电报总局、天津电报总局、津沽铁路、唐胥铁路、漠河金矿、三山铅银矿、热河四道沟铜矿等民用企业，广涉矿业、电信、纺织、铁路等各行各业，促进了中国资本主义的发展，是中国近代化开始的标志。

由于李鸿章的主持和参与，洋务派创办了中国近代第一座机器制造厂、第一座钢铁厂、第一条铁路、第一所近代化军校、第一支近代化海军舰队等。下面以江南制造总局为例以观其规模。

江南制造总局先后建有十几个分厂，雇用工兵数千人，能够制造枪炮、弹药、轮船、机器，还设有翻译馆、广方言馆等文化教育机构。江南制造局雇用的中国工人，因其专业技能，薪水是一般城市苦力的数倍。这些工人成为中国近代最早形成的一批技术工人。

1865 年，江南制造局开始了对德式武器的仿制。1867 年仿制出德国毛瑟 11 毫米前膛步枪，这是中国自己生产的第一种步枪，该枪使用黑火药和铅弹头，威力惊人。

1868 年，生产出了中国第一艘自造的机动兵轮"惠吉号"，轰动上海滩。船长 185 尺，宽 27.2 尺，马力 392 匹[①]，木制船身，载重 600 吨，装火炮 9 尊，锅炉自造，主机用外国的旧机器改装。它改变了中国兵船"唯靠进口、不能自造"的历史。1876 年，中国第一艘铁甲军舰"金鸥"号，也在江南制造局诞生。1918 年，制造局接到了最大的海外订单，为美国建造了 4 艘万吨轮。

1891 年，为中国首次炼出钢铁。

……

1896 年李鸿章在访问德国期间坐火车去拜访铁血宰相俾斯麦

---

① 1 匹 =0.735 千瓦。

不过，江南制造局在初期（晚清时期）的军备生产品质并不高，例如，步枪的水准不高，性能不佳（据说连李鸿章率领的淮军都拒绝使用），且生产成本高于直接海外购买。但是，中国的第一艘机动兵轮、第一门钢炮、第一支后装线膛枪、第一艘万吨巨轮，这些超脱了冷兵器痕迹的御侮之器均出自江南制造之手，江南制造在仿制中奔跑，在模仿中创新，追赶世界先进水平的脚步始终没有停止，它的诞生与崛起，开启了我国近代军事工业、民族工业之先河。

2018 年 1 月，江南机器制造总局入选"中国工业遗产保护名录第一批名单"。

3. 组建海军

李鸿章深刻意识到，帝国列强的威胁来自海上，"日吞琉球、法占越南"这些军事事件对他产生了强烈冲击。从 19 世纪 70 年代起，他提出了"海防论"，极力倡导建立近代化海军队伍。

1874 年（同治十三年），李鸿章在海防大筹议中上奏，提出定购铁甲舰、组建北、东、南三洋舰队的设想，并辅以沿海陆防，形成了中国近代海防战略。中法战争后，福建船政水师几乎全军覆没，清政府决定"大治水师"，于 1885 年（光绪十一年）成立海军衙门，醇亲王总理海军事务，李鸿章为会办。

1888 年，北洋水师建设成军。成军后的北洋水师，拥有主要军舰大小 25 艘，辅助军舰 50 艘，运输船 30 艘，官兵 4 千余人，清政府每年拨出 400 万两白银用于海军建设。舰队实力曾是亚洲第一，世界第九（根据当时《美国海军年鉴》排名，前八名分别为：英国、法国、俄国、德国、西班牙、奥匈帝国、意大利、美国）。

与此同时，李鸿章加紧旅顺、大沽、威海等海军基地的建设，以加强海防。遗憾的是，晚清政府文恬武嬉，内耗众生，户部多次以经费不足为借口，要求停止添购船炮，使得北洋海军的建设陷于停顿、倒退的困境。1894 年，日本舰队不宣而战，在丰岛海域突袭北洋护航舰队，中日甲午战争爆发。这场战争以中国战败、北洋水师全军覆没告终，也标志着洋务运

动宣告破产。

4. 外交事件

李鸿章一生以外交能手自居，处理过许多重大外交事件。但令人讽刺的是，在签订逼迫中国出让利益的不平等条约时，李鸿章却是列强最喜欢的谈判对象，常常是列强指定李鸿章去谈判。李鸿章一生大约签订了30多个条约，由他代表清政府与列强签定的不平等条约包括：1876年9月中英《烟台条约》、1884年5月中法《会议简明条款》、1885年4月中日《天津条约》，同年6月中法《越南条约》、1895年4月中日《马关条约》和11月中日《辽南条约》、1896年3月中德《胶澳租借条约》、1896年6月中俄《御敌互相援助条约》、1898年6月中英《展拓香港界址条约》、1901年9月八国联军《辛丑条约》等。

过去的很多历史教科书把李鸿章标签为"卖国贼"。如果我们走进历史的深处，自然能够明白，所谓弱国无外交，落后就要挨打，在积重难返的晚清时代，深谙内政外交的李鸿章努力运用辛辣老到的政治智慧，与"洋鬼子斡旋""与列强打痞子腔"，坚持能赔款的就不割地，能割半岛的就不割让海岛，尽量减少清廷的损失。他认为，在列强环伺环境里，在洋务运动的过程中，要尽可能地利用"以夷制夷"的外交手段，为中国的自强建设赢得尽可能多的和平时间。签订丧权辱国的不平等条约是一份吃力不讨好的苦差使，作为积重难返的满清王朝的"代言人"，李鸿章难逃身后世人评。

1895年3月，李鸿章在日本谈判《马关条约》时，被日本刺客开枪击中左面，血染官服，当场昏倒，所幸子弹未击中要害，李鸿章脸上缠着绷带完成了谈判。《马关条约》签订后，国内民愤四起，而又不能指责清政府为慈禧倾尽国库筹备万寿庆典，所以矛头指向了李鸿章，解除了他位居25年之久的直隶总督兼北洋大臣职务。

深受《马关条约》的强烈刺激，李鸿章发誓"终身不履日地"。1897年他出使欧美各国回来，途经日本横滨，再也不愿登岸。当时需要换乘轮船，得用小船摆渡，他看到来的是日本船，便无论如何也不肯上摆渡船，随行人员没有办法，于是在两艘轮船之间搭起了一块木板，75 岁高龄的李鸿章，迈着蹒跚的步子，颤颤巍巍地挪将过去。

三、左宗棠

左宗棠（1812 年 11 月 10 日—1885 年 9 月 5 日），字季高，一字朴存，号湘上农人，湖南湘阴人。晚清军事家、政治家、湘军著名将领，洋务派代表人物之一。左宗棠病逝后，清朝追赠太傅，谥号"文襄"，入祀昭忠祠、贤良祠。

左宗棠出生于湖南省长沙府湘阴县左家塅。4 岁时随父到长沙读书，15 岁应长沙府试，取中第二名。1833—1838 年的 6 年，左宗棠三次赴京会试，均不及第，未能沿着"正途"入仕，于是潜心钻研经世之学，其才干得到了许多名流显宦的推崇。

1838 年，左宗棠第三次落第后归乡途中，于南京拜见了两江总督陶澍，陶澍主动提议让其独子陶桄与左宗棠的长女定婚。陶澍去世后，左宗棠于 1840—1847 年在湖南安化陶家任教。1849 年冬，林则徐返乡路经湖南，约左宗棠于长沙舟中相见。二人彻夜长谈时局，林则徐称赞他是"绝世奇才"。

太平天国运动爆发后，左宗棠投身于抗击运动，从此拉开一生功名的序幕。1856 年，因军功被任命为兵部郎中用，赏戴花翎。此后，历任浙江巡抚、闽浙总督、陕甘总督、东阁大学士，加太子少保衔、一等轻车都尉世职，二等恪靖伯等。

左宗棠一生功业，始自戎马，用兵神算，在平定太平天国运动、捻军起义、陕甘回变、收复新疆等历史事件中，立下汗马功劳。特别是力排众议，率师一举收复新疆，捍卫了祖国领土和主权完整。他也是洋务运动的主要引领者，由他兴办的福州船政局，对建立中国近代造船工业、近代学堂和近代海军起到了开创与奠基作用。纵观左宗棠的一生，其历史贡献可以归纳为三点：近代中国国家统一、主权完整的捍卫者；中国近代化的先驱者之一；中国优秀传统文化的继承者、发展者和践行者。

左宗棠照片

1. 常胜将军

左宗棠虽然是文人出身，但是他的政治生涯却离不开行军打仗，一入官场便投身于镇压太平天国的战争中，军事才华得到了极大的施展。

1852 年（咸丰二年），太平天国大军围攻长沙。省城危急之际，左宗棠出山，投入保卫大清江山的阵营。左宗棠"昼夜调军食，治文书""区画守具"，建议大都被湖南巡抚张亮基采纳并付诸实施，太平军围攻长沙 3 个月不下，撤围北去。左宗棠一战成名。

张亮基调任山东巡抚后，左宗棠应湖南巡抚骆秉章之邀，悉心辅佐，使湖南军政形势转危为安，捷报连传。时人有语"天下不可一日无湖南，湖南不可一日无左宗棠"，引起咸丰帝的关注。

1864 年，已升任闽浙总督的左宗棠从太平军手中夺回杭州，随后攻克湖州等地，从而控制浙江全境，并采取各种恢复经济的举措。1866 年，左宗棠在广东嘉应州（今梅州）攻灭李世贤等太平军余部。

1862 年，陕西回民趁太平天国和捻军进入陕西的机会发动叛乱，宁夏也爆发了大面积的回民暴动，总督杨岳斌不能有效控制局势，陕甘局势几近糜烂。清廷于 1866 年 9 月谕令左宗棠前赴陕甘。此后 7 年，清军与回民军坚持作战，终于在 1873 年平定叛军，陕甘回变告终。

1883 年，越南局势恶化，左宗棠令湘军将领王德榜招募士兵组成恪靖定边军，准备作战。同年 12 月，中法战争爆发。1884 年 8 月，法军统帅孤拔在马尾海战中全歼福建水师，破坏福州船政局。9 月，坚决主战的左宗棠奉旨以钦差大臣身份督办闽海军务，挽救战局。12 月，左宗棠抵达福州，组成"恪靖援台军"东渡台湾。1885 年 3 月，黑旗军、恪靖定边军等在镇南关得胜，夺回谅山，史称"镇南关大捷"。这次战役使清军在中法战争中转败为胜。法军战败的消息传至巴黎，法国议会否决军费追加案，总理儒尔·费里旋引咎辞职。遗憾的是，清政府"乘胜即收"，令前线各军停战撤军，派出李鸿章与法国议和，签订了丧权辱国的中法《越南条约》，使得中国不败而败，法国不胜而胜。

曾国藩这样评价左宗棠："论兵战，吾不如左宗棠……国幸有左宗棠也。"

左宗棠有自负的资本，自诩为诸葛亮，常以"今亮""老亮"等自称，时人也常以诸葛亮比之。左宗棠任陕甘总督时，林寿图任藩司，二人常饮酒谈论。一日，林与左宗棠正笑谈间，前方捷报至，林赞宗棠妙算如神，宗棠拍案自夸道："此诸葛之所以为亮也。"

2. 收复新疆

乾隆时代，清军平定西域叛乱，收复全部土地，好大喜功的乾隆帝将西域命名为新疆，意为大清新增添的疆土。实际上，新疆一点儿都不新，自汉代以来它就是我国的领土。

1867 年（同治六年），阿古柏在新疆自封为王，宣布脱离清廷。1871 年，沙皇的侵略军以"代管"的名义占领了伊犁地区。英国也虎视眈眈，

意图瓜分西北。就这样，160万平方千米的新疆，消失在大清的实际版图上。

10年之后，已权倾朝野的李鸿章向慈禧太后奏报："新疆乃化外之地，茫茫沙漠，赤地千里，土地瘠薄，人烟稀少。乾隆年间平定新疆，倾全国之力，徒然收数千里旷地，增加千百万开支，实在得不偿失。依臣看，新疆不复，与肢体之元气无伤，收回伊犁，更是不如不收回为好。"

但左宗棠力驳李鸿章："天山南北两路粮产丰富，瓜果累累，牛羊遍野，牧马成群。煤、铁、金、银、玉石藏量极为丰富。所谓千里荒漠，实为聚宝之盆。""若新疆不固，则蒙部不安……俄人拓境日广，由西向东万余里，与我北境相连，仅中段有蒙部为之遮阂。徙薪宜远，曲突宜先，尤不可不豫为绸缪者也。"

左宗棠收复新疆的强硬主张，最终得到清廷的首肯，慈禧太后任命他为钦差大臣，督办新疆军务。1876年（光绪二年）春天，已经64岁的左宗棠率领6万湖湘子弟从兰州出发，一路西行，浩浩荡荡。跟随这位老人出征的，还有一副棺材，他立下誓言，倘若自己不幸去世，就埋骨新疆，为国捐躯。

1878年，收复新疆之战取得最终胜利。这是晚清历史上最扬眉吐气的大事，是晚清夕照图中最光彩亮丽的笔墨。左宗棠为后人收复了1/6的祖国河山，留下了一片"任我驰骋"的广袤疆土。

在"鱼龙混杂、泥沙俱下"的晚清，左宗棠成为时代造就的民族英雄。

3. 洋务重臣

早在第一次鸦片战争时期，隐居湖南乡间的左宗棠就密切注视西洋动向。到第二次鸦片战争结束，左宗棠的洋务思想已日臻成熟。踏上仕途后，在任闽浙总督时，左宗棠兴办了福州船政局，这对建立中国近代造船工业和近代海军起到了开创性的奠基作用。任陕甘总督时，左宗棠的洋务活动开始由军用转向民用，由单一的造船和驶航转向了多元化的制造枪炮火药、机器、纺织、开矿等多种经营。晚年所著《艺学说帖》，是其长年洋务实践的理论概括。

军事工业方面，在镇压太平天国的过程中，左宗棠认识到兴办洋务的关键在于整理水师，自主造船。设厂造船的建议得到清廷批准后，左宗棠立即投入船政局的筹建，尽管中途奉调陕甘，仍抓紧各项事宜的落实，确保了福州船政局的设立。这是中国第一家真正意义上的机器造船工厂，也是一座设备比较完备的造船工厂，实现了中国近代造船业从无到有的跨越。

船政局所附设的马尾船政学堂，是近代中国第一个专门学习"西艺"的洋务学堂，造就了中国第一代轮船制造和驾驶人才，近代中国第一届官派赴欧洲的留学生便是从这里的学员中挑选，后人评价它为"中国海军萌芽之始"。继马尾船政学堂后，各地仿行左宗棠为船政学堂拟定的章程，纷纷设立专习"西艺"的洋务军事学堂，直到李鸿章创办天津水师学堂时，才在模仿的同时有所突破。

左宗棠在西北任上，仍致力于军事工业的兴办。先设置了西安机器局，后改兰州机器局，主要生产枪炮弹药，兼制开河、凿井、水龙等机器，为军、民两用的近代工业。为了对付阿古柏军的洋枪洋炮，左宗棠从广州、浙江调来专家和熟练工人，在兰州造出大量武器，还仿造了德国的螺丝炮和后膛七响枪，改造了中国的劈山炮和广东无壳抬枪。左宗棠还在新疆阿克苏设制造局，在兰州和库车均设火药局。这些机器局、火药局，起到了机器母厂的作用，开创了中国西北近代工业之先河。

民用工业方面，左宗棠兴办的兰州织呢局，是近代中国第一家毛纺织工厂，其产品既供军用，也投向市场。可惜的是，因原料、水源、管理、技术、市场等方面的制约，织呢局仅维持3年便告停办。此外，左宗棠还在西北治理泾河、勘探、采矿，招商兴办乌鲁木齐铁厂等。

在两江任上，左宗棠支持由商人集资兴办近代工矿企业，包括徐州利国驿煤铁矿、安徽池州煤铁局等，并架设沿长江的陆路电报线。

左宗棠痛恨洋人的经济掠夺，他对西方商人在上海开设纺织厂以及购买土地等行为加以抵制。针对洋烟，左宗棠在军机大臣任上希望通过

增加捐税的方式限缩其销路并减少进口数量，但与威妥玛谈判未果，后谈判事务由曾纪泽接手，最终与英方达成《烟台条约续增专条》，税率有所提高。

4. 伯乐与宿敌

——恩师陶澍

1837年，两江总督陶澍（清朝经世派主要代表人物、道光朝重臣）回乡省亲，途经湖南醴陵，县公馆门口的一副对联引起了他的注意："春殿语从容，廿载家山印心石在；大江流日夜，八州子弟翘首公归。"这副对联，道出了陶澍一生最为得意的金榜题名的经历，也表达了家乡人对陶澍的敬仰之情。他走进公馆，迎面是一幅山水画，上面题有两句诗："一县好山为公立，两度绿水俟君清。"诗的意思是醴陵县的绿水青山，皆是仰载陶公一腔凛然正气而生。这位58岁的封疆大吏倍感偶遇知己，提出要会见诗文作者。

这位作者便是年轻的左宗棠，时任渌江书院山长（校长）。陶澍推迟了归期，与素昧平生的左宗棠彻夜长谈，共议时政。左宗棠则提出拜陶澍为师，毕生仿效，陶公爱才，欣然应允。

次年，左宗棠落地取道江苏南京，谒见陶澍，陶澍对左宗棠的到来格外热诚。于是，26岁的左宗棠，一个落魄的穷举人，做了两江总督府的幕僚。陶澍十分器重左宗棠的才学与人品，提出要与左家结"秦晋之好"，将年仅5岁的唯一儿子陶桄与左宗棠的长女订婚。自此，左宗棠开始接触军国大事，开始了解洋人的船坚炮利，开始分析研判世界大势，他将自己的命运与国家的命运紧紧连在一起。

1839年，陶澍去世。此后8年的时间，左宗棠在湖南安化陶家任教，协助料理陶家事务，期间他广读陶家藏书，经营湘阴柳庄，钻研农学、舆地，编成了《朴存阁农书》。鸦片战争爆发后，他高度关注，提出了"更造火船、炮船之式"等策略。

——伯乐林则徐

1848年，时任云贵总督的民族英雄林则徐，其下属胡林翼（左宗棠的同窗好友）向他推荐了左宗棠。由于左宗棠此时正担负着培养陶澍之独子陶桄成人的任务，无法离开湖南赴云南去做林则徐的幕僚。

1849年冬，林则徐因病卸云贵总督职回福建原籍，途中经过长沙，便遣人至柳庄约请左宗棠相晤。左宗棠赶至长沙，在湘江边上见到了他的崇拜偶像林则徐。此时已是夜晚，37岁的左宗棠心情激动，一脚踏空，落入水中。林则徐笑道："这就是你的见面礼？"

这次会见的双方，一位是杰出的民族英雄，清朝官员中的佼佼者；一位是即将踏上中国历史舞台的风云人物。会谈内容涉猎之广，国事、家事、政务、人物无所不及。

经此会谈，林则徐认为找到可以托付终身大事的人了！他将自己在新疆整理的资料和绘制的地图全部交给左宗棠，并说："吾老矣，空有御俄之志，终无成就之日。数年来留心人才，欲将此重任托付！"他还说："将来东南洋夷，能御之者或有人。西定新疆，舍君莫属。以吾数年心血，献给足下，或许将来治疆用得着。"临别时，林则徐写了一副对联相赠："苟利国家生死以，岂因祸福趋避之。"

林则徐的这段话，好比临终托孤，左宗棠将这副对联当做自己的座右铭，时时激励自己。后来左宗棠征战新疆，带的就是林则徐绘制的地图。回福建后，林则徐身染重病，知道来日不多，命次子林聪彝代写遗书，向咸丰皇帝一再推荐左宗棠为"绝世奇才""非凡之才"。左宗棠的名字，引起了京城的注意。

——宿敌李鸿章

左宗棠与李鸿章，都出道于曾国藩的幕府，都是洋务运动的引领者，后来都做了封疆大吏，皆为治国良才，也都权倾朝野。但是，二人却是争斗了几十年的政敌，谁也不服谁。

生性孤傲的左宗棠十分瞧不起李鸿章，认为李不会打仗，对洋人也太软弱，他评价李鸿章"十个法国将军，也比不上一个李鸿章坏事"。

李鸿章回敬左公的办法则是"哪壶不开提哪壶"。因为左宗棠没有科举功名，李鸿章给他起了个外号"破天荒相公"，意思是说一个举人居然

做了军机大臣，实在罕见。李鸿章曾指使亲信潘鼎新、刘铭传等陷害"恪靖定边军"首领王德榜、台湾兵备道刘敖，将他们充军流放。

对于收复新疆的问题，左宗棠是主张"塞防"的代表人物。李鸿章却持反对态度，认为东部沿海才是重点防守的地方，坚持"海防"战略。李左二人为这件事闹得不可开交，最终还是慈禧认为左宗棠更有道理，支持左宗棠收复新疆。

左宗棠和李鸿章的斗争，归根结底，并不仅仅是个人恩怨，而是代表了湘淮两系的斗争。两人同出曾国藩的湘军，但由于湘系势力过于庞大，所以太平天国运动被镇压之后，清政府大肆裁撤和分化湘军，李鸿章就是清政府扶植用来制衡湘系的。湘系在清政府的打压下，势力急剧萎缩，且各方将领谁也不服谁。左宗棠虽为湘系名义上的老大，但无法号令整个湘系。左宗棠调任陕甘总督后，势力转移到西北，西北地瘠民贫，资源有限，自然无法和李鸿章对抗。虽然左宗棠在收复新疆的西征之战中重振了湘军，但湘系中兴的时间很短暂，随着左宗棠调往中央，脱离了地方军队，便没有了依仗。反观李鸿章，他是淮军的唯一首领，而且是清政府重点扶植的对象。李鸿章始终牢牢掌握着淮系的军权，将其亲信安插到全国各地和要害部门，控制了清朝的半壁江山。令人讽刺的是，清政府虽然依靠的是李鸿章的北洋军，最后也是亡在了北洋军的手上。

李鸿章善于借势，李鸿章不仅和满清权贵关系密切，还把洋人拉上了船，挟洋自重。清政府最忌惮的就是洋人，自然不会动李鸿章。而左宗棠是主战派，洋人对左宗棠是排斥的。在新疆他和俄国人打，在东南他和法国人打，打来打去，把资本都打没了。他苦心建立的福州船政局和南洋水师被法国人打废了，整个湘军集团也被打得七零八落。中法战争，李鸿章力主与法国人和谈，致使法国人不胜而胜。左宗棠忧愤交加，不久之后一病不起，逝于福州。

四、张之洞

张之洞（1837 年 9 月 2 日—1909 年 10 月 4 日），字孝达，号香涛，又号无竞居士，晚年自号抱冰。早年是清流派首领，后为洋务派主要代表人物。光绪三十四年，以顾命重臣晋太子太保，次年病卒，封赐谥号"文襄"。张之洞是晚清四大名臣中唯一一个没有上过战场、领兵打仗的，但因任过总督，又号香涛，故时人称他为"张香帅"。

张之洞出生于贵州兴义府（今安龙县），其父张锳，曾任遵义府知府、贵西道道尹，以清明廉洁、兴学育人闻名。张之洞 15 岁中顺天府解元，

张之洞照片

26 岁中进士第三名探花，授翰林院编修。历任山西巡抚、两广总督、湖广总督、两江总督、军机大臣等职，官至体仁阁大学士。

张之洞平生最为后人称道的是在中国教育由封建传统向现代化迈进过程中所做出的历史性贡献，他创办了自强学堂（武汉大学前身）、三江师范学堂（南京大学前身）、湖北农务学堂（华中农业大学的前身）、湖北工艺学堂（武汉科技大学的前身）等，是"中国高等师范学堂之鼻祖""中国幼儿园创始人"。他也是洋务派代表人物之一，是中国重工业奠基人。其提出的"中学为体，西学为用"，是对洋务派和早期改良派基本纲领的总结。毛泽东对其在推动中国民族工业发展方面所做的贡献评价甚高，曾说过"提起中国民族工业，重工业不能忘记张之洞"；孙中山评价他："张之洞是不言革命之大革命家。"

● 知识点   "加油"的由来

　　张之洞的父亲张锳为官30多年，颇有政绩，尤其重视教育。张瑛在安龙城任知府时，每到午夜交更时分，都会派两个差役挑着桐油篓巡城。如果看见哪户人家还有人在挑灯夜读的，便去给他添一勺灯油，并送上知府大人的鼓励。张锳治下学风兴盛，为晚清培养了一大批人才。张之洞生活在这样的家庭环境里，想不出色都难。

　　另外，在古代，很多人更喜欢第三名探花，而不是状元。因为进士前十名，都是皇上钦点的，其中进前三名的分别是：状元、榜眼、探花。只有才貌双全且年轻者，才会被皇上钦点为探花。中"探花"的人，由于颜值高，往往会受到朝廷重用。

1. 清流首领

　　19世纪70年代（光绪年间），军机大臣李鸿藻（请注意，不是李鸿章，且二人也没有亲属关系）因为军机处的洋务派占了多数，感到力单势孤，于是笼络一批御史和翰林在自己周围，这些"台谏词垣"标榜风节，"严义利之分"，以经世匡时为己任，被称为"清流党"。

　　辛酉政变后，慈禧与恭亲王奕䜣同时成为晚清政治中的核心人物，他们之间的权力之争为清流派的出现提供了契机。慈禧拉拢清流派，以御史为耳目，凭翰苑为喉舌，对清流弹劾权贵之举常加鼓励，以达到监视和牵制奕䜣一派的目的。而奕䜣为摆脱慈禧的打击，也是拉拢清流派，力保自己的地位。例如奕䜣对李鸿藻就多有嘉誉，曾多次提及"李公爱我"。

　　清流派的特点就是不仅能说，而且敢说，而张之洞则号称"牛角"，因为他的进谏次数非常多。张之洞不同于其他言官措辞激烈，谁都敢得罪，而是很好地做到了对事不对人，既提出了建议，还让人听了舒服。在当时，张之洞、宝廷、张佩纶、黄体芳合称"翰林四谏"，他们拥戴李鸿藻为领袖，而实际上张之洞是清流派的首领。在中俄交涉事件中，张之洞的政治声望大幅度提高，得到慈禧的赏识。

　　清廷因俄国侵占新疆伊犁，派左都御史崇厚赴俄国交涉索还伊犁。崇厚昏庸无能，与俄国签定了丧权辱国的《里瓦几亚条约》，消息传来，舆论大哗。政治嗅觉敏锐的张之洞，很快写出了《熟权俄约利害折》，呈给慈禧太后。这份奏折，极具全局大观，且富文采气势，让慈禧眼前一亮，当即决定单独召见张之洞，探讨应对之策。

　　在与慈禧的会面中，张之洞力陈十条不可承认条约的理由，并对当时朝臣争论的两个话题给出了自己的意见。一是改条约。即便开战，和议也必须改，不然国将不国。二是杀崇厚。只有杀了崇厚，才能给他安上不遵谕旨的罪名，这样俄国就不能拿崇厚的签名来强迫清朝承认合约的合法性。经过这次事件，朝廷上下都知道了张之洞的名号，太后还给予张之洞一个特权，可随时进出总理衙门建言献策。此时的张之洞已 43 岁，任洗马（五品），距离晋身封疆大吏，成为一代名臣的梦想只差一步之遥了。

　　中日甲午战争后，随着帝党的失败，有纸上谈兵之嫌的清流派逐渐销声匿迹，而此时的张之洞已署两江总督。

2. 新式教育

　　落后就要挨打，在与西方帝国列强的交锋之中，特别是中日甲午战争失败后，张之洞清醒地认识到建立新学制的重要性，此时的他已经逐渐形成了一套比较系统的近代教育思想。担任湖广总督期间，张之洞大规模兴办新式教育——实业教育、师范教育和国民教育。这些新式教育活动使其"教育强国"的构想在推动中国教育近代化过程中发挥了重要作用。

　　在张之洞的经济近代化构想中，农业占有重要地位。为改良农业，张决定创办农务学堂，培养农学方面的人才。1898 年，张之洞在湖北省城东门外卓刀泉创建农务学堂。1900 年正式开学，聘请美国农学专家指导研究农桑畜牧之学。1906 年，农务学堂校址迁移到武胜门外多宝庵（今湖北大学校园），改名为湖北高等农业学堂，并附设实验场。这是湖北最早的近代农业学堂和现今华中农业大学的前身。

　　张之洞还创建了工艺学堂。他认为，中国士人囿于传统观念不屑于学习

"工艺"，而一般的工匠又没有文化知识，缺乏具有理科理论知识的人才，因此对生产中出现的问题不能探寻其原因；对于引进的机器，不能根据实际情况进行改造，这是中国人才匮乏，工业落后的重要原因。所以，要发展新式教育就要有两类人才——工程师和技师。于是他在湖北铁政局内创建工艺学堂，课程有汽机、车床、绘图、竹器、洋脂、玻璃各项制造工艺。工艺学堂教学取得一定成效，培养出的学生能够制造各种实用的新式机器。

张之洞重视基础师范教育。他认识到发展教育在于普及国民教育，而教育的基础又在于普及小学。普及小学则需要大量合格的教员，所以师范学堂为教育造端之地，关系至重。1902 年，张之洞在武昌创办湖北师范学堂，专门培养中小学教师。1903 年，出任两江总督的张之洞又奏请设立三江师范学堂，选派科举出身的中学教习 50 人，讲授修身、历史、地理、文学、算学及体操各科。在张之洞的倡导下，湖北的师范教育行政体系取得较大的发展，为推动湖北近代教育起了巨大作用。

在兴办新式学堂方面，张之洞创办了算学学堂（1891 年）、矿务学堂（1892 年）、自强学堂（1893 年）、湖北武备学堂（1897 年）、湖北农务学堂（1898 年）、湖北工艺学堂（1898 年）、湖北师范学堂（1902 年）、两湖总师范学堂（1904 年）、女子师范学堂（1906 年）等，涵盖了普通教育、军事教育、实业教育、师范教育等各个方面。

受家风影响，张之洞十分爱护学生，凡是学生与官吏发生争执或纠纷，张之洞往往偏袒学生一方。学生留学，张之洞必送行，回国必设宴接风。一日，总督衙门前有一挑水夫听人说总督今日接风的是留学生某某，挑水夫说："这学生就是我的儿子啊！"

3. 兴办洋务

张之洞兴办的诸多实业中，有两件事最具代表性。

一是督办芦汉铁路（从卢沟桥到汉口，即大名鼎鼎的京汉铁路）。张之洞提出芦汉铁路是"干路之枢纽，枝路之始基，而中国大利之萃也"，他以芦汉铁路的修筑为契机，为"图自强，御外侮；挽利权，存中学"，使武汉在商业、工业、教育、金融、交通等方面有了长足发展，成为武汉城市早期现代化的一个重要界标。京汉铁路修通后，张之洞又修了粤汉铁路。京汉铁路全长 1214 千米，粤汉铁路全长约 1060 千米，两条铁路的连接，彻底改变了中国经济。

二是把地处内陆的武汉打造成当时中国最大的重工业基地。

1889 年，张之洞调任湖广总督后，主持兴建湖北汉阳铁厂。这是我国第一个近代大型钢铁工厂，由铸铁厂、打铁厂、机器厂、造钢轨厂和炼熟铁厂等大小工厂组成，工人 3 千余人，还聘任了一批外国技师。

由于炼铁需要铁砂和煤等原料和燃料，于是张之洞派人在大冶附近勘察，兴建了中国第一个用近代技术开采的露天铁矿——大冶铁矿。张之洞先后开发了大冶三石煤矿、道士洑煤矿、江夏马鞍山煤矿和江西萍乡煤矿。就这样，以炼铁厂为中心，兼采铁、采煤和炼钢为一体，我国近代第一个，也是东亚第一座钢铁联合企业诞生了。它的建成标志着中国近代钢铁工业的兴起，为我国重工业开了先河。

除此之外，张之洞还创建了我国第一家系统完备的军工厂——汉阳兵工厂，"汉阳造"从此闻名天下，武装了中国几代军队。我们经常说"小米加步枪，赶跑小鬼子"，这里的步枪就是汉阳造。直到新中国成立后，汉阳造才逐步退出历史舞台。

自此，以武汉为中心，张之洞先后创办了汉阳铁厂、湖北一厂、大冶铁矿、汉阳铁厂机器厂、钢轨厂、湖北织布局、缫丝局、纺纱局、制麻局、制革厂等一批近代工业化企业，居全国之冠，武汉一跃成为全国的重工业基地。武汉的进出口贸易翻了数十倍，被世界誉为"东方芝加哥"，其繁华程度，只有十里洋场的上海可以与它媲美。

"湖北新政"的成功，制度创新是关键。张之洞督湖北期间，设置了很多新机构，这既是张之洞锐意创新的标志，也是张之洞推行"新政"的重要手段。因"湖北新政"孵化出的社会生产力、民族资产阶级、新式知识分子、倾向革命的士兵，最终成为封建王朝的掘墓人。

4. 参与变法

张之洞的爱国情结贯穿于他的一生，这可以从他的言行实践中看出来。1884年张之洞署理两广总督，力主抗法、筹饷备械，任用老将冯子材，击败法国军队，取得了镇南关大捷，这对于当时屡战屡败的中国而言，是一个奇迹。在甲午战争中，清廷统治者多是消极应对，但张之洞力主抗日，尽管成效不大，但尽到了一个做臣子的责任和义务，在当时的社会是难能可贵的。

由于他主张反抗侵略，又兴办洋务，维新派首领康有为在著名的"公车上书"中称张之洞"有天下之望"。谭嗣同也说："今之衮衮诸公，尤能力顾大局……要惟香帅一人。"

康有为组织强学会，张之洞捐5000两白银以充会费。帝师翁同龢（光绪帝的老师）也加入了强学会，当时有"内有常熟（翁同龢），外有南皮（张之洞）"之称，翁、张成了强学会的两大支柱。维新派在上海创刊《时务报》，梁启超主笔，汪康年为经理。张之洞以总督的名义，要湖北全省各州、县购阅《时务报》，给予报纸以经济上的支持。陈宝箴（陈寅恪的祖父）任湖南巡抚后，掀起了维新运动，包括办厂、改革教育等，得到张之洞赞同。在张之洞的影响下，陈宝箴也命令全省各州、县书院的学子阅读《时务报》。湖南成立南学会，创办《湘学报》《湘报》，张之洞利用政治力量，推销《湘学报》于湖北各州、县。但后来《湘学报》刊载了关于孔子改制和鼓吹民权思想的文章，张之洞大为不满，对湖南维新运动施加压力，还告诫陈宝箴，这件事"关系学术人心，远近传播，将为乱阶，必宜救正"。

1898年，张之洞撰写《劝学篇》，倡导"中学为体，西学为用"。6月，以所著《劝学篇》进呈，两宫均十分赞赏，定为"钦定维新教科书"。数月间，三易版本，刊印不下200万册，"不胫而遍于海内"，并译成英、法文出版。张之洞自言此书旨在"正人心，开风气"。所谓正人心，就是提倡三纲五常，维护君主专制，批判维新派的民权观。所谓开风气，就是学习西方办铁路、矿务、商务、学堂等，并没有超出洋务运动的范畴。

《劝学篇》受到守旧派的赞扬，但却遭到维新派的严厉驳斥。章太炎毫不客气地批评《劝学篇》是"多效忠清室语"，宣扬封建的忠君思想。

梁启超则评论此书："挟朝廷之力以行之，不胫而遍于海内，何足道？不三十年将化为灰烬，为尘埃野马，其灰其尘，偶因风扬起，闻者犹将掩鼻而过之。"1898 年 9 月，慈禧推翻戊戌变法后，有官员奏报："张之洞赞助过维新派，应予惩处。"慈禧以张之洞先著《劝学篇》于前，得免议。

张之洞虽为封建统治的忠实维护者，但也是心系天下的良臣。在他临终之际，摄政王载沣前去探望。张劝诫载沣安抚民众、以民为本。载沣却慰藉他："不怕，有兵在。"这一夜，张之洞没有入睡，哀叹数声"国运尽矣"，之后，终于闭上了双眼。

参考文献

曹玲，2005.美洲粮食作物的传入对我国农业生产和社会经济的影响 [J].古今农业，3：79-88.

曹志敏，2011.从漕运的社会职能看道光朝漕粮海运的行之维艰 [J].淮阴师范学院学报（哲学社会科学版），33（5）：622-628，700.

陈高佣，1986.中国历代天灾人祸表 [M].上海：上海书店.

陈云峰，2015.气象防灾减灾科普手册 [M].北京：气象出版社.

邓云特，2011.中国救荒史 [M].北京：商务印书馆.

丁晓蕾，2005.马铃薯在中国传播的技术及社会经济分析 [J].中国农史，3：14-22.

段成式，2017.酉阳杂俎 [M].张仲裁译注.北京：中华书局.

恩格斯，列宁，斯大林，1995.鸦片贸易史 [M]// 马克思恩格斯选集.北京：人民出版社.

方修琦，苏筠，尹君，等，2015.冷暖 - 丰歉 - 饥荒 - 农民起义：基于粮食安全的历史气候变化影响在中国社会系统中的传递 [J].中国科学：地球科学，45（6）：831-842.

方修琦，郑景云，葛全胜，2014.粮食安全视角下中国历史气候变化影响与响应的过程与机理 [J].地理科学，34：1291-1298.

富察敦崇，1961.燕京岁时记 [M].北京：北京出版社.

葛全胜，2010.中国历朝气候变化 [M].北京：科学出版社.

葛全胜，王维强，1995.人口压力、气候变化与太平天国运动 [J].地理研究，4：32-41.

葛全胜，方修琦，郑景云，等，2014.中国历史时期气候变化影响及其应对的启示 [J].地球科学进展，29：23-29.

葛全胜，刘浩龙，郑景云，等，2013.中国过去 2000 年气候变化与社会发展 [J].

自然杂志, 35: 9-21.

郝志新, 郑景云, 葛全胜, 等, 2011. 中国南方过去 400 年的极端冷冬变化 [J]. 地理学报, 66 (11): 1479-1485.

何炳棣, 1989. 1368-1953 中国人口研究 [M]. 上海: 上海古籍出版社.

荷马, 2015. 荷马史诗·奥德赛 [M]. 王焕生译. 北京: 人民文学出版社.

侯雨乐, 赵景波, 胡尧, 2017. 清代时期都江堰地区洪涝灾害与气候特征研究 [J]. 山地学报, 35 (6): 865-873.

黄鸿寿, 2003. 清史纪事本末 [M]. 北京: 北京图书馆出版社.

江西省轻工业厅景德镇陶瓷研究所, 1963. 中国的瓷器 [M]. 北京: 中国财政经济出版社.

蒋百里, 1945. 国防论 [M]. 上海: 商务印书馆.

蒋廷黻, 2016. 中国近代史 [M]. 北京: 民主与建设出版社.

鞠鑫, 2003. 浅析气候对太平天国北伐的影响 [J]. 连云港师范高等专科学校学报, 4: 17-20

劳拉·李, 2016. 天气的力量 [M]. 蔡和兵, 林文鹏译. 上海: 上海科学技术文献出版社.

李伯重, 2007. "道光萧条" 与 "癸未大水" ——经济衰退、气候剧变及 19 世纪的危机在松江 [J]. 社会科学, 6: 173-178.

李芳, 2011. "道光萧条" 与十九世纪上半叶的中国经济 [J]. 学术论坛, 34 (3): 185-191.

李时珍, 2016. 本草纲目 [M]. 哈尔滨: 北方文艺出版社.

李威, 巢清尘, 2018. 气候: 历史的推手——从气候变化看历史变迁 [M]. 北京: 气象出版社.

李文海, 1994. 中国近代十大灾荒 [M]. 上海: 上海人民出版社.

李玉尚, 2010. 1600 年之后黄海鲱的旺发及其生态影响 [J]. 中国农史, 29 (2): 10-21.

李玉尚, 陈亮, 2007. 清代黄渤海鲱鱼资源数量的变动——兼论气候变迁与海洋渔业的关系 [J]. 中国农史, 1: 24-32.

李忠明，张丽，2011. 论明清易代与气候变化之关系 [J]. 学海，5：159-163.

梁启超，2017. 李鸿章传 [M]. 北京：商务印书馆.

林琳，李诗元，2016. 明清时期气候变化对客家迁徙的影响 [J]. 经济地理，36
　　（12）：15-20.

刘光第，1986. 自京师与自流井刘安怀堂手札（1897 年）[M] // 刘光弟集. 北京：
　　中华书局.

刘昭民，1982. 中国历史上气候之变迁 [M]. 北京：商务印书馆.

罗尔纲，1984. 湘军兵志 [M]. 北京：中华书局.

罗香林，1933. 客家研究导论 [M]. 上海：上海文艺出版社.

陆羽，2016. 茶经 [M]，北京：线装书局.

满志敏，2000. 光绪三年北方大旱的气候背景 [J]. 复旦学报（社会科学版），6：
　　28-35.

史革新，2008. 晚清时期的自然灾害及其成因、影响约议 [J]. 湘潭大学学报，32
　　（4）：110-117.

史雪峰，2010. "丁戊奇荒"中晋商的赈灾活动 [J]. 中国减灾，17：56-57.

斯塔夫里阿诺斯，2006. 全球通史 [M]. 吴象英，梁赤民，董书慧，等译. 北京：
　　北京大学出版社.

谈迁，1960. 北游录 [M]. 北京：中华书局.

汤化，2015. 晏子春秋 [M]. 北京：中华书局.

王金香，1991. 光绪初年北方五省灾荒述略 [J]. 山西师大学报（社会科学版），4：
　　60-65.

王金香，1998. 近代北中国旱灾的特点及成因 [J]. 古今农业，1：17-30.

王景泽，2008. 明末东北自然灾害与女真族的崛起 [J]. 西南大学学报，4：48-53.

王苏民，刘健，周静，2003. 我国小冰期盛期的气候环境 [J]. 湖泊科学，15（4）：
　　369-376.

王鑫宏，2009. 20 世纪 80 年代以来"丁戊奇荒"研究综述 [J]. 防灾科技学院学报，
　　11（4）：109-114.

王延荣，2013. 河南"75·8"特大洪水灾害 [J]. 河南水利与南水北调，21：

35-39.

魏柱灯，方修琦，苏筠，等，2014. 过去 2000 年气候变化对中国经济与社会发展影响研究综述 [J]. 地球科学进展，29：336-343.

文焕然，文榕生，1996. 中国历史时期冬半年气候冷暖变迁 [M]. 北京：科技出版社

吴立广，邱文玉，周聪，2019. 影响古代战争结局的两个台风 [J]. 气象知识，4：32-36.

希福，鄂尔泰，1985. 卷十天命十一年二月甲戌 [M] // 清太祖高皇帝实录. 北京：中华书局.

夏海斌，2019. 清代京杭大运河漕运体系应对气候变化的适应性机制 [J]. 粮食科技与经济，44（11）：48-51，56.

肖杰，郑国璋，郭政昇，等，2018. 明清小冰期鼎盛期气候变化及其社会响应 [J]. 干旱区资源与环境，6（32）：79-84

萧一山，2006. 清代通史 [M]. 上海：华东师范大学出版社.

徐天新，许平，王红生，等，2017. 世界通史 [M]. 北京：人民出版社.

周公旦，2014. 周礼 [M]. 徐正英，常佩雨译注. 北京：中华书局.

严中平，2012. 中国近代经济史统计资料选辑 [M]. 天津：中国社会科学出版社.

杨松水，朱定秀，孙玮，2007. 从嘉庆甲戌年皖中旱灾赈济看清代社会救助的特点 [J]. 淮北煤炭师范学院学报，28（3）：1-4.

杨西明，2000. 灾赈全书 [M]. 北京：北京出版社.

叶静渊，1991. 中国农学遗产选集 [M]. 北京：中国农业出版社.

叶梦珠，来新夏，2007. 阅世编 [M]. 北京：中华书局.

叶瑜，方修琦，葛全胜，等，2004. 从动乱与水旱灾害的关系看清代山东气候变化的区域社会响应与适应 [J]. 地理科学，6（24），680-686.

易山明，2015. 明朝灭亡与"小冰期" [J]. 华北水利水电大学学报（社会科学版），31（5）：145-148.

翟乾祥，1989. 清代气候波动对农业生产的影响 [J]. 古今农业，1：112-118.

张德二，Demaree G，2004. 1743 年华北夏季极端高温：相对温暖气候背景下的

历史炎夏事件研究 [J]. 科学通报，49（21）：2204-2210.

张德二，梁有叶，2016. 1730 年夏季黄淮地区暴雨极端事件研究 [J]. 气候变化研究进展，12：407-412.

张丕远，1996. 中国历史气候变化 [M]. 济南：山东科学技术出版社.

张丕远，龚高法，1979. 十六世纪以来中国气候变化的若干特征 [J]. 地理学报，34（03）：238-246.

张善余，2007. 中国人口地理 [M]. 北京：科学出版社.

张永宁，2019. 中国旱涝五百年 [EB/OL].（2019-06-24）[2020-10-01]. http://tq121.weather.com.cn/sciname/modules/datanew/pc/index.html.

赵尔巽，1998. 清史稿 [M]. 北京：中华书局.

赵桅，2014. 明实录 清实录烟瘴史料辑编 [M]. 北京：中央民族大学出版社.

郑国光，2018. 中国气候 [M]. 北京：气象出版社.

中国社会科学院近代史所，1982. 近代史资料：总第 49 号 [M]. 北京：中国社会科学出版社.

竺可桢，1973. 中国近五千年来气候变迁的初步研究 [J]. 中国科学，2：168-169.

朱良津，1996. 清代后期贵州鸦片广泛种植对农业的冲击破坏 [J]. 古今农业，4：54-61.

Marthes F E, 1939. Report of Committee on Glaciers, April 1939[R]. Transactions of the American Geophysical Union, 20：518-523.

清代皇帝年表

庙号	姓名	年号	在位时间
清太祖	努尔哈赤	天命	1616—1626 年（在位 10 年）
清太宗	皇太极	崇德	1626—1643 年（在位 7 年，加后金时期共 17 年）
清世祖	福临	顺治	1644—1661 年（在位 18 年）
清圣祖	玄烨	康熙	1661—1722 年（在位 61 年，在位最长）
清世宗	胤禛	雍正	1722—1735 年（在位 13 年）
清高宗	弘历	乾隆	1736—1796 年（在位 60 年，实际执政 63 年）
清仁宗	颙琰	嘉庆	1796—1820 年（在位 25 年）
清宣宗	旻宁	道光	1820—1850 年（在位 30 年）
清文宗	奕詝	咸丰	1850—1861 年（在位 11 年）
清穆宗	载淳	同治	1861—1875 年（在位 13 年）
清德宗	载湉	光绪	1875—1908 年（在位 34 年）
清宪宗 / 清恭宗	溥仪	宣统	1909—1912 年，1917 年（复辟）（在位 3 年）

说明：关于"清成宗"多尔衮

皇太极的父亲努尔哈赤建立了后金政权，为后金大汗，1626 年努尔哈赤病逝，后追尊为清太祖。1643 年，皇太极驾崩，其弟多尔衮为摄政王，辅佐皇太极第九子福临，即顺治帝。1650年冬，多尔衮死于塞北狩猎途中，被追封为"清成宗"。但在1651年，顺治宣布多尔衮十四条罪状，追夺一切封典，毁墓掘尸。直到100多年后，乾隆当政时，发布诏令，为多尔衮翻案，下令为他修复坟茔，复其封号，"追谥曰忠，补入玉牒"。

1616 年　女真部落首领努尔哈赤建立后金政权（后改国号为"大清"）。

1619 年　萨尔浒之战。后金与明军的战略性决战，明军惨败，丧失辽东的控制权，后金不久之后攻占辽东各主要城市。

1624 年　荷兰占领中国台湾。

1626—1627 年　宁锦之战。努尔哈赤进攻明朝名将袁崇焕把守的宁远城，不克，为大炮所伤，1626 年病逝。1627 年皇太极攻宁锦，再次被袁崇焕打败。

1635 年　皇太极招降蒙古末代可汗林丹汗之子额哲。蒙古帝国汗位自此断绝，蒙古帝国消亡。

1640—1642 年　松锦会战。此战开始于清军围困锦州，结束于松山城被清兵攻陷，以明军惨败告终。明军主帅洪承畴、祖大寿等先后投降，明朝倾尽国力打造的精锐部队损失殆尽。松锦会战是明、清在辽西战场的最后一仗，也是皇太极军事生涯中的精彩之作。

1644 年　李自成率领农民起义军攻占北京，明朝末代皇帝崇祯上吊自杀身亡，明朝统治被推翻。同年，清军入关，击败李自成的起义军，占领

北京，顺治成为入主中原的第一个清朝皇帝。明朝遗臣在南京拥立明宗室福王朱由崧建立弘光政权，史称南明。

1645 年　清军继续南下，颁布强制剃发易服令。

1661—1662 年　郑成功收复台湾。

1662 年　南明永历帝朱由榔被杀，明朝的最后残余力量消亡，南明覆灭。

1670 年　康熙朝颁布《圣谕十六条》。

1673—1681 年　清初三个藩王（云南平西王吴三桂、广东平南王尚可喜、福建靖南王耿精忠）造反，史称"三藩之乱"，后被康熙帝平定。

1683 年　福建水师提督施琅率军渡海攻占台湾，台湾郑氏归降清朝。

1685 年　中俄雅克萨之战。清军完胜沙俄军队。

1689 年　《中俄尼布楚条约》签订。条约明确划分了中俄两国东西边界，这是中国清朝和沙皇俄国签订的第一份边界条约，也是中国与西方国家缔结的第一份国际条约。

1690—1696 年　康熙皇帝三征准噶尔汗国。准噶尔汗噶尔丹兵败服毒自杀。

1691 年　多伦会盟。康熙在多伦诺尔（多伦）与蒙古各部贵族进行会盟，通过会盟，清帝国加强了北方边防和对喀尔喀蒙古的控制。

1710—1716 年　编撰《康熙字典》。《康熙字典》由总纂官张玉书、陈廷敬主持，共收录汉字四万七千零三十五个（47035 个），为汉字研究的主要参考资料之一。

1712 年　清廷颁令，以康熙五十年（1711 年）的丁税额数作为定额，以后新增人丁不收丁税，即"盛世滋丁，永不加赋"。

1713 年　清廷册封西藏班禅呼图克图为"班禅额尔德尼"。班禅是梵文"班智达"（意为博学）和藏文"禅波"（意为大）的简称，藏传佛教认为班禅是"月巴墨佛"，即阿弥陀佛的化身。"额尔德尼"是满语词，意为"珍宝"。

1723 年　雍正时代开始推行"地丁合一""摊丁入亩"。同年施行耗羡归公和养廉银措施，以此增加中央财政收入，限制地方横征暴敛。

1724 年　抚远大将军年羹尧平定罗卜藏丹津叛乱，收复青海，十余万和硕特部蒙古归顺清朝。

1727 年　清朝设立驻藏大臣，代表清朝中央政府与达赖、班禅共同管理西藏。同年，中俄签订《恰克图条约》。

1732 年　雍正将军机房改为军机处，成为总理军国要务的机构，加强了君主专制。

1747—1776 年　乾隆朝平定四川大小金川叛乱。

18 世纪中期　乾隆朝平定维吾尔贵族大小和卓叛乱，天山南路重新纳入中国版图。

1762—1769 年　清缅战争。战争以 1762 年冬缅甸入侵中国云南普洱地区、清军自卫反击为开端，以双方签订停战合约收场。

1771 年　西迁伏尔加河下游的漠西蒙古土尔扈特部，穿过沙俄军队的围追堵截，万里跋涉，回归中国。

1773—1792 年　在乾隆的主持下，数百位官员和学者参与编撰《四库全书》，数千人抄写，分"经、史、子、集"四部，故名"四库"。《四库全书》是中国古代最浩大的文化工程之一，共 3.6 万余册，约 8 亿字，是对中国传统文化的一次系统、全面的总结，囊括文、史、哲、理、工、农、医等各领域。

1786—1788 年　台湾汉族和高山族人民为反对清朝统治者的压迫和剥削，在林爽文领导下掀起农民起义，史称"林爽文起义"。

1793 年　英国派马戛尔尼使团访华，与清政府建立外交通商的目的没有达成，但沿路收集到了大量情报，为英国侵华战争做好了准备。

1796 年　乾隆举行内禅大典，嘉庆即皇帝位，尊乾隆为太上皇，但乾隆仍操纵朝政。

1796—1805 年　川陕白莲教起事。

1799 年　乾隆驾崩后，嘉庆帝处死贪官和珅，抄出其家产多达 8 亿两白银，民间流传"和珅倒，嘉庆富"。

1813 年 8 月　嘉庆帝颁布严禁吸食鸦片的法令。

1816 年　英国政府派使团前来中国商谈通商问题，缓解中英贸易冲突，但因拒绝向嘉庆帝行三跪九叩礼而未能完成使命。

1839 年　虎门销烟。钦差大臣林则徐 3 月抵达广州禁烟，6 月在虎门销毁鸦片，点燃第一次鸦片战争导火线。

1840—1842 年　第一次鸦片战争。英国以虎门销烟为借口发动侵华战争，中国战败。中英双方签订近代中国历史上第一个不平等条约《南京条约》，中国开始沦为半殖民地半封建社会。

1841 年　三元里抗英事件。第一次鸦片战争期间，英国军队与中国人民群众在广州市郊外三元里发生的战斗事件，英国侵略者惨遭痛击，史称"三元里抗英事件"。

1844 年　继英国之后，美国和法国分别与中国签订不平等条约《中美五口贸易章程》和《黄埔条约》。

1851 年　清末规模最大的农民武装起义"太平天国运动"爆发。

1853 年　太平天国颁布《天朝田亩制度》，确定"凡天下田，天下人同耕"的原则，这项举措受到后人重视。但此制度也存在空想、理想主义，最终无法实现。

1858 年　俄、美、英、法联军攻陷大沽炮台，强迫清政府与各国签订不平等条约《天津条约》。同年，俄国进兵瑷珲，与清政府签订不平等条约《瑷珲条约》。

1859 年　太平天国颁布《资政新篇》，指导思想是"治国必先立政，而为政必有取资"，这是中国近代第一个较完整的向西方资本主义学习、具有资本主义性质的改革方案。

1860 年　英法联军攻陷北京，焚烧圆明园。清政府被迫与英、法签订不平等条约《北京条约》。

1861 年　慈禧太后与恭亲王奕䜣联合发动"辛酉政变"。

1861 年　曾国藩创立中国第一家官办军用企业"安庆内军械所"，后于 1864 年迁南京，改建为金陵机器制造局，这是中国依靠自己力量建立的第一个近代军工企业。同年，清朝设立总理各国事务衙门，简称"总署"，主管清政府的外交事宜，负责人为恭亲王。

1862 年　京师同文馆正式成立，1902 年并入京师大学堂，为北京大学前身。

1864 年　太平天国运动失败。

1877 年　福建巡抚丁日昌在台湾架设第一条电报线，成为中国自办电报的开端。

1878 年，左宗棠收复新疆。

1881 年　中国自建的第一条标准轨运货铁路唐胥铁路（唐山—胥各庄铁路）建成，总长 9.3 千米。铁路建成后，火车用骡马牵引，所以被世人称为"马车铁路"。现为北京至沈阳铁路的一段。

1881 年　中俄签订《改订条约》，收回伊犁是中国近代以来难得的一次外交胜利，中国的"天才外交官"曾纪泽迫使俄国交出侵占的中国领土，创造了外交史上的一个奇迹。

1883 年　中法战争开始。法国侵占越南后，打开了中国西南的门户，首次取得了在中国修筑铁路的特权。

1884 年　清政府在新疆设立行省，加强对西北边疆的管辖，巩固边防。

1885 年　《中法条约》签订。虽然清军取得镇南关大捷，但由于清统治者的懦弱，妥协投降政策造成胜利的成果被葬送，使得中国不败而败，法国不胜而胜。

1894—1895 年　中日甲午战争爆发。战争以日军胜利、清政府北洋海军全军覆没告终，标志着长达 35 年的洋务运动宣告破产。中日签订不平等条约《马关条约》，中国割让台澎及辽东半岛，加深了中国的半殖民地化程度。

1894 年　兴中会成立。兴中会是中国国民党最早的前身，是孙中山领导成立第一个资产阶级革命团体。

1895 年　公车上书。康有为、梁启超领导 1000 多名举人联名上书光绪皇帝，反对清政府签订丧权辱国的《马关条约》，拉开"维新变法"的序幕。

1898 年　光绪皇帝颁布"明定国是"诏书，宣布变法，史称"戊戌变法"，即百日维新变法。同年，慈禧太后发动"戊戌政变"，持续了百余日的维新变法失败。戊戌六君子被杀，康有为、梁启超等逃往国外。

1900 年　八国联军发动侵华战争。八国联军以镇压义和团为名，开启又一次瓜分和掠夺中国的侵略战争。

1901 年　清朝被迫与列强签订《辛丑条约》，中国彻底沦为半殖民地半封建社会。

1911—1912 年　辛亥革命。辛亥革命是旨在推翻清朝专制帝制、建立共和政体的全国性革命，领导人有孙中山、黄兴等，发动了两次具有划时代意义的战役：黄花岗起义和武昌起义。辛亥革命推翻了满清政府，结束了中国两千多年的封建帝制。

1912 年　末代皇帝溥仪宣布退位，清代结束。

1602 年　荷兰东印度公司成立。荷兰东印度公司是世界上第一个发行股票、自组佣兵、发行货币的公司。拥有与其他国家签订条约、对殖民地进行统治的特权，是具有国家职能、向东方进行殖民掠夺和垄断东方贸易的大型跨国商业公司。

1603 年　英格兰伊丽莎白一世女王去世，苏格兰国王继承英格兰，两个王国首次在同一君主统治之下，但互不隶属，也没有形成邦联。

1602—1612 年　奥斯曼帝国（土耳其）和波斯萨非王朝（伊朗）历时 10 年战争，最终萨非王朝获胜，夺取伊朗西部、两河流域和外高加索的大片土地。

1614—1615 年　德川家康消灭丰臣氏势力，建立德川幕府，结束日本战国时代，统一全国。

1618—1648 年　三十年战争，也称"宗教战争"。这是由神圣罗马帝国的内战演变为一次大规模的欧洲国家混战，也是历史上第一次全欧洲大战。战争以哈布斯堡王朝（德意志）战败并签订《威斯特伐利亚和约》而宣告结束。

1621 年　荷兰西印度公司成立，主营荷兰在美洲和西非的贸易。

1623—1639 年　奥斯曼帝国（土耳其）和波斯萨非王朝（伊朗）的16 年战争，前半阶段萨非王朝夺取了伊拉克等地，后半阶段奥斯曼帝国反攻，夺回伊拉克。

1633 年　日本颁布锁国令（又称海禁），禁止对外交通和贸易，仅允许与国外指定对象进行贸易，直到 1854 年美国海军将领培里率舰叩关为止。

1639 年　唐斯海战。荷兰海军与西班牙海军在英吉利海峡唐斯湾进行海战，西班牙海军战败，荷兰舰队则经此一战成为当时世界最强大的海军力量。

1640 年前后　俄国基本掌控了整个西伯利亚地区，成为世界上面积最大的国家。

1640—1688 年　英国资产阶级革命。从 1640 年查理一世召开新议会到 1688 年议会反对派发动宫廷政变（又称光荣革命），是以新贵族阶级为代表推翻专制统治建立起英国民主制度的社会革命。

1643 年　罗克鲁瓦战役。法国军队击溃西班牙军队，宣告法国陆军称霸欧洲大陆时代的到来。

1648 年　波斯萨非王朝（伊朗）打败莫卧儿帝国（蒙古人在印度建立的封建专制王朝），夺回坎大哈等阿富汗土地。

1652—1654 年　第一次英荷战争。荷军战败，英荷双方签订《威斯敏斯特和约》，荷兰承认英国之前颁布的《航海条例》。

1654—1667 年　俄波战争。俄国利用乌克兰哥萨克起义对波兰发动了兼并乌克兰的战争，最后以波兰失败和乌克兰被俄、波两国瓜分而告终。

1655—1660 年　第一次北方战争（波兰—瑞典战争）。瑞典为扩大波罗的海的领土，联合勃兰登堡对波兰宣战，赶走波兰国王约翰二世，取得初步胜利。随后，俄国、丹麦和奥地利对瑞宣战，勃兰登堡也背弃瑞典加入联盟。瑞军被逐出波兰后，两次侵犯丹麦，割取了丹麦约三分之一的领地。直到战争结束时，各国间矛盾并没有解决，为四十年后的第二次北方战争埋下导火索（大北方战争）。

1660 年　英国斯图亚特王朝复辟成功，查理二世回国登基。查理二世被后世公推为"英国史上十二位最伟大君主"之一。

1665—1667 年　第二次英荷战争。风水轮流转，这次荷兰海军取得大捷。

1672—1674 年　第三次英荷战争。英、法两国联合入侵荷兰，荷兰人以惨重的代价击退英、法联军。

1672—1678 年　法荷战争。法国获胜，开始称霸欧洲，法国国王路易十四被称为"太阳王"，号称路易大帝。

1682—1725 年　俄国彼得大帝在位时期，实施改革，全面学习西欧先进技术。

1683—1699 年　俄、奥、波为首的欧洲诸国联军与奥斯曼帝国发生战争，以奥斯曼帝国失败告终。土耳其军割让其控制的欧洲领土，包括奥斯曼帝国的匈牙利。自此，土耳其无力再对欧洲实行扩张政策，在欧洲战线上转攻为守。

1688—1689 年　英国"光荣革命"。詹姆士二世的统治被推翻，英国《权利法案》颁布，标志着君主立宪制的确立。

1688—1697 年　大同盟战争，也称九年战争。由于法国国王路易十四想在欧洲大规模扩张势力，遭到神圣罗马帝国、荷兰、英国、瑞典等国家组成同盟联合对抗，由此引发战争。最后双方停战谈判，在互相妥协下签订《里斯维克和约》。这场战争使法国在欧洲的霸权受到削弱，但仍保住了欧洲大陆最强国的地位。

1692 年　拉乌格海战。大同盟战争中决定性的战役，在法国瑟堡半岛一带海域，英、荷舰队打败法国海军，取得制海权的优势，法国海军的巅峰时代结束。

1697 年　森塔战役。俄、奥、波为首的欧洲诸国联军与奥斯曼帝国的战争期间一场关键性战役，在塞尔维亚南部森塔东边的蒂萨河，奥地利青年将领欧根亲王（欧洲历史上最杰出的军事统帅之一）突袭并击溃正在渡

河的奥斯曼帝国军队，以不到 2000 人的伤亡造成了对方近 3 万人的死伤。

1700—1721 年　俄国与瑞典进行北方战争。俄国彼得大帝为了夺取波罗的海出海口与瑞典进行了一场长达 21 年之久的大战，最终俄国战胜瑞典，拿下出海口，为俄国的崛起打下坚实基础。

1701 年　普鲁士王国成立。勃兰登堡—普鲁士公爵腓特烈三世在哥尼斯堡加冕成为普鲁士国王腓特烈一世，开启普鲁士王国的历史。170 年后，普鲁士国王威廉一世宣布建立以普鲁士王国为首的德意志帝国，成为德意志帝国的皇帝，普鲁士历史从此并入德意志帝国历史。

1703 年　英国和葡萄牙签定《梅休因条约》。条约为英国产品在葡萄牙销售打开了市场，阻碍了葡萄牙工业的发展。

1707 年　英格兰和苏格兰的国会分别通过了《合并法案》，正式合并为一个共主邦联，即"大不列颠王国"。

1710—1711 年　第三次俄土战争。战争爆发后，彼得大帝于 1711 年亲征普鲁特河，陷入土耳其和鞑靼军队的重围，最终以俄国失败告终。俄国被迫放弃亚速，亚速重归土耳其。

1713 年　奥地利颁布《国本诏书》。奥地利大公兼神圣罗马帝国皇帝查理六世颁布《国本诏书》，宣布帝国所有世袭领地不可分割，王位传长子，无子则传长女。

1713 年　《乌得勒支和约》签订。1700 年的西班牙王位继承战争，吸引了英、荷、奥等国结盟与法国作战，最后英、法两国在荷兰的乌得勒支签订和约。《乌得勒支和约》瓜分了西班牙王国，并成为划定后来欧洲民族国家疆界的基础。

1716—1718 年　第二次奥土战争。奥地利统帅欧根亲王率奥军大败土军，土耳其被迫求和，双方签订《帕萨罗维茨和约》。奥地利取得巴纳特、塞尔维亚北部、波斯尼亚和瓦拉几亚部分地区。

1716—1745 年　日本享保改革。德川幕府第八代征夷大将军德川吉宗在位期间的幕政改革，最大功绩在于稳定了米价，使社会呈现稳定的局面。享保改革与宽政改革、天保改革并称为江户时代三大改革。

1700-1780 年　法国启蒙运动。18 世纪初至 80 年代，发生在法国的思想解放运动，其斗争对象是封建专制制度及天主教会势力。启蒙运动是法国大革命的前夜，它在政治、思想和理论上为西方后来的经济社会高速发展奠定了坚实的基础，对整个西方近代文明产生了深远的影响。

1730—1731 年　伊斯坦布尔起义。土耳其伊斯坦布尔人民为反对封建专制统治而发动起义，迫使苏丹阿赫美德三世处死宰相并退位。

1735—1739 年　第四次俄土战争。为夺取黑海北岸和克里木半岛，俄国向土耳其开战。双方于 1739 年停战并签订《贝尔格莱德和约》，亚速再次归俄国所有。

1737—1739 年　第三次奥土战争。奥地利对土耳其宣战，奥军惨败，被迫议和并签订《贝尔格莱德和约》。奥地利割让其占有的塞尔维亚北部以及波斯尼亚和瓦拉几亚部分地区。

1740 年　印度尼西亚红溪惨案。荷属东印度公司在爪哇的巴达维亚（今雅加达）大规模屠杀华人，屠杀持续七天，近万名华侨被杀。因肇事地点之一为城西一条名为红溪的河，故称红溪惨案。

1740—1748 年　奥地利王位继承战争。奥皇查理六世死后其长女特蕾西亚承袭父位。普鲁士王国、法国、西班牙、巴伐利亚、萨克森、皮埃蒙特、撒丁王国、那不勒斯王国等拒绝承认特蕾西亚的继承权，而奥地利、英国、俄国、波希米亚王国、匈牙利、荷兰、西里西亚全力支持特蕾西亚的继承权，由此而爆发长达八年之久的奥地利王位继承战争。

1756—1763 年　七年战争。欧洲主要强国均参与了这场战争，战场遍及欧洲、北美、中美洲、西非海岸、印度和菲律宾群岛。普鲁士王国与英国建立联盟，法兰西和奥地利缔结同盟。战争造成 90 万～ 140 万人死亡，以签订《巴黎和约》和《胡贝尔图斯堡和约》为结束。

18 世纪 60 年代—19 世纪中叶　欧洲第一次工业革命。这是一场以英国人瓦特改良蒸汽机为开始，以机器取代人力，以大规模工厂化生产取代个体工场手工生产的生产与科技革命，是资本主义工业化的早期历程。

1763—1766 年　北美印第安人庞蒂亚克战争。以庞蒂亚克为首的北美

印第安人反对英国殖民统治的战争，最终英国宣布尊重印第安人的领土和权利，达成和平协议，结束战争。

1765年　印花税法案。英国议会通过《直接纳税法案》，要求北美殖民地的印刷品使用伦敦特制的带有浮雕印花税票的印花纸，进而上交印花纸的税费。法案激化了英国本土与北美殖民地的矛盾并加剧了抗税运动，最终在1766年3月被撤销。

1768—1774年　第五次俄土战争。由奥斯曼帝国反对俄国在波兰扩大势力而引起的战争，最后双方于1774年签订和约，确认俄国在这次战争中的胜利，保障俄国自由进入黑海。

1769年　英国探险家詹姆斯·库克船长首次发现新西兰。

1770年　波士顿惨案。英国殖民当局屠杀北美殖民地波士顿民众引发的流血事件，该事件与印花税条例、唐森德税法、波士顿惨案是引发美国独立战争的一系列导火索。

1775—1783年　美国独立战争。为对抗英国的经济政策，北美人民奋起抗争，战争始于1775年4月的莱克星顿枪声。1776年7月大陆会议通过《独立宣言》，宣告美国诞生。1783年9月，英王代表与殖民地代表签订条约，英国正式承认美利坚合众国成立。

1787年　《越法凡尔赛条约》签订。法国派兵援助越南阮王阮福映，阮王将沱㶚港（岘港）和昆仑岛割让给法国，这是越南与法国签订的第一个不平等条约。

1787—1791年　第六次俄土战争。战争以俄方获胜告终，俄土签定《雅西和约》，土耳其承认俄国兼并克里米亚和格鲁吉亚，俄国获得黑海不冻港的出海口。

1789—1791年　美国通过《人权法案》。美国召开制宪会议制定宪法，但宪法中基本未提及人民的民主权利。后在群众压力和资产阶级民主派的斗争下，通过了宪法修正案，于1791年12月正式生效，即著名的《人权法案》。

1789年　法国大革命爆发。统治法国多个世纪的波旁王朝及其统治下的君主制在随后三年内土崩瓦解，宗教特权和封建传统观念逐渐被全新的天赋人权、三权分立等的民主思想所取代。

1790—1804 年　海地革命。在美国独立战争和法国大革命影响下，海地的黑奴和黑白混血种人为反对法国、西班牙殖民统治和奴隶制度，爆发革命并获得胜利，建立了独立的海地共和国。

1792—1804 年　法兰西第一共和国成立，这是法国大革命期间建立的法国历史上第一个资产阶级共和国。

1793—1797 年　第一次反法同盟建立。1793 年前法兰西王国国王路易十六被处决后，神圣罗马帝国与大英帝国、普鲁士王国、西班牙帝国、荷兰共和国和撒丁王国组成第一次反法同盟。同盟在 1797 年因联军被拿破仑率领的法国、意大利联军打败，被迫议和而土崩瓦解。

1799—1802 年　第二次反法同盟建立。1799 年欧洲列强趁拿破仑军队困于埃及，由神圣罗马帝国联同英国、奥斯曼帝国、俄国组成第二次反法同盟，发动反法战争。同年底拿破仑只身返国，发动"雾月政变"，取得法国军政大权，回头对付反法各国，各国被迫与拿破仑议和，第二次反法同盟解散。

1800 年　荷兰东印度公司解散。

1801 年　英国与爱尔兰合并。英格兰先后与威尔士、苏格兰合并；1801 年 1 月 1 日又与爱尔兰合并，成立大不列颠与爱尔兰联合王国。

1804—1813 年　俄伊战争。俄国同伊朗争夺外高加索和里海沿岸统治权的战争，伊军战败。

1804—1814 年　法兰西第一帝国成立。拿破仑建立的第一个君主制度国家，取代法兰西第一共和国，拿破仑称帝，鼎盛时期占据大半个欧洲。其间拿破仑推行大陆封锁政策，意在通过对英贸易政策来打击英国，建立霸权。但最终政策失败，成为导致拿破仑帝国垮台的重要原因之一。

1805 年　第三次反法同盟建立。1805 年 7 月，奥地利加入了反法同盟，联同英国、俄国、那不勒斯王国、瑞典结成第三次反法同盟，向拿破仑宣战，但最终战败。奥地利退出反法同盟。

1806—1807 年　第四次反法同盟建立。英国、俄国、普鲁士王国、瑞典四国组成第四次反法联盟，重新发动欧洲战争。随着法国与俄国、普鲁士王国结成联盟，共同对付英国，第四次反法联盟结束。

1806—1812 年　第七次俄土战争。土耳其在拿破仑的支持下对俄国发动的战争，但战败，后与俄国签订《布加勒斯特和约》，承认罗马尼亚的比萨拉比亚和西格鲁吉亚并入俄国。

1807 年　法国同俄国、普鲁士王国签订《提尔西特和约》，条约剥夺了普鲁士王国大半的领土，迫使普鲁士王国裁军和赔款。

1808—1814 年　西班牙革命。拿破仑进攻西班牙，囚禁西班牙国王，引发马德里人民起义，击败法军。西班牙建立君主立宪国。

1809 年　第五次反法同盟建立。英国和奥地利结盟，由奥地利出兵与法国作战，结果战败，奥地利被迫签订《肖恩布鲁恩和约》。战争结束后，拿破仑几乎占领了除英国、俄国以外的整个欧洲。

1812 年　1812 年卫国战争。拿破仑为夺取欧洲霸权，发动侵俄战争，受严寒气候影响，最终兵败撤退，俄国取得胜利。

1812—1814 年　美英战争。美国为争夺英属殖民地加拿大而进行的战争，最终两国签订《根特和约》，英国承认美国独立，美国则放弃对加拿大的领土要求。

1813 年　第六次反法同盟建立。英国、俄国、普鲁士王国、瑞典、奥地利结盟，在莱比锡战役中，巴黎沦陷，拿破仑被迫退位。

1815 年　第七次反法同盟建立。拿破仑东山再起，建立"百日王朝"。英国、俄国、普鲁士王国、奥地利、撒丁五国及其他小国组成第七次反法联盟，击败法军，"百日王朝"垮台。

1821—1829 年　希腊独立战争。战争结束了土耳其对希腊近四百年的军事专制统治，为希腊赢得了独立。

1824—1826 年　第一次英缅战争。英国对缅甸宣战，并在战争中胜出，双方签订《杨达波条约》，缅甸由独立的封建国家开始沦为半殖民地半封建社会。

1826—1828 年　俄伊战争。伊朗战败，与俄国签订割地、赔款、通商等条约。

1830 年　法国爆发七月革命，推翻复辟的波旁王朝，结束君主专制。同年，为摆脱沙皇俄国统治，波兰人民发动起义但失败。

1830—1843 年　日本天保改革。为维护和巩固封建君主专制制度，天保年间幕府及各藩进行政治改革，但未能缓和社会矛盾，反而导致经济混乱，引起社会各阶层的不满，最终改革失败。

1837—1841 年　赫拉特冲突。因伊朗企图占领赫拉特而引起的形式上是英国与伊朗、实际上是英国与俄国的冲突。

1838—1842 年　第一次阿富汗抗英战争。英国企图与阿富汗结盟，但谈判无果，随后阿富汗转投俄国，英国以此为借口发动战争。最后阿富汗取得胜利。

1841 年　签订《伦敦海峡公约》。英国、俄国、奥地利、普鲁士王国、法国、土耳其 6 国在伦敦签订关于管理黑海海峡的条约，首次约定将黑海海峡置于国际监督之下。

1846—1848 年　美 - 墨战争。美国企图吞并德克萨斯地区，墨西哥对美宣战。结果墨西哥损失大半领土，美国夺取了 230 万平方千米的土地，从此成为美洲的主宰大国。

1848 年　西西里起义。西西里岛人民击败国王的军队，建立了资产阶级自由派的临时政府，揭开了意大利资产阶级革命的序幕。

1848 年　《共产党宣言》发表。《共产党宣言》是第一部完整而系统地阐述科学社会主义基本原理的伟大著作，是马克思和恩格斯为共产主义者同盟起草的纲领。

1848 年　法国二月起义。法国人民及资产阶级对七月王朝的反动统治极为不满，通过"宴会运动"进行革命宣传和群众动员。政府禁止举行宴会运动后，巴黎群众起义，资产阶级取得政权，建立了法兰西第二共和国。

1854 年　《日美和好条约》签订。美国强迫日本签订对美开放条约，

导致日本锁国体制的全面崩溃。

1853—1856 年　第九次俄土战争。因争夺巴尔干半岛的控制权而在欧洲大陆爆发的一场大规模战争，以俄国的失败而告终。

1856—1857 年　英 - 伊战争。英国企图干涉伊朗收复属地而引起的战争，最后双方签订停战合约，伊朗放弃收复领土要求。

1861—1867 年　墨西哥反英法西战争。墨西哥反抗英、法、西班牙三国共同入侵，历经六年战争，最后取得反英法西入侵战争的胜利。

1864 年　第一国际成立。英、法、德、意四国工人代表在伦敦成立国际工人联合会，即"第一国际"，其任务是在国际范围内组织各国工人阶级的力量，保卫工人阶级的利益，为工人阶级的解放而战斗。

1867 年　美国花费 720 万美元，从俄国买下阿拉斯加。

1867 年　英国第二次议会改革。资产阶级向保守势力发出的民主化改革，并取得成功。议会规定：重新调整选区，降低选举资格限制，资产阶级开始主导英国的国家命运。同年，英国议会通过《英属北美法》，同意加拿大获得自治领导地位。

1868 年　日本王政复古。明治天皇宣布废除幕府，权利重新归于天皇，明治维新运动开始。

1868—1878 年　古巴第一次独立战争。为摆脱西班牙殖民统治，古巴人民爆发的战争，也称十年战争，是古巴三十年解放战争的第一阶段。

1870 年　普法战争。法国与普鲁士王国为争夺欧洲大陆势力范围、获取霸权地位而爆发的战争，法国失败。

1871 年　巴黎公社成立。法国在普法战争中战败，签定了丧权辱国的割地赔款条约，引发了巴黎人民的反抗，成立了以工人阶级为代表、无产阶级为政权的巴黎公社，但仅维持了两个月而最终失败。

1877—1878 年　第十次俄土战争。俄国及其盟友与奥斯曼帝国为争夺势力范围而导致的战争，后交战双方签订停战协定《圣斯特法诺条约》，但引发英德等欧洲大国不满，为修改《圣斯特凡诺条约》召开柏林会议，签订《柏林条约》。

1878—1880 年　第二次阿富汗抗英战争。第一次英阿战争后，阿富汗近俄远英，随后英军入侵阿富汗，将其沦为英国的附属国。阿富汗人民不甘屈服，举行起义，胜利抗击英国侵略。

1879—1883 年　南美太平洋战争。智利、秘鲁和玻利维亚三国为争夺硝石资源而爆发的战争，也称"硝石战争"。最终秘鲁、玻利维亚战败，向智利割让领土。

1882 年　德奥意三国同盟。第一次世界大战前，为孤立法国、牵制俄国，德国、奥匈帝国和意大利缔结同盟。

1882 年　签订《朝美修好通商条约》。在清朝的斡旋下，朝鲜和美国签订不平等条约，是朝鲜与欧美国家缔结的第一个条约，标志着朝鲜门户开放。

1882 年　签订《济物浦条约》。日本以朝鲜"壬午兵变"为契机，借口日本人在朝鲜被杀，在济物浦（仁川）强迫朝鲜签订不平等条约。

1882 年　英埃战争。英国为镇压埃及人民民族解放运动，在埃及建立殖民统治而进行的侵略战争，战争结果使埃及从半殖民地完全沦为英国的殖民地。

1887 年　签订《再保险条约》。再保险条约是德国为了与俄国建立良好关系，孤立法国而秘密与俄国签订的条约。

1889 年　日本颁布《明治宪法》。

1889 年　第二国际成立。即"社会主义国际"，是工人运动的世界组织。第二国际做出的影响世界的举措包括：宣布每年五月一日为国际劳动节、宣布每年 3 月 8 日为国际妇女节、创始八小时工作制运动等。

1891—1893 年　法俄同盟建立。法国和俄国为对抗德奥意同盟形成的秘密军事同盟，标志着欧洲两大军事集团开始对峙。

1895—1898 年　古巴独立战争。古巴人发动起义，推翻西班牙在古巴长达 400 年的殖民统治。

1898 年　菲律宾独立宣言。菲律宾人民发动起义，推翻西班牙殖民统治。

1899 年　美国"门户开放"政策。美国针对列强掀起瓜分中国的狂潮而提出的对华政策：列强在中国都有进行贸易的权利。

1899 年、1907 年　海牙和平会议。1899 年和 1907 年在荷兰海牙先后召开的两次国际和平会议。海牙公约具有普遍效力，许多原则和规则为国际公认的惯例，适用于一切国家。

1899—1903 年　哥伦比亚三年内战，也称千日战争。哥伦比亚解放后，保守党与自由党为了政权和利益发动内战，历时千余天。最终自由党宣布投降，战争结束。

1899—1906 年　美菲战争，也称菲律宾独立战争。美国意图兼并菲律宾为新殖民地，菲律宾成立的第一共和国为对抗美国向其宣战。最终美国胜利，菲律宾第一共和国瓦解。

后记

关于如何区别看待古代"冷抑暖扬"的文明韵律与当今全球变暖"弊大于利"的客观事实

1975年，哥伦比亚大学布勒克教授预测"大气中二氧化碳的含量上升，会导致明显的全球变暖"，并在全球范围内首次提出了"全球变暖"的概念。现如今"全球变暖"已深入人心，气候变暖后所带来的一系列问题，如冰川融化、海平面上升、热浪侵袭、暴雨洪涝频发等，已经引起越来越多人的重视，人们的环保意识在不断提升，"低碳出行""绿色生活"等理念也正在悄然改变着人们的生产、生活方式。

在本书中，阐述了这样的事实，即明清小冰期是距离现代最近的全球性典型寒冷气候期，曾对人类社会产生了深远的影响。在中国，元朝覆灭、明朝灭亡、满清入关、道光萧条、光绪衰落等重大历史事件都恰好发生在小冰期鼎盛期。

表面看，上述两种观点似乎彼此对立。在本书审稿过程中，也有审稿专家提出建议，认为很有必要把气候变暖（冷）的利弊关系做说明。笔者在早前出版的《气候：历史的推手——从气候变化看历史变迁》的后记中对此已有解释，笔者当然也很乐意再一次进行阐述。

这个问题的焦点是，古代社会"冷抑暖扬"的文明韵律与当今全球变暖"弊大于利"的客观事实，两者之间是否存在矛盾关系？实际上，古代社会"冷抑暖扬"的文明韵律与近代以来全球变暖的"弊大于利"是两个不同的概念，要区别看待。

关于古代社会"冷抑暖扬"的文明韵律，是科学界一致认同的观点，有大量研究成果和文献书籍可供参阅和佐证。在农耕时代的古代社会，暖期气候总体有利于农业发展。气候温暖时，农区扩大，农作物生长季延长，熟制增加，粮食岁丰年稔，进而粮价走低，人口增长，社会安定繁荣。气候寒冷时，牧区南进，农作物生长期缩短，熟制单一，粮食经常歉收，导致粮价飞扬，人口减少，百姓流亡，社会动荡不安。也就是说，暖期气候能够为社会更快发展提供优越的物质条件；而冷期气候易增加人类系统的脆弱性，使得社会经济系统调控危机的能力降低。以上是"冷抑暖扬"文明韵律的基本原理。在日出而作、日落而息的农耕时代，人类活动对大自然特别是对气候的影响十分有限，农耕时代的气候变化基本是受自然变率的影响。

再来看全球变暖的"弊大于利"。从18世纪中叶开始，以英国人瓦特改良蒸汽机为标志的第一次工业革命开启，人类社会逐渐告别农耕时代，走进工业时代。与之伴随的是煤矿、石油等能源的大量使用，越来越多的二氧化碳等温室气体通过工业活动排放到了大气中，进而改变了千万年来大气层中相对稳定的气体浓度比例。到2016年，全球二氧化碳、甲烷和氧化亚氮等主要温室气体的浓度比工业化前分别提高了45%、157%和22%，是过去80万年以来最高值，相当于在地球表面每平方米放2~3个昼夜不息的1瓦灯泡。温室气体人为地快速增多，伴随的是温室效应的不断增强，全球显著变暖。受2020年全球新冠病毒肺炎疫情影响，温室气体总体排量有所下降，但依然无法阻挡全球变暖的步伐。根据世界气象组织报告，刚刚过去的2020年全球地表平均温度为14.9℃，比工业化前水平高出约1.2℃，为有气象观测记录以来的最热的三个年份（2016年、2019年、2020年）之一。这种升温速度，已经远超过自然温度上升速度，并导致高温热浪、暴雨洪涝、干旱等极端天气气候事件发生频率持续增加。

未来全球变暖的程度主要取决于二氧化碳的累积排放量。如果不加大减排力度，到21世纪末，全球地表平均温度将比工业化前高出0.3~4.8℃，并将引发灾难性影响。如果积极采取减排措施，仍有可能将全球平均温度控制在2℃以内，那么地球家园面临的风险尚可控制。

由上述分析可见，古代社会"冷抑暖扬"文明韵律与当今全球变暖"弊大于利"，两者有着本质区别。一是社会经济结构不同，二是自然变率与人为因素的影响占比不同。人类面对愈演愈烈的气象灾害，唯有减缓和适应气候变化，坚持走绿色低碳的发展道路，方能拥抱美好的未来。